NZZ LIBRO

Erfolg ist immer der Schnee von gestern

Zeitzeuginnen und Zeitzeugen erzählen die Geschichte der Phoenix Mecano-Gruppe 1975–2025

Christoph Kohler

Liebe Leserin, lieber Leser

«Erfolg ist immer der Schnee von gestern» – zugegeben, das ist ein etwas eigenwilliger Titel für ein Jubiläumsbuch. Das Zitat stammt von meinem seligen Vater. Eigenlob oder gar das Ausruhen auf Lorbeeren waren ihm ein Graus. Diese Bescheidenheit hat mich ebenso wie die Phoenix Mecano-Gruppe geprägt. Wir ticken ein bisschen anders als die anderen, sind nüchterner, ohne viel Pomp und Glanz, dafür ehrlich, clever und stets auf Zack.

Vor 50 Jahren hat mein Vater die Phoenix Mecano-Gruppe gegründet. Seitdem hat das Unternehmen Strategien entwickelt, verworfen, angepasst; neue Märkte erschlossen und wieder aufgegeben; Produkte lanciert, die zu Erfolgen führten, und solche, die keine Nachfrage fanden; Jahre erlebt, in denen die Wirtschaft florierte, und Zeiten, in denen sie am Boden lag. Im Verlauf dieser Zeit ist Phoenix Mecano zu einer Weltfirma herangewachsen.

All diese Geschehnisse und Menschen in ein einziges Buch zu packen, ist eine Herausforderung. Im Normalfall begegnet ein Unternehmen dieser mit einer vom Management angeleiteten, «offiziellen» Geschichtspublikation. Aber das entspricht nicht Phoenix Mecano. Wir sind ein Unternehmen, in dem sich die oberste Führungsspitze zu den Tochtergesellschaften begibt und nicht umgekehrt. Bei uns tragen die Mitarbeitenden Verantwortung und handeln weitgehend selbstständig. Wir sind vielfältig und heterogen.

Deshalb haben wir uns entschlossen, nicht eine Geschichte, sondern viele Geschichten zu erzählen, persönliche Erinnerungen von Menschen, die unser Unternehmen ein kurzes oder langes Stück begleitet und geprägt haben. Wir sind ein dezentrales Unternehmen mit einer dezentralen Geschichtsschreibung.

Der Historiker Christoph Kohler hat für uns Zeitzeuginnen und Zeitzeugen besucht, interviewt und schliesslich die spannendsten Auszüge aus diesen Gesprächen zu einem Mosaik zusammengefügt. Er nennt dies «Oral History» – erzählte Geschichte. Statt einer Hochglanzbroschüre halten Sie jetzt ein Lesebuch in der Hand, in dem die subjektiven Erfahrungen dieser Menschen zur Geschichte von Phoenix Mecano werden.

Allen, die sich daran beteiligt haben, danke ich für ihre Offenheit, ihre Zeit und den Weg, den sie mit uns gegangen sind.

Eine spannende Lektüre wünscht Ihnen

Benedikt Goldkamp
Präsident des Verwaltungsrats
Phoenix Mecano AG

Inhalt

Anders als bei den normalen Erfolgsgeschichten, wo eine überragende oder zumindest überaus originelle Idee oder eine besonders kreative Einzelperson im Mittelpunkt des Geschehens stand, hat hier eine sehr durchschnittliche Gruppe von Menschen mit sehr durchschnittlichen Produkten einen weit überdurchschnittlichen Erfolg gehabt – und dieser ist noch lange nicht zu Ende.

Dr. Hermann Christian Goldkamp
(Vortrag Berliner Bank, 1992)

1.

Durchschnitt, nur viel besser

1975–1988

Vorgeschichte und Gründung

Bitte beachten Sie das Personenregister «Zeitzeuginnen und Zeitzeugen» ab Seite 394.

GISELA GOLDKAMP Ich habe meinen späteren Ehemann jahrelang gesiezt. Er war Herr Goldkamp, ich Fräulein Fritsch. Das war so üblich, als wir uns 1961 kennenlernten. Meinen Eltern war ich zu dünn und blutarm. Deshalb hatten sie mich nach dem Abitur auf die Nordseeinsel Norderney geschickt, um an der Meeresluft zu Kräften zu kommen. Eines Tages spazierte da ein junger Mann am Strand vorbei. Ich dachte zuerst, der interessiere sich für meine Freundinnen. Aber irgendwann waren die Freundinnen weg, und der junge Mann war immer noch da. Da sagte ich zu ihm, er könne sich zu mir in den Strandkorb setzen. Wir kamen ins Gespräch. Er sprach davon, dass er in Wien in Staatsrecht promoviere, dass er Querflöte spiele, dass er aber am allerliebsten auf seiner selbst gebauten Jolle auf dem Dümmer segle. Ich dachte: Der hat aber Schwung! Er war aufmerksam und interessiert, ein guter Zuhörer. Ich erzählte ihm zum Beispiel, dass ich gerne Bibliothekarin werden würde. Also schickte er mir, als wir eine Brieffreundschaft pflegten, immer Bücher, die er lesenswert fand.

BENEDIKT GOLDKAMP Mein Vater wurde 1933 als Sohn von Dr. Hermann sen. und Marianne Goldkamp-Mies im oberschlesischen Beuthen geboren. Sein Vater war dort Bankleiter, sein Grossvater mütterlicherseits, Anton Mies, Bergwerksdirektor und Mitbesitzer der Industriegas (IGA), die später zur Industrie-Beteiligungs-Gesellschaft (IBG) wurde.

1945 musste die Familie vor den Russen fliehen. Da war mein Vater zwölf Jahre alt. Er ist also grossbürgerlich aufgewachsen, hat aber auch Flucht und Hunger erlebt. Das erklärt möglicherweise, warum er – wie viele seiner Zeitgenossen – stets sparsam war und sich schwertat, Dinge wegzuschmeissen.

Meinen Vater durfte man später nie nur «Hermann» nennen. Ich denke, er hat keine gute Beziehung zu seinem Vater gehabt. Nach der Flucht zog die Familie ins westfälische Münster, wo mein Grossvater Direktor der Kreissparkasse wurde. Damit stand er im Range eines Ministerialdirektors. Den Habitus des höheren Beamten hat mein Vater übernommen: bürgerlich, kultiviert, aber bloss nicht protzig.

GISELA GOLDKAMP Irgendwann waren wir per Du. und wenn diese Geschichte zwischen uns weitergehen sollte, dann mussten wir einander jetzt unseren Eltern vorstellen. Christian kam mit seinem MG Cabriolet zu uns nach

Hermann Christian Goldkamp in seinem MG (ca. 1963).

Hamburg-Volksdorf angesaust. Mein Vater war Studienrat für Latein, Griechisch und Philosophie – ich glaube nicht, dass ihm das Auto imponiert hat. Aber die beiden unterhielten sich prächtig. Trotzdem wollte mein Vater noch Referenzen einholen. So gab Christian ihm die Adresse eines Kommilitonen, der an der Hamburger Elbchaussee wohnte. Da ist mein Vater dann hingefahren, um diesen Herrn Schröder, einen Musiker, über Christian auszufragen.

Danach durften Christian und ich uns offiziell treffen. Ich besuchte ihn in Münster, wir gingen ins Theater oder segelten auf dem Dümmer. Ansonsten machte ich meine Ausbildung zur Bibliothekarin, Christian arbeitete an seiner Dissertation in Wien. Wir sahen uns also generell selten. Ich fand das gut, denn ich war jung und freiheitsliebend und wollte noch etwas sehen von der Welt. 1965 bin ich zum Beispiel sechs Wochen nach Israel gereist und habe in einem Kibbuz gearbeitet. 1966 haben wir geheiratet, katholisch. Und das in Hamburg! Aber Christians Eltern hatten darauf bestanden.

BENEDIKT GOLDKAMP Mein Vater hat seine Mutter sehr geliebt. Sie war künstlerisch, kreativ und förderte – wohl zum Verdruss ihres Ehemanns – die musische Ader ihrer Kinder, liess ihnen Freiheiten und Spielräume. Mein Vater brauchte diesen Raum, um sich entfalten zu können. Das zog sich durch sein Leben: das Musizieren, das Segeln, das eigene Unternehmen, die Fliegerei. Freiheit war für meinen Vater ein hohes, vielleicht sogar sein höchstes Gut – auch politisch: Zu viel Staat und Bürokratie konnte er nicht ausstehen. Willy Brandt und die Sozialdemokratie waren ihm verhasst und noch mehr natürlich die Nazis. Mir wurde erzählt, dass er als Kind einen Spielzeugbauernhof hatte: Das Schwein hiess Goebbels.

GISELA GOLDKAMP Nach der Hochzeit bin ich zu Christian nach Münster gezogen und fiel aus allen Wolken. Bis zur Hochzeit waren Segeln, Theater und Karneval angesagt, jetzt kam der Ernst des Lebens. Christian verkaufte seinen MG und sein Segelboot und hatte nur noch die Arbeit im Kopf, während ich mit unserem ersten Sohn zu Hause sass und die Schwiegereltern im Nacken hatte. Das war nicht leicht.

1967 wurde Christian in die Geschäftsführung der Industriegas (IGA) gewählt. Die IGA gehörte vier Gründerfamilien, darunter war die Familie seiner Mutter, einer geborenen Mies. Bei vier Familien mit Onkeln, Brüdern und Cousins kann man sich das ständige Gerangel gut vorstellen.

1968 zogen wir dann nach Köln, wo die IGA ihren Hauptsitz hatte. Und 1969 kam dort Benedikt zur Welt. Es gab viele gesellschaftliche Anlässe, die Christian und ich gemeinsam besuchten. Das gehörte halt dazu. Sogar den Jagdschein haben wir aus gesellschaftlichen Gründen gemeinsam gemacht. Bei der Schiessprüfung war ich sogar besser als Christian.

Wenn mein Mann abends nach Hause kam, erzählte er viel über die IGA, wer ihn hinterging, wer die Fronten gewechselt hatte, wie hinterhältig Herr Soundso agierte – und zwei Abende später waren wir wieder bei irgendeinem Anlass, und Christian stellte mich in aller Freundlichkeit ebendiesem Herrn Soundso vor. Dann plauderten wir, als ob nichts wäre.

ULRICH HOCKER Ich wurde 1950 in dasselbe Familienunternehmen hineingeboren wie Dr. Hermann Christian Goldkamp 17 Jahre vor mir: in die IGA. Mein Vater Rolf Hocker wurde 1967 zum Co-Vorsitzenden des Gesellschafterausschusses. Er hielt grosse Stücke auf Dr. Goldkamp, sodass er den damals 34-Jährigen zu einem der vier Geschäftsführer der IGA machte – ein wegweisender Entscheid. Dr. Goldkamp genoss trotz seines jungen Alters Respekt und galt als erfinderisch, wenn es um die Steuern ging. Mein Onkel nannte ihn «Tricky Goldkamp».

Die IGA war damals ein Haifischbecken, ihr Hauptgeschäft waren die Produktion und der Handel mit Industriegasen. Doch die Konkurrenz wie die französische Air Liquide wurde immer stärker und internationaler. Unter den Gesellschaftern gab es zwei Lager: Die einen Familien wollten das Gasgeschäft möglichst schnell verkaufen – zum Beispiel an Hoechst, die anderen wollten lieber abwarten. Zu dieser Gruppe gehörten auch mein Vater und Dr. Goldkamp. Sie plädierten dafür, mit unserem Konkurrenten Linde Gas die Kräfte zu bündeln. Diese Fraktion nannte man die «Schwarzen Böcke», weil sie sich konspirativ im Hotel Schwarzer Bock in Wiesbaden traf. 1971 setzte Dr. Goldkamp ein Joint Venture mit Linde durch, was zum Bruch mit den anderen Familien und zur Aufspaltung der IGA führte: Die Gegner wurden ausbezahlt. Die neue Holding erhielt den Namen Industrie-Beteiligungs-Gesellschaft (IBG). Ihr Geschäftsführer wurde Dr. Goldkamp.

GISELA GOLDKAMP Christian sagte immer: «Arbeit geht vor!» Sie sei die ökonomische Basis der Familie. Sich selbst gönnte Christian nicht viel, der Familie aber schon. Wenn es um Ferien, Sport, um mich oder die Ausbildung seiner Söhne ging, war er immer grosszügig. Wir haben jedes Jahr Segelferien gemacht; zuerst zu zweit, da haben wir die Buben bei unserer Hauswirtschafterin gelassen. Als die Jungs grösser waren, sind wir zu viert segeln gegangen. Wir hatten eine kleine Yacht im Mittelmeer, 8 Meter 80, nichts Luxuriöses. Meistens sind wir zwischen der Costa Brava und den Balearen gefahren.

Einmal sind wir in einen Sturm geraten. Die Elektronik fiel aus. Stundenlang trieben wir manövrierunfähig nachts im Mittelmeer. Und es war ein Glück, dass keine Küste in der Nähe war. Am nächsten Morgen legte sich der Sturm, und Christian konnte die Schäden reparieren. Er war technisch sehr begabt und wäre wohl gerne Ingenieur geworden. Am Segeln schätzte Christian die Freiheit, das Abenteuer. Die Arbeit vergass er aber trotzdem nicht. Er hat sogar extra eine Funkerausbildung gemacht, damit er auch auf hoher See Verbindung zu seinen Sekretärinnen halten konnte. Ich weiss noch, wie wir in einer wunderschönen Bucht vor Mallorca lagen und er plötzlich die Anker lichtete, weil er dort keinen Empfang hatte.

BENEDIKT GOLDKAMP Natürlich war mein Vater wohlhabend, und wir sind auch privilegiert aufgewachsen. Allerdings hat er nie übertrieben. Wir haben Skiferien in Zermatt gemacht, aber in einem Drei-Sterne-Hotel gewohnt. Wir sind auswärts essen gegangen, aber nie wäre es meinem Vater in den Sinn gekommen, ein Rinderfilet zu bestellen – ein Steak war gut genug. Er trug Anzug und Krawatte, aber beides kaufte er meistens bei C&A. Er ist einmal im Leben Porsche gefahren, hat sich in diesem jedoch nicht wohlgefühlt, sodass er wieder auf den Golf GTI umgestiegen ist. Und ja, er leistete sich Ende der 1980er-Jahre ein Privatflugzeug, aber zum Tanken ist er nach Holland geflogen, wo das Benzin billiger war.

ULRICH HOCKER Die IBG und die Politik waren ein ständiges Gesprächsthema in meiner Familie. Für die «Schwarzen Böcke» der IBG waren Willy Brandt und Helmut Schmidt Sozialisten. Einige «Böcke» sahen Deutschland gar dem Untergang geweiht. Deshalb schmiedeten sie Pläne, eine Auslandgesellschaft zu gründen, um sich dem Zugriff des deutschen Staates zu entziehen. Die Schweiz galt als sicherer Hafen.

BENEDIKT GOLDKAMP Zu viel Staat mochte mein Vater nicht. Aber ein Schlitzohr war er nie, denn ein Schlitzohr ist ein Dieb, dem man zur Strafe das Ohr zerschlitzt hat. Und mein Vater war kein Dieb. Er tat nichts Unrechtes, vielmehr suchte er als Steuerfachmann im Rahmen geltenden Rechts Schlupflöcher, um Steuern zu sparen. Das war nichts Anrüchiges. Früher war Recht, was recht war. Doch 1973 beschloss die Regierung unter Willy Brandt das Aussensteuergesetz. Diese sogenannte «Lex Horten» war nach dem deutschen Kaufhausunternehmer Helmut Horten benannt, der in die Schweiz gezogen war und von dort aus steuerfrei seine Anteile am Kaufhausimperium Horten verkaufen konnte. Das neue Gesetz verhinderte dies, indem bei Wegzug eines deutschen Staatsbürgers ins Ausland eine sofortige Wegzugsbesteuerung erhoben wurde. Also gründete mein Vater mit Unterstützung der «Schwarzen Böcke» seine Firma von Anfang an in der Schweiz.

ULRICH HOCKER Das Startkapital der Phoenix Mecano-Gruppe kam zum Teil von Gesellschaftern der IBG, darunter meine Familie und andere «Schwarze Böcke». Zudem hat die IBG der Phoenix das Binzel-Werk in Grenchen verkauft, das Schweissbrenner produzierte. Damit hatte die Phoenix Mecano von Anfang an Cashflow. Dank der Beteiligung der IBG und eines Ankeraktionärs, dem Schweizerischen Bankverein, war Dr. Goldkamp mit genügend Kapital ausgestattet, um sein eigenes Geschäft aufzubauen. Dies bestand zunächst darin, technische Gase ausserhalb des Wirkungsbereichs der IGA und der Linde AG herzustellen und zu verkaufen – erst in Nigeria, dann in Brasilien.

BENEDIKT GOLDKAMP Freiheit bedeutete für meinen Vater auch, irgendwann «sein eigenes Ding zu machen»: Das war die Phoenix Mecano.

ELISABETH WECKERLE Ende 1977 machte mich mein Freund auf ein Jobinserat in Zürich aufmerksam. Ich war damals Unternehmerin und betrieb auf dem Neuenburgersee den ersten Wasserskilift der Schweiz. Aber ich wollte nach Zürich ziehen, weil mein Freund dort wohnte. Also habe ich mich beworben. Dr. Goldkamp empfing mich und erklärte mir ohne Umschweife meinen Job: Ich sollte mich um die Finanzen und die Liquidität der Tochterfirmen seiner Holding kümmern. Er war gradlinig und klar, und das passte mir, denn so war ich auch. Ich habe mir sogar erlaubt zu sagen: «Ich vertrag alles gut, nur keinen Chef.» Dr. Goldkamp erwiderte trocken: «Das passt ja gut, ich bin ohnehin die meiste Zeit in Köln.» Er schätzte selbstständige Mitarbeiterinnen und Mitarbeiter. So wurde ich am 1. Januar 1978 die erste Angestellte der Phoenix Mecano, die damals noch Phoenix Maschinentechnik AG hiess. Unser Büro war an der Bienenstrasse, unweit vom Letzigrund-Stadion.

Zu Besuch bei den (Schwieger-)Eltern. V. l. n. r.: Dr. Hermann Goldkamp sen., Marianne Goldkamp (geb. Mies), Gisela Goldkamp (geb. Fritsch), Dr. Hermann Christian Goldkamp (ca. 1970).

Abenteuer in den Tropen

Die Herstellung und der Vertrieb technischer Gase, in Europa gelernt und in Südamerika und Afrika angewandt, war das erste Tätigkeitsgebiet der Firma. (Dr. Goldkamp, Vortrag Berliner Bank, 1992)

Nigeria

JÖRG VIERECK Ende 1975 erhielt ich Besuch von Herrn Dr. Goldkamp. Ich war damals Geschäftsführer einer deutschen Baufirma in Nigeria. Das Land boomte, weil es reich an Erdöl war und die Ölpreise wegen des Boykotts der arabischen OPEC-Länder in die Höhe schossen. 1973 kostete ein Barrel Öl 2 Dollar, 1980 waren es 34 Dollar. Um die Abhängigkeit vom arabischen Öl zu verringern, intensivierten die westlichen Länder ihre Aktivitäten in Nigeria. Dort benötigte man aber erst einmal eine Infrastruktur für die Ölindustrie, nämlich Strassen, Häfen und Fabriken. Das Motto lautete: bauen, bauen, bauen. Deshalb war ich in Afrika.

Beim Bauen muss man schweissen und schneiden, und dazu braucht es technische Gase, vor allem Sauerstoff und Acetylen. Dr. Goldkamp sah also in Nigeria einen möglichen Markt für technische Gase, denn in Europa durfte er damit wegen einer Konkurrenzklausel nicht handeln. Aus eigener Erfahrung konnte ich ihm bestätigen, dass die Versorgung mit technischen Gasen durch British Oxygen ungenügend und überteuert war.

Allerdings war Nigeria ein schwieriges Pflaster: Es gab Korruption und immer wieder mal einen Militärputsch. In so einem Staat war man auf Partner angewiesen, die Land und Leute gut kannten und bestens vernetzt waren. Und dieser Türöffner sollte ich sein.

Dr. Goldkamp war nicht allein, sondern in Begleitung eines Herrn Krawczycks, eines ehemaligen Unteroffiziers, der früher für die deutsche Luftwaffe mobile Sauerstoff- und Acetylenanlagen betreut hatte und jetzt für Dr. Goldkamp arbeitete. Mit Hilfe von Herrn Krawczyck hatte Dr. Goldkamp zwei mobile Sauerstoffanlagen aus Beständen der Bundeswehr gekauft. Auf einem Werkhof südlich von Köln machte Herr Krawczyck diese Anlagen dann fit für den Export. Doch von Europa aus Geschäfte mit Nigeria zu machen, war kompliziert. Allein die

Anlagen nach Nigeria zu verschiffen, erforderte viel Papierarbeit und Kenntnisse über den dortigen Verwaltungsapparat sowie die Beamten, zumal es ja teilweise um Gefahrengut ging. Es brauchte eine «Bill of Lading», einen Seefrachtvertrag, und darüber hinaus eine Kreditlinie, weil Dr. Goldkamp die Sauerstoffanlagen seiner noch zu gründenden Firma in Nigeria in Rechnung stellen musste. Wenn ich mich recht erinnere, kosteten die Anlagen rund 2 Millionen Deutsche Mark, und dieser Betrag musste in nigerianischen Naira gedeckt werden.

Zum Schluss machte mir Dr. Goldkamp folgendes Angebot: «Wenn Sie diese Kreditlinie herstellen, sind wir im Geschäft.» Und damit begann unser gemeinsames Abenteuer. Anfang 1977 gründeten wir die Gas & Welding (Nigeria) Ltd. mit mir als Geschäftsführer und Minderheitsaktionär. Für deren Sitz suchte ich uns ein Grundstück in der Nähe des Flughafens von Lagos. Danach warb ich von meiner alten Baufirma zwei deutsche Kollegen sowie ein paar Dutzend tüchtige Nigerianer ab. Ich besorgte mir ein Appartement in Lagos und pendelte fortan zwischen Port Harcourt, wo ich mit meiner Frau lebte, und Lagos hin und her.

Nach Inbetriebnahme der 1’200 m^3/h Luftzerlegungsanlage im vergangenen Geschäftsjahr galt das Investitionsprogramm zunächst als abgeschlossen. Der Umsatz konnte verdoppelt werden. Die zu Beginn einsetzenden neuen Ölpreiserhöhungen eröffneten diesem Bereich unerwartet zusätzliche Absatzchancen, da die Märkte unserer Produktion im OPEC-Bereich liegen (...). So stieg das Kontraktvolumen so stark, dass für das laufende Jahr die Errichtung einer zweiten, typengleichen Luftzerlegungsanlage beabsichtigt ist. (Geschäftsbericht der Phoenix Maschinentechnik AG, 1978/1979)

ELISABETH WECKERLE 1979 hat mich Dr. Goldkamp nach Lagos geschickt, um dort einen Blick in die Buchhaltung zu werfen. Es war meine erste Erfahrung mit Afrika – und sie war furchteinflössend. Ich sah Leichen und Einheimische, die ihre Notdurft von einem Brückengeländer aus verrichteten. Mit Herrn Viereck habe ich mich gut verstanden, auch wenn wir zuvor im Phoenix-Büro in Zürich einmal kurz aneinandergeraten waren. Er war auf Besuch und drückte mir einen Stapel Ausfuhrdokumente mit der Aufforderung in die Hände, diese für ihn zu kopieren. Ich liess den Stapel augenblicklich fallen. «Ich bin doch nicht Ihre Sekretärin!», empörte ich mich.

Elisabeth Weckerle zu Besuch beim Geschäftsführer der Gas & Welding (Nigeria) Ltd., Jörg Viereck, in Lagos (1979).

Auslieferung von Gasflaschen in Lagos, Nigeria. Im Vordergrund: Benedikt Goldkamp (links) und der Sohn von Jörg Viereck (1983).

Rita Bauer im Büro von Gas & Welding in Nigeria.

RITA BAUER Ich hatte acht Jahre bei Toyota gearbeitet, aber dort war es mir zu gross und zu unpersönlich geworden. Deshalb bewarb ich mich im August 1981 bei einer Firma namens IBG in Köln-Braunsfeld, erhielt eine Einladung und traf Dr. Goldkamp. Es folgten die üblichen Fragen und Antworten; dann aber, ob ich mir auch vorstellen könne, nach Lagos in Nigeria zu reisen. Denn eine meiner Aufgaben sollte sein, den Export von Ersatzteilen zur dortigen Tochtergesellschaft für Industriegase zu organisieren. «Ja, natürlich», antwortete ich. Das klang abenteuerlich. Nebenbei informierte mich Dr. Goldkamp, dass sein erster Wohnsitz in der Schweiz sei. Dort führe er eine Firma namens Phoenix Maschinentechnik, die eben auch die Gasfirma in Nigeria betreibe.

Kaum hatte ich im Januar 1982 meinen Job begonnen, erhielt ich die Aufforderung, alle notwendigen Impfungen für eine Reise in die Tropen durchführen zu lassen und mir Malariatabletten zu besorgen. Am 15. Januar 1982 flog ich dann nach Lagos.

Lagos galt damals als gefährlichste Stadt der Welt. Wolfgang Jaksch, der Betriebsleiter der Gas & Welding, und Ferenc, ein Deutsch-Ungar, holten mich vom Flughafen ab. Nach einer kurzen Fahrt erreichten wir das Firmengelände, das von einer hohen und mit Glasscherben gespickten Mauer umgeben war. Ein Eisentor öffnete sich, und zwei mit Macheten bestückte Wächter begrüssten uns. Innerhalb der Mauern befanden sich die Sauerstoff- und Acetylenanlage, ein Mobilheim und das Hauptgebäude mit Büros im Erdgeschoss und Wohnungen für Mitarbeitende und Servicetechniker im ersten Stock. Dort hatte auch ich mein kleines Appartement.

Als ich am ersten Tag die Aussentreppe ins Büro hinunterging, wartete die versammelte Belegschaft auf mich: «Good morning, everybody!» – «Good morning, Madam!» Alle lachten. Ich war angekommen und angenommen.

Dann kam Jörg Viereck vorbei, ein eleganter, zackiger Gentleman, braungebrannt. Er zeigte mir das Büro.

Mein Auftrag war es, das Büro so zu organisieren, dass ich es mit Hilfe einer Sekretärin in Nigeria von Köln aus «steuern» konnte. Dafür musste ich genau wissen, wo sich alles befand und, wenn nötig, zu suchen wäre. Das machte sich bezahlt, als ein Jahr später geputscht wurde. Wir mussten für eine Grosslieferung mit Akkreditiv arbeiten. Es gab zwar Telefax und Teletex, die funktionierten aber nur selten. Stabile Telefonverbindungen waren ebenfalls ein Glücksfall. Trotzdem bekamen wir die Sendung durch den Zoll. Ich hatte unsere Preise zuvor bei der SGS Controll-Co in Hamburg persönlich genehmigen und absegnen lassen – ein um 80'000 Deutsche Mark zu hoher Betrag. Das hat zwar Nerven gekostet, aber ich hatte mit der Bank in Zürich eine hundertprozentige Sicherung eingebaut. Durch einen kreativen Umgang mit Bank- und Zollunterlagen habe ich einiges erreicht. Natürlich hatte Jörg Viereck auch immer eine grosse Geldtasche bei sich. Damals konnte man Schmiergelder noch von der Steuer absetzen.

Der Bereich technische Gase und Schweisstechnik konnte seine Stellung als wachstumsstärkste Sparte behaupten. Er verzeichnete einen Umsatzanstieg von 40 Prozent gegenüber dem Vorjahr. Möglich war dies vor allem durch rechtzeitige Kapazitätserweiterungen, die die Gesellschaft zur passenden Zeit in die Lage versetzten, einige Grossprojekte in Afrika zu versorgen. (Geschäftsbericht der Phoenix Maschinentechnik AG, 1980/1981)

JÖRG VIERECK Wann auch immer Dr. Goldkamp nach Nigeria kam, wohnte er bei mir. Wir waren freundschaftlich miteinander verbunden. Meine damalige Frau und ich besuchten, wenn wir in Europa waren, die Goldkamps in Köln und später in Zürich. Einmal reiste Dr. Goldkamp sogar mit seiner Frau Gisela und seinen Kindern zu uns nach Nigeria. An Beni kann ich mich gut erinnern. Das war ein lebhafter Bursche.

BENEDIKT GOLDKAMP An Herrn Viereck erinnere ich mich gut. Wir wohnten bei ihm, als wir 1983 mit der Familie meinen Vater nach Nigeria begleiteten. Damals war ich 14 Jahre alt und steckte in der Pubertät. Ich fand meinen Vater okay. Aber der Herr Viereck, der war richtig cool. Der lief gerne oben ohne rum und hatte immer gute Laune. Er besass ein Boot auf der Lagune, mit dem wir Wasserski fahren konnten. Einmal hat er mich auch zum Golfen mitgenommen. Ich habe zwar nur zugeschaut, trotzdem sprang damals der Funke über. Als ich ein Jahr später in England auf einer Sprachschule war, schwänzte ich jeden Nachmittag, um Golf zu spielen. Ich wusste, das ist «mein» Sport. Sechs Jahre später hatte ich ein Handicap von 0,7.

RITA BAUER Ich war noch zweimal in Lagos. Einmal wurden dringend Ersatzteile für die Anlagen benötigt, sonst drohte Stillstand. Ich hatte mir ein Visum besorgt und einen zweiten Aluminiumkoffer von Rimowa, in dem ich sorgfältig verpackt die Ersatzteile transportierte. Der Koffer wog damit 30 Kilogramm, weshalb ich ihn bei der Zollkontrolle in Lagos kaum aufs Laufband hieven konnte. Der Zollbeamte fragte mich, was in dem Koffer sei. Ich schaute ihm freundlich in die Augen und begann aufzuzählen: «My clothes, my cosmetics, my shoes – I'm a woman, I need all that!» Männer können es kaum aushalten, wenn Frauen ihnen fest in die Augen schauen. Und so drehte sich auch der Zollbeamte weg und liess mich durch.

Niemand war da, um mich abzuholen. Ich hatte 15 Dollar in der Tasche und rief mir einen Pagen herbei, der die Koffer vor das Gebäude schleppte. Da war ich den ersten Dollar los. Keiner da. Der nächste junge Mann winkte ein Taxi herbei. Da war mein zweiter Dollar weg. Und ein Dritter trug das Gepäck zum Taxi – das kostete mich einen weiteren Dollar. Im Taxi sagte ich zum Fahrer: «Gas & Welding, Ikeja.» Und obwohl Lagos ein riesiger Moloch war, kannte der Taxifahrer die Adresse. Er fuhr los und reihte sich in die Autoschlange vor einem Militär-Checkpoint mit Soldaten, die ihre Gewehre im Anschlag hatten, ein. Der Fahrer schwitzte vor Nervosität, aber wir wurden durchgewunken. Als ich im Werk ankam, herrschte grosse Verlegenheit. Dass ich nicht abgeholt worden war, lag daran, dass ich die Swissair genommen hatte und nicht – wie sonst – die Lufthansa. Dafür waren mir jetzt die Bewunderung und der Respekt aller Kollegen sicher: Allein als Frau nachts unterwegs in Lagos, mit einem Koffer voller geschmuggelter Ersatzteile – das sollte mir erst mal jemand nachmachen!

JÖRG VIERECK Die mobilen Anlagen waren irgendwann zu klein. Wir konnten die lokale Gasnachfrage nicht mehr befriedigen. Darum haben wir dann in eine richtige, stationäre Sauerstoff-Acetylen-Anlage von Linde investiert. Das war schon komplizierter, weil man Sauerstoff und Stickstoff nur in flüssiger Form trennen kann. Dafür konnten wir damit zum Beispiel Krankenhäuser mit Atemsauerstoff beliefern und stiegen zur Marktführerin für Industriegase in Nigeria auf. Später haben wir auch noch eine Anlage in Warri aufgebaut, wo ein riesiges Stahlwerk gebaut wurde.

RITA BAUER Einmal bekam ich fünf Dosen Sevruga-Kaviar geschenkt. Woher kommt in Nigeria der Kaviar? Natürlich von den Russen. Die waren hier ebenfalls unterwegs. Und wenn sie ihre Schiffe in der Werft reparieren mussten, dann brauchten sie unser Gas. Nur hatten sie kaum Devisen, deshalb zahlten sie auch schon mal mit Kaviar.

JÖRG VIERECK Im August 1983 war ich mit Dr. Goldkamp im Auto auf dem Weg zu unserer Bank, der United Bank for

Africa (UBA), um Kreditlinien zu besprechen. Plötzlich hörten wir Schüsse auf der Strasse. Wir legten uns auf die Sitze, und ich wies den Fahrer an, auf direktem Weg zu meinem Appartement zurückzukehren. Dort verschanzten wir uns auf unbestimmte Zeit. Am Ende mussten wir dort drei Tage lang miteinander ausharren. Es war eine kurzweilige Zeit, weil Dr. Goldkamp ein ebenso vielseitiger wie interessanter Gesprächspartner war. Wir redeten über unser Leben, unsere Familien und natürlich über das Geschäft. In Nigeria herrschte wegen der nun fallenden Ölpreise Katerstimmung. Und die politischen Krisen in diesem Land mussten wir ja gerade live miterleben. Als wir uns endlich wieder aus meinem Appartement trauten, hatte Nigeria einen neuen Militärdiktator. Und Dr. Goldkamp und ich waren immer noch per Sie.

RITA BAUER Das letzte Mal war ich 1984 in Lagos. Zum Abschied wurde ich von den Kollegen reich mit einem mit geschnitzten Figuren verzierten Elfenbeinzahn, mit Masken und einer Perlenkette beschenkt.

JÖRG VIERECK 1986 erhielt ich Besuch von Air Liquide, der Weltmarktführerin für technische Gase. Sie hatten Interesse an unseren Anlagen. Dr. Goldkamp sah das opportunistisch: «Wenn der Preis stimmt, sollten wir verkaufen.» Die Phoenix Maschinentechnik AG hiess mittlerweile Phoenix Mecano AG und verdiente ihr Geld mit soliden deutschen Firmen im Bereich der Gehäuse- und Komponententechnik. Da passte unser wildes Geschäft in Nigeria nicht mehr ins Konzept. Also entschieden wir uns, diese Sparte abzustossen. Es folgten zähe Verhandlungen mit Air Liquide in Paris, doch am 30. Juni 1986 unterzeichneten wir schliesslich den Kaufvertrag. Das war das Ende unseres Abenteuers in Nigeria.

Jörg Viereck (links) feiert 1987 Hochzeit in Hamburg auf der Elbe. Mit an Bord: Dr. Goldkamp (Mitte).

Guinea

The first place the traveller reaches on arriving in Guinea is the capital. Conakry, daughter of the sea and pearl of the south, glimmers peacefully in her belt of flame trees and coconut trees which are dominated, here and there, by the majestic height of century-old silk-cotton trees and the powerful silhouette of new buildings. (Michel Renaudeau, Guinea, 1980)

ELISABETH WECKERLE «Sie können doch gut Französisch», sagte Dr. Goldkamp. Er wusste, dass ich sieben Jahre in der französischen Schweiz gelebt hatte. «Vielleicht sollten wir mal nach Guinea fliegen, um dort einen Studienfreund von mir zu besuchen.» Dieser Studienfreund, Dr. Florin, war jetzt deutscher Botschafter in Guinea, wo damals der Langzeitdiktator Sékou Touré Machthaber war. Er hatte das Land 20 Jahre zuvor vom Joch der Franzosen befreit. Diese zahlten es ihm heim, indem sie das bisschen Infrastruktur, die es dort gab, zerstörten und beispielsweise die Telefonleitungen kappten. Auch die Sowjets, die danach zu den Verbündeten Sékou Tourés zählten, investierten nicht viel in die Infrastruktur. Es gab also fast nichts in Guinea: kaum Strassen, kaum Autos, kaum Infrastruktur. So versuchte Sékou Touré Ende der 1970er-Jahre, Guinea gegenüber westlichen Ländern zu öffnen. Und das bedeutete, dass nun auch zwischen Deutschland und Guinea Handelsbeziehungen aufgebaut werden sollten – mit Unterstützung der Weltbank und der deutschen Entwicklungshilfe.

Im November 1979 bestiegen Dr. Goldkamp, Gabriele Willharms und ich das Flugzeug von Zürich nach Conakry. Wir landeten mitten in der Nacht, draussen tobte ein Tropengewitter, die Kommunikation war zusammengebrochen, und niemand war da, um uns abzuholen. So mussten wir wohl oder übel in der Wartehalle des heruntergekommenen Flughafengebäudes übernachten. Am nächsten Morgen wurden wir von Mitarbeitenden der deutschen Botschaft abgeholt. Am Nachmittag gab es einen Apéro in der Botschaft mit Vertretern deutscher Firmen wie Siemens und Kärcher. Auch Herr Viereck, der Geschäftspartner von Dr. Goldkamp aus Lagos, war aus Nigeria angereist. Dr. Florin erzählte uns, dass 23 Deutsche in Guinea registriert seien. Ich würde bald die vierundzwanzigste werden.

Gabriele Willharms mit Dr. Florin, dem deutschen Botschafter in Guinea (1979).

GABRIELE WILLHARMS Das war schon ein Abenteuer für mich. Ich meine, ich war 23 Jahre alt und hatte noch nicht viel von der Welt gesehen. Und jetzt flog ich in ein Entwicklungsland, das mit vollem Namen République Populaire et Révolutionnaire de Guinée hiess. Schon die Anreise hatte es in sich. Wir wohnten im Hotel Gbessia, dem besten Hotel vor Ort – aber vermutlich auch dem einzigen. Denn Guinea war zu dieser Zeit noch sehr unterentwickelt. Da gab es kaum Industrie, ganz zu schweigen von Tourismus. Dafür schwirrten im Hotel Fliegen herum, die Larven in die Tücher legten. Und eines Morgens hatte Frau Weckerle eine rote Wunde im Gesicht von irgendeinem Ungeziefer. Danach sind wir in die deutsche Botschaft gezogen, wo die hygienischen Bedingungen besser waren.

ELISABETH WECKERLE Nach einer Woche kehrten Dr. Goldkamp und Frau Willharms zurück nach Köln, und ich blieb allein in Conakry, um weitere Geschäftsmöglichkeiten auszuloten. Ich wohnte in der deutschen Botschaft, die der Dreh- und Angelpunkt aller wirtschaftlichen Aktivitäten dort war. Langsam schien sich auch eine Geschäftsidee zu ergeben: der Import von Fahrzeugen der Marken VW, Audi und MAN. Ich beriet mich mit Dr. Goldkamp, dann gründeten wir die Phoenix Inter Guinée SA – mit mir als Geschäftsführerin. Allerdings lief das Geschäft eher schleppend an. Es gab nur wenige Menschen in Guinea, die sich ein Auto leisten konnten. Also mussten fast alle Bestellungen über staatliche Stellen in Guinea sowie die deutsche Entwicklungshilfe abgewickelt werden. Das war viel Bürokratie und erforderte noch mehr Verhandlungen.

Bei der Phoenix Inter Guinée SA arbeiteten drei Europäer: ein Deutscher, ein Schweizer und ich. Der Rest unserer Mannschaft bestand aus einheimischen Mechanikern, die von uns angelernt wurden. Das Motto in Guinea war: «L'ami c'est la vie.» Allein ging nichts. Alles lief über Beziehungen – auch in unserem Geschäft. Deshalb brauchte es einen sogenannten «démarcheur», einen Unterhändler, der über die nötigen Kontakte verfügte, um in einem beschleunigten Verfahren Ausweise, Zollpapiere, Visa und so zu besorgen. Bestechung haben wir das nie genannt. Aber natürlich hatte jeder guineische Geschäftspartner – ob Minister oder Bankier – eine Sippe im Hinterland, die er versorgen musste. Und man tat gut daran, bei Treffen nach dem Wohlbefinden der Familie zu fragen und zu schauen, dass man auch denen etwas Gutes tun konnte. Die Menschen hatten so wenig, dass immer erst die persönlichen Interessen befriedigt werden mussten, bevor man ans Geschäft denken konnte. Deshalb hat man vielleicht zuerst eine Behandlung im Krankenhaus finanziert, um anschliessend über den öffentlichen Nahverkehr in Conakry zu reden. Wie sagte Bertolt Brecht? «Erst kommt das Fressen, dann kommt die Moral.»

Ich hatte um eine Audienz bei Sékou Touré gebeten. Nachdem mir diese gewährt worden war, betrat ich eine Halle, in der Dutzende von Einheimischen in Festtagskleidung warteten. Irgendwann ging die Tür auf, und Sékou Touré erschien in seinem weissen Damastgewand. Alle Einheimischen fielen vor ihm auf die Knie. Nur ich stand noch da. Sékou Touré starrte mich an, winkte, und ich wurde in seinen Privatsalon geleitet. Ich war sprachlos, was dort alles stand. Ein Fernseher mit einem Bildschirm so gross wie eine Kinoleinwand! Eine Diamantenhändlerin aus Antwerpen war ebenfalls anwesend. Sékou Touré bedeutete mir, mich zu ihm zu setzen, die Diamantenhändlerin hingegen schickte er unwirsch hinaus. Dann schaute er mich wieder an. Er fragte mich: «Womit kann ich Ihnen helfen?» Ich antwortete: «Meine Mutter liegt im Sterben, ich möchte noch einmal mit ihr telefonieren. Ich bitte Sie um eine Telefonverbindung.» Keine fünf Minuten später konnte ich mit meiner Mutter sprechen.

Sékou Touré war ein Anhänger des Panafrikanismus, also der Idee eines vereinten Afrikas. 1984 sollte die Gipfelkonferenz der Organisation für Afrikanische Einheit (OAU) in Conakry stattfinden. Das löste einen Investitionsschub aus, weil Sékou Touré Guinea natürlich im besten Licht zeigen wollte. Für die geladenen 50 afrikanischen Staatschefs hatte er 50 Villen bauen lassen. Und wir erhielten den Auftrag, über die Phoenix Inter Guinée ebenso viele Luxuskleinbusse bereitzustellen, damit ein Shuttleservice zwischen den Villen und den Konferenzräumlichkeiten eingerichtet werden konnte. Die Finanzierung sollte über die deutsche Entwicklungshilfe laufen, allerdings verweigerte diese das Geld. Sie wollte Kleinbusse nur bezahlen, wenn sie für den öffentlichen Verkehr in Conakry eingesetzt würden, da ein solcher fehle. Das besprach ich mit dem guineischen Verkehrsminister. Wenig später reisten wir mit einer Delegation nach Wolfsburg ins VW-Werk. Die Fahrzeuge wurden aber in Brasilien gefertigt – auf Basis des LT-Modells und mit Holzbänken statt Ledersitzen. Wir bestellten eine Flotte von 50 Fahrzeugen für den neu gegründeten Transport Urbain de Conakry (TUC).

Als die Busse in Conakry ankamen, gab es ein grosses Hafenfest. Alle haben getanzt und gelacht – nur Sékou Touré nicht. Der war beleidigt, als er die einfachen Busse mit Holzbänken sah.

Im Fahrzeughandel mit Guinea konnte ein Liefergeschäft mit Kleinbussen im Umfang von 3,1 Millionen Deutsche Mark mit Gewinn abgewickelt werden. Der Regierungsumsturz im April 1984 führte dazu, dass erwartete Anschlussaufträge noch nicht erteilt wurden. (Geschäftsbericht der Phoenix Maschinentechnik AG, 1983/1984)

ELISABETH WECKERLE Die Phoenix Inter Guinée lebte von der Entwicklungshilfe, und die von uns importierten VW-Busse fuhren auch tatsächlich durch die Stadt und waren ein Segen für die Bevölkerung. Doch insgesamt muss man rückblickend den Sinn der damaligen Entwicklungshilfe anzweifeln. Ich habe einer armen jungen Frau einmal meine alte Nähmaschine aus der Schweiz mitgebracht und geschenkt. Die konnte dadurch Näherin werden und sich und ihre Kinder damit über die Runden bringen. Das hat vielleicht mehr gebracht als viele Millionenprojekte der Entwicklungshilfe.

Die Aktivitäten der Phoenix Inter Guinée, Conakry, einer Gesellschaft, die aus der Frühzeit der Phoenix Mecano stammt, wurden reduziert. Die Gesellschaft passt nicht mehr in das Konzept der Gruppe. (Geschäftsbericht der Phoenix Mecano AG, 1988)

* * *

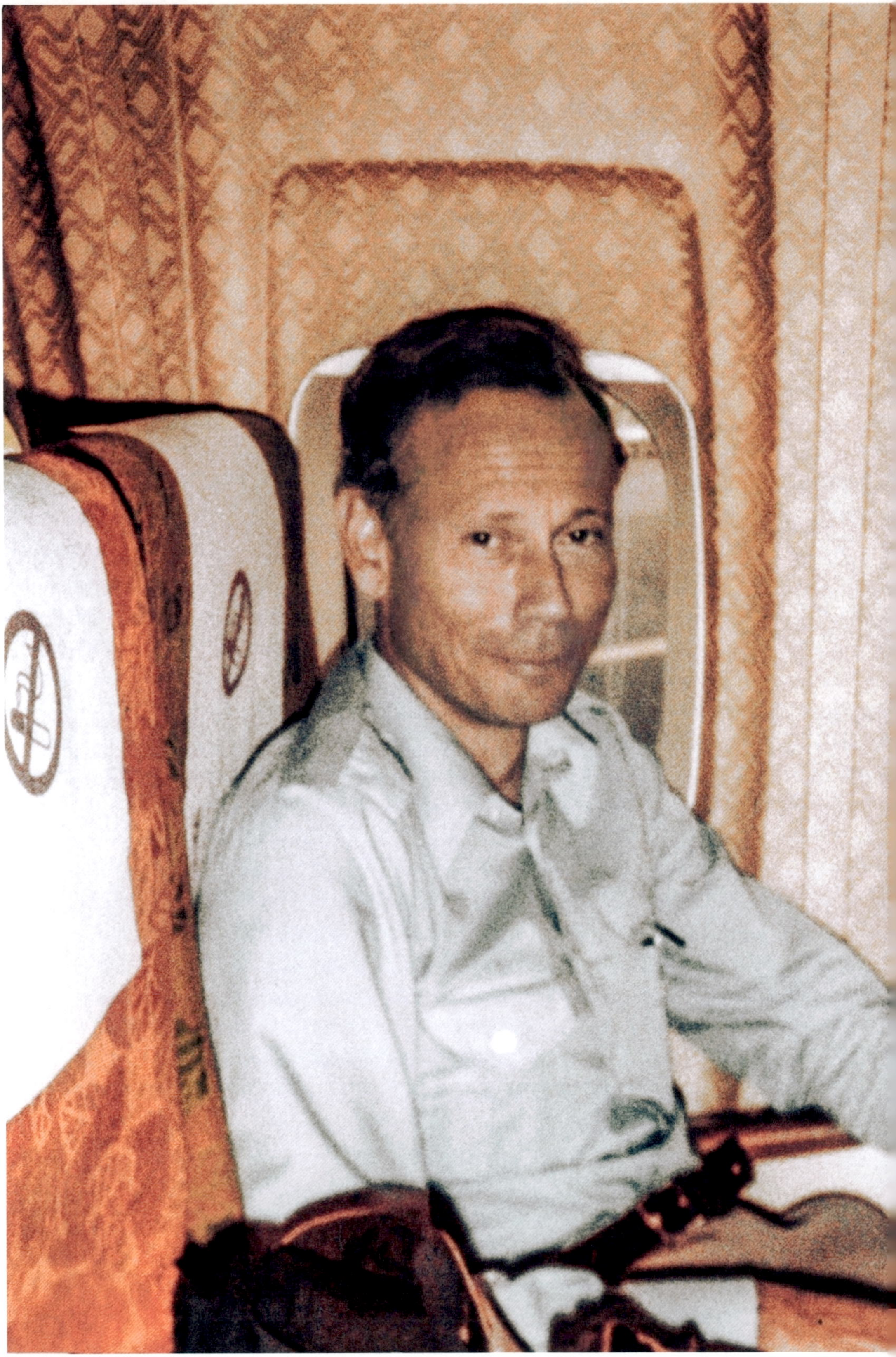

Dr. Goldkamp im Flugzeug nach Guinea (1979).

Im Büro der Phoenix Inter Guinée in Conakry (1984).

Besuch bei VW in Wolfsburg: Elisabeth Weckerle (links) mit Vertretern von Volkswagen sowie einer Delegation aus Guinea und Dr. Goldkamp (rechts). Dahinter ein VW-Kleinbus Modell LT (1984).

UE LS 1

Am Verhandlungstisch bei VW in Wolfsburg.

Innenausbau der in Brasilien produzierten VW LT-Kleinbusse für den Transport Urbain de Conakry (TUC).

VW-Busse des Transport Urbain de Conakry (TUC) in Guinea, importiert durch die Phoenix Inter Guinée SA (1986).

TUC
TUC
GG0046-ARG

Im Osten vor der Stadt trifft der dunkle Rio Negro auf den bräunlichen, schlammigen Rio Solimões. An der Wasserscheide entsteht ein eindrucksvolles Farbspektakel, das als «Encontro das Aguas», Treffen der Wasser, bezeichnet wird. Aus dem Zusammenfluss der beiden Ströme geht der Amazonas hervor. (Latina Press)

HUGO DESCHOOLMEESTER Das Foto von Dr. Goldkamp steht bei mir zu Hause in Manaus direkt neben den Fotos meines leiblichen Vaters und meines Onkels, bei dem ich aufgewachsen bin. Dr. Goldkamp war mein dritter Vater.

Ich bin gebürtiger Belgier und 1970 nach Brasilien ausgewandert, zuerst nach São Paulo, dann nach Manaus. Ende 1978, ich war gerade 33 Jahre alt, stand dieser Herr im Leinenanzug vor meiner Tür. Er stellte sich als Dr. Goldkamp vor und sagte, er sei auf Empfehlung des deutschen Honorarkonsuls, des Holzhändlers Carl Otto Oesterle, zu mir gekommen. Er interessiere sich für den Markt für Industriegase in Manaus. Ich schlug ihm höflich vor, das Gespräch am nächsten Morgen fortzusetzen, da ich hundemüde vom Unterrichten an der Technischen Universität sei. Daraufhin gab er mir die Visitenkarte seines Hotels und verabschiedete sich.

Am nächsten Morgen besuchte ich ihn im Hotel Tropicao am Rio Negro. Dr. Goldkamp wusste, dass Manaus rasch wuchs, seit die Stadt zur Freihandelszone erklärt worden war. Durch die Steuer- und Zollvergünstigungen wollte die Regierung Unternehmen ins abgelegene Amazonasgebiet locken. Der Plan ging auf: Hunderte Unternehmen hatten sich mittlerweile hier niedergelassen – auch, weil Manaus über einen grossen Hafen am Rio Negro verfügte. Und ich kannte all die Werften, Reeder und Bauunternehmer, da ich über Jahre Motoren und Generatoren gebaut und verkauft hatte. Im Amazonasgebiet nannten sie mich «den Mann, der den Strom bringt». Also fuhr ich Dr. Goldkamp in Manaus herum und stellte ihm diesen und jenen Geschäftsmann vor. Am Montag brachte ich ihn zum Flughafen. Zum Abschied sagte er mir: «Wenn ich hier ein Geschäft aufbaue, dann mit Ihnen.»

HUGO DESCHOOLMEESTER Ein gutes Jahr später erinnerte ich mich wieder an den Besuch von Dr. Goldkamp. Ich langweilte mich inzwischen an der Universität. Und so rief ich ihn an und fragte, ob er immer noch Interesse habe, in Manaus eine

Sauerstoffanlage zu bauen. Dr. Goldkamp freute sich über meinen Anruf und lud mich ein, ihn in Köln zu besuchen. Dort hatte er irgendwo in einem Industriegebiet ein Areal angemietet, auf dem er alte Sauerstoffanlagen aus Militärbeständen instand setzen liess. Da arbeiteten drei oder vier ehemalige Bundeswehrsoldaten. Er sagte: «Hier in Deutschland sind diese Anlagen wertlos, aber vielleicht könnten Sie in Manaus etwas damit anfangen?»

So gründeten Dr. Goldkamp und ich als Minderheitsaktionär die IPES, die Indústria de Produtos e Equipamentos de Solda Ltda. in Manaus. Ein Mitarbeiter von Dr. Goldkamp, Helmut Grosch, demontierte eine kleine Sauerstoffanlage mit 30 Kubikmetern Leistung pro Stunde. Zudem liessen wir Gasflaschen auf einen weiteren Lastwagen verfrachten und das Ganze nach Belgien fahren. Dort ging es per Frachtschiff weiter über den Atlantik und den Amazonas bis nach Manaus. Herr Grosch kam auch mit, um die Anlage zu installieren. Ihm gefiel es so gut in Brasilien, dass er gleich hierblieb. Und damit wurde er zum ersten Mitarbeiter der IPES. Am 2. Oktober 1980 waren wir mit 5'500 gefüllten Flaschen auf dem Markt. Nach drei Monaten hatten wir 60 Prozent Marktanteil. Eine grössere Anlage mit 120 Kubikmetern Leistung pro Stunde musste her.

RITA BAUER Als ich im Februar 1982 aus Nigeria zurückkam, hiess es sofort: «Frau Bauer, es gab eine Havarie. Das Schiff mit der Fracht für IPES in Manaus ist vor der Westküste Englands auf Grund gelaufen.» Ich beschaffte mir die Liste der Ladung und verhandelte mit der Versicherung. Der Schaden wurde anstandslos ersetzt.

Danach musste ich eiligst eine neue Fracht mit Gaszylindern und Ersatzteilen zusammenstellen. Ein Kollege half mir, das auf dem Grundstück in Rodenkirchen gelagerte Material aus Krawczycks Zeiten auf Verwendbarkeit zu prüfen.

Fortan kümmerte ich mich auch noch um die Logistik nach Brasilien, verhandelte die Preise für die angeforderten Ersatzteile, vor allem für Gaszylinder, aber auch für das Gefahrengut Karbid – und natürlich auch die Frachtraten. Die letzte grosse Fracht nach Brasilien war ein Rezipient von 9 Metern Länge und einem Durchmesser von 3 Metern, der mit einem Tieflader von Rodenkirchen abgeholt und nach Bremerhaven transportiert wurde. Ich hatte eine Frachtrate von 250 Deutschen Mark ausgehandelt.

HUGO DESCHOOLMEESTER Die Anlage lief 24 Stunden am Tag. Nur von Sonntag von 10 Uhr bis Montag um 10 Uhr stand sie still. Wir hatten viel zu tun. Manaus wuchs und wuchs. Als ich 1972 hierhergezogen bin, hatte die Stadt 330'000 Einwohner, heute sind es 2,5 Millionen Und von diesem Wachstum haben wir profitiert. In den besten Zeiten hat die IPES 13 Millionen Dollar Umsatz pro Jahr gemacht. Wegen der Freihandelszone mussten wir keine Mehrwertsteuer zahlen.

Nach dem Börsengang 1988 passte das Geschäft nicht mehr in die Strategie der Phoenix Mecano. Man hatte sich vom Geschäft in Nigeria und Guinea getrennt und wollte sich auf die Sparten Gehäuse und Komponenten fokussieren. Allerdings war die IPES immer noch rentabel. Sie hatte nicht mit der hohen Inflation zu kämpfen, da sie sich zu 99 Prozent aus dem Inland finanzierte. Die Anlagen standen, die Gasflaschen waren Dauerware – wir brauchten eigentlich nur Luft und Energie. 1995 stabilisierte sich unter Ministerpräsident Cardoso die brasilianische Währung, der Real. Das machte Brasilien auch als Markt für die Stammhäuser der Phoenix Mecano interessanter. Gleichzeitig begann die Phoenix Mecano damit, ihr Vertriebsnetz auf die «Emerging Markets» auszuweiten: China, Indien und eben auch Brasilien. Denn hier hatten sie ja mich und die IPES. So gründete ich 1995 mit der IPES eine Tochtergesellschaft in São Paolo, die Phoenix Mecano Comercial e Técnica. Diese diente zuerst Dewert, dann auch Rose und Bopla als Vertrieb. Am Anfang musste die IPES mit ihrem konstanten Cashflow die Vertriebsgesellschaft in São Paolo quersubventionieren, aber danach entwickelte sich der Vertrieb prächtig – und das tut er unter meinem Nachfolger Deodoro Weber bis heute. 2010 wurde ich pensioniert, und wir haben die IPES verkauft. Das war das Ende des Gasgeschäfts, das einst die IGA begründet und die Phoenix Mecano über 30 Jahre weitergeführt hatte.

GABRIELE WILLHARMS Lagos, Conakry, Manaus – das waren seine Abenteuer. In Deutschland und der Schweiz verdiente Dr. Goldkamp sein Geld mit sehr soliden mittelständischen Unternehmen.

Aushub für die Sauerstoffanlage der Indústria de Produtos e Equipamentos de Solda Ltda. (IPES) in Manaus, Brasilien (1980).

Sauerstoffanlage im IPES-Werk in Manaus. Rechts im Hintergrund: Helmut Grosch, ehemaliger Bundeswehrsoldat und erster Mitarbeiter der IPES (1982).

Manaus Anfang der 1980er-Jahre: Die ersten 5'500 Gasflaschen, mit denen Phoenix Mecano in Brasilien das Geschäft mit technischen Gasen beginnt.

Hugo Deschoolmeester mit seinem Ford Landau vor dem Büro der IPES in Manaus (1984).

R D
CC 1125

Briefumschlag der IPES an die Phoenix Mecano Management AG (1997).

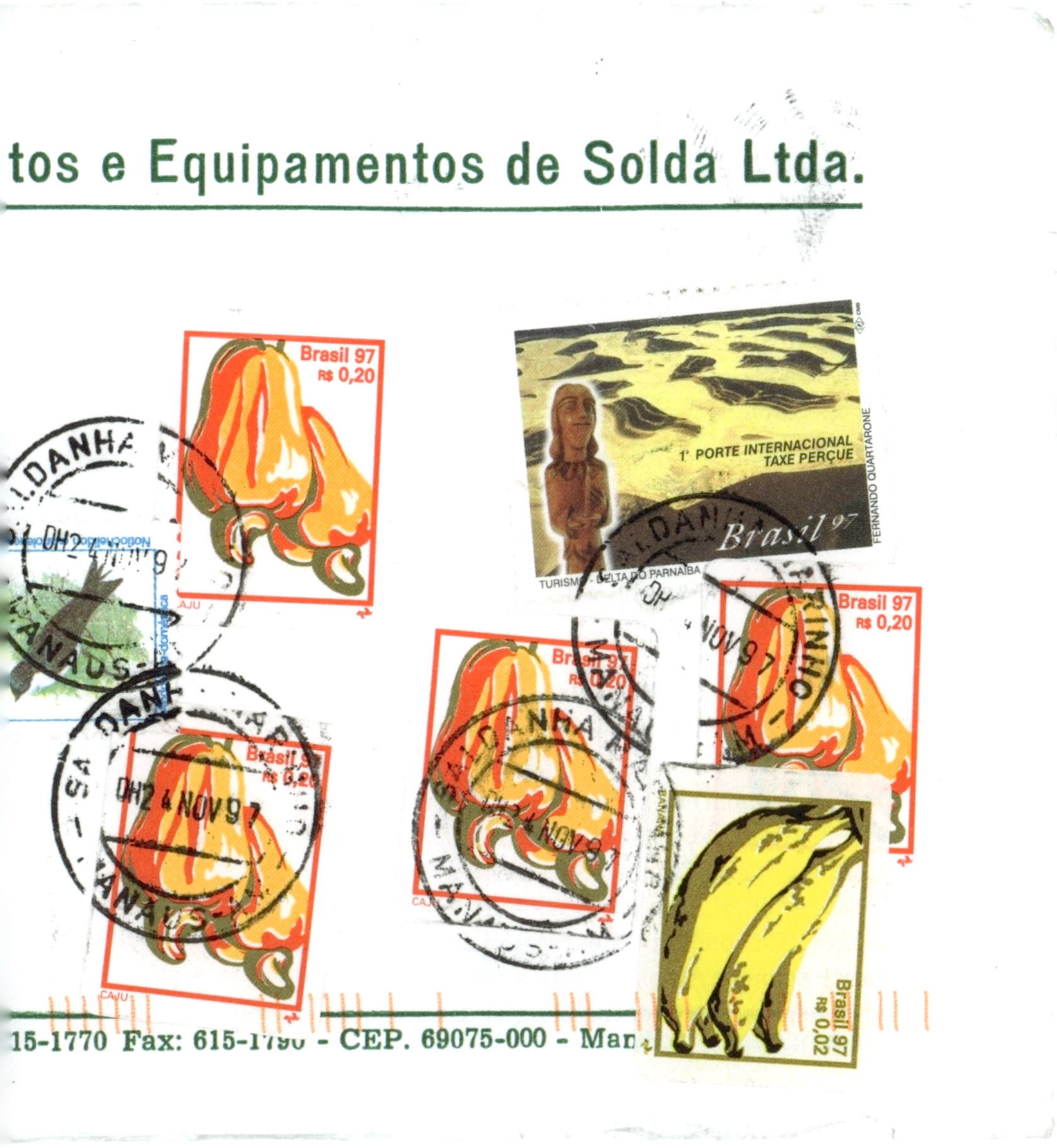
tos e Equipamentos de Solda Ltda.
Brasil 97
R$ 0,20
CAJU
1° PORTE INTERNACIONAL
TAXE PERÇUE
Brasil 97
FERNANDO QUARTARONE
TURISMO - DELTA DO PARNAÍBA
Brasil 97
R$ 0,02
BANANA
DH24NOV97
15-1770 Fax: 615-1790 - CEP. 69075-000 - Man

Das Drumherum: Einstieg in die Gehäusetechnik

Da wir keinen ernsthaften Wettbewerb hatten, haben wir uns selbst Konkurrenz gemacht und den Markt mit zwei Unternehmen bedient, die sich einen harten Kampf lieferten. Es hatte sich nämlich gezeigt, dass es nahezu unmöglich war, bei einem Standardprogramm einen Marktanteil von mehr als 50 bis 60 Prozent allein mit einem Unternehmen zu erreichen. Indem wir deshalb das, was ohnehin zu erwarten war, gleich selbst machten, verengten wir den Spielraum für fremde Wettbewerber drastisch, sicherten uns gegen Schlendrian und Bequemlichkeiten und gewannen vor allem Massstäbe zur Bewertung der eigenen Leistung. (Dr. Goldkamp, Vortrag Berliner Bank, 1992)

GÜNTER FRANKOWSKI Ich habe Benzin im Blut. Das kommt daher, dass ich früher für Gaggenau in ganz Europa Ölöfen und Dunstabzugshauben verkauft habe. Da war das Autofahren Teil meines Jobs, auch wenn ich natürlich nicht mit einem Sportwagen, sondern mit einem Ford Transit unterwegs war. Mein Hauptmarkt war Frankreich. Da habe ich sogar der Brigitte Bardot eine Dunstabzugshaube verkauft und in Saint-Tropez installiert. Und dazu Ölöfen – 20'000 habe ich verkauft. Das gab schöne Provisionen, und davon habe ich mir dann wirklich schnelle Autos gekauft, zum Beispiel einen Sunbeam Alpine. Ich war in erster Linie Verkäufer und erst in zweiter Linie Autoliebhaber.

Meine Familie stammte aus Ostpreussen. Mein Vater war Berufsoffizier und ist am letzten Kriegstag gefallen. Da war ich sechs Jahre alt und mit meiner Familie auf der Flucht vor den Russen. Diese Erfahrung teilte ich also mit Dr. Goldkamp, den ich viel später, nämlich 1976, kennenlernen sollte. Und das kam so: Mein Schwiegervater hatte in Bünde eine Fabrik für Plastikspritzguss. Er hat vor allem für die Modellbaufirma Revell produziert, denn die waren auch in Bünde. Modellbau war damals gross in Mode. Kinder, Jugendliche und Erwachsene – alle klebten Auto-, Motorrad-, Flugzeug- oder auch Panzermodelle zusammen. 1970 habe ich meinem Schwiegervater ein paar Spritzgussmaschinen abgekauft und mein eigenes Geschäft gegründet, die Bündoplast. Wir hatten Kunden aus der Industrie, darunter auch Rose aus Porta Westfalica.

Revell-Modellbaukasten aus den 1970er-Jahren.

Die stellten Aluminiumgehäuse für die Elektroindustrie her, führten aber gerade eine neue Produktlinie aus Polycarbonat ein. Herr Haseke von Rose hat uns die Pläne und Werkzeuge gegeben, und wir haben als Lohnspritzerei die Gehäuse produziert. Irgendwann fand ich, dass dabei nicht genug raussprang. Warum sollten wir die Gehäuse nicht selbst konstruieren, produzieren und verkaufen? Ich wusste ja jetzt, wie das geht. Das haben wir dann 1974 unter dem Namen Bopla getan. Das fand Herr Haseke natürlich nicht so lustig.

BENEDIKT GOLDKAMP Mein Vater mochte den Frankowski, obwohl der viel lauter und weniger kultiviert war als er. Aber meinem Vater gefiel diese ungekünstelte Art. Und mit Respekt nannte er Herrn Frankowski «unseren besten Verkäufer».

GÜNTER FRANKOWSKI Dr. Goldkamp war ein Mensch, der nicht um den heissen Brei redete. Ich kann mich an kein Gespräch mit ihm erinnern, das nicht zu einem konkreten Ergebnis führte. So war das schon bei unserem ersten Gespräch. Die Phoenix wollte uns kaufen. Und warum wollte sie das? Weil sie schon in Rose investiert hatten und wir Rose mit unseren Plastikgehäusen Konkurrenz machten. Aber Dr. Goldkamp war geschickt: Er wollte uns nicht dichtmachen und in Rose integrieren – da hätte ich auch nicht mitgemacht. Dr. Goldkamps Angebot lautete: Die Phoenix kauft Bopla, aber die Firma bleibt eigenständig, ich bliebe Geschäftsführer und überdies mit 20 Prozent beteiligt. Dadurch hätte ich ein sicheres Geschäftsführergehalt von 140'000 Deutschen Mark plus Umsatzbeteiligung. Und Bopla hätte genug Geld, um das Gehäuseprogramm auszuweiten und zu wachsen. Das war super, denn ehrlich gesagt ging mir damals das Geld aus.

BENEDIKT GOLDKAMP Aus Rose und Bopla nicht eine Firma zu machen, war Kalkül: Mein Vater wusste, dass Konkurrenz die Innovationskraft und den Kostendruck erhöht. Und die Kunden wussten meistens gar nicht, dass Rose und Bopla einer Schweizer Firma gehörten. Die Phoenix hat dadurch den Gehäusemarkt beherrscht, ohne dass das jemand durchschaute.

GÜNTER FRANKOWSKI Zwischen uns und Rose lagen keine 30 Kilometer. Trotzdem waren das zwei Welten. Rose, das waren Technokraten. Die waren gut, die Rose-Produkte, keine Frage! Wir aber waren bunter, schlanker und schneller. Schauen Sie sich mal unsere Prospekte von damals an! Die hatten professionelle Fotostrecken mit Models und so. Wir haben

3,5 Prozent des Etats ins Marketing gesteckt, Rose wahrscheinlich nicht mal die Hälfte. Die Controller von Phoenix hatten natürlich nicht viel Freude an unseren Werbeetats. Aber ich habe immer gesagt: mehr Werbung, mehr Umsatz.

Bopla-Weihnachtsprospekt mit Günter Frankowskis Jack-Russell-Terrier namens Mäxchen (1986).

GABRIELE WILLHARMS Ich hatte eine kaufmännische Lehre absolviert und eine Ausbildung zur Fremdsprachenkorrespondentin. 1978 wurde ich bei Rose als Assistentin der Geschäftsleitung eingestellt. Ich war aus der Gegend, und die Rose Systemtechnik genoss einen hervorragenden Ruf. Dass eine Firma aus der Schweiz seit 1976 an Rose beteiligt war, wusste ich zuerst gar nicht. Ich dachte immer, die gehört dem Herrn Rose, meinem Chef. Als die Phoenix Mecano Rose 1978 zu 100 Prozent übernahm, war das ein Schock für mich. Ich war noch neu im Unternehmen und fragte mich: Was kommt jetzt?

GÜNTER FRANKOWSKI Wir haben nicht nur schöne Werbung gemacht, sondern auch hervorragende Produkte. Die Produktentwicklung bei uns ging so: Ich habe mir die besten Konstrukteure und Ingenieure geschnappt und eine Woche in ein Hotel eingeschlossen, das weit genug weg war, dass die nicht nach Hause konnten. So konnten wir uns ohne Ablenkung voll auf die Konstruktion der Gehäuse konzentrieren. Die besten Ideen sind einfach. Das hat auch der Dr. Goldkamp immer gesagt. Es geht darum, das Leben der Kunden zu vereinfachen, zum Beispiel durch ein Gehäuse mit Türen, die man ohne Schraubenzieher öffnen und schliessen kann – mit Hilfe von Scharnieren. So haben wir damals das erste CombiCard-Gehäuse entwickelt, das bis heute in zahlreichen Varianten im Programm von Bopla erhältlich ist.

GABRIELE WILLHARMS Kurze Zeit später informierte mich Herr Rose, dass Dr. Goldkamp, der neue Besitzer von Rose, zusammen mit dem Betriebsleiter von Bopla zu einer Sitzung käme. Direkt vor dem Termin hiess es plötzlich, es käme noch einer, der Geschäftsführer von Bopla, Günter Frankowski. Ich habe die Namen notiert und nicht weiter darüber nachgedacht. Doch plötzlich stand dieser Typ bei mir im Vorzimmer – mit Sonnenbrille und langem schwarzen Ledermantel. Ich habe mich regelrecht erschrocken! Das war Günter Frankowski.

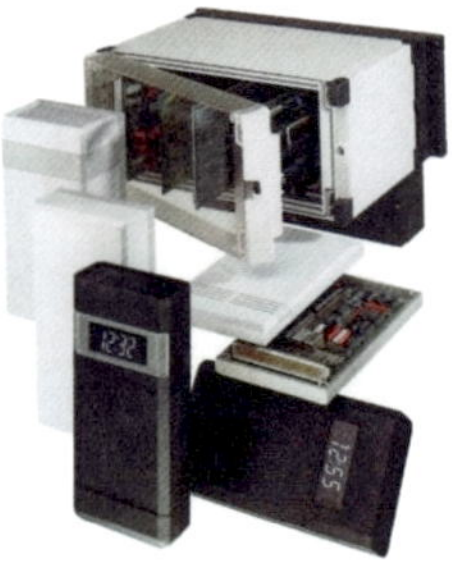

Bopla-Gehäuseprogramm CombiCard mit Scharniertüren (1988).

GÜNTER FRANKOWSKI Die Controller haben uns regelmässig besucht, obwohl es nicht viel zu kontrollieren gab. Aber die kamen gerne, weil wir sie abends schön zum Essen einluden. Das ging mit Dr. Goldkamp weniger gut, weil der immer auf Zack war. Der kam immer nur schnell mit seinem Flugzeug vorbeigeflogen. Da musste ich ihn vom Flugplatz Melle abholen. Dafür habe ich natürlich meine Limousine genommen, den Mercedes. Dort hatte ich ein Autotelefon einbauen lassen. Das waren riesige Kisten. Aber hat funktioniert. Als der Dr. Goldkamp das gesehen hat, sagte er: «Mensch, Herr Frankowski, jetzt sind Sie der Erste in unserem Konzern, der ein Autotelefon besitzt – noch vor mir!»

BMW M1 von Günter Frankowski (1980).

Günter Frankowski in seinem Büro (ca. 1980).

Blick auf und in den alten Bopla-Hauptsitz (ca. 1982).

Betriebsfest der Bopla (1984). «Rose, das waren Technokraten. (...)
Wir waren bunter, schlanker und schneller», sagt Günter Frankowski,
Geschäftsführer Bopla.

Gehäuseprogramm von Bopla (links) und Rose (rechts, 1985).

Die Rose-Elektrotechnik GmbH & Co. KG am Flurweg in Porta Westfalica (1976).

Aluminiumgehäuse von Rose (1985).

Eine Fabrik in der Schweiz

MARCO FOGLIA Am 1. Januar 1981 stellte mich Dr. Goldkamp als Fabrikleiter ein. Nur – es gab gar keine Fabrik. Also schickte er mich nach Deutschland, um mich in Porta Westfalica mit der Produktion von Rose vertraut zu machen. Denn das war die Idee: Wir sollten in der noch zu bauenden Fabrik in Stein am Rhein Aluminiumgehäuse für Rose produzieren, also Standardgehäuse und kundenspezifische Gehäuse.

Ich bin dann hin- und hergependelt. In Porta Westfalica habe ich mich in die Rose-Produktion vertieft, in Stein am Rhein den Fabrikbau überwacht. Am Weihnachtsessen 1981 in Stein am Rhein waren wir vier Mitarbeiter: drei Monteure, die die Fabrik eingerichtet haben, und ich.

Aufgewachsen bin ich in Winterthur. Mein Vater hatte ein Gipsergeschäft. Ich habe Mechaniker gelernt und anschliessend an der Fachhochschule Maschinenbau studiert. Danach war ich bei Alusuisse im Wallis und in Frankreich und schliesslich fünf Jahre Betriebsleiter einer Metallbaufirma in Frick, ab 1981 dann bei der Phoenix Maschinentechnik AG in Stein am Rhein. Dr. Goldkamp war genauso ungeduldig wie ich. Alles musste morgen fertig sein, wenig kosten und Qualität haben. Das Beste aber war: Bei Phoenix konnte ich auf der grünen Wiese etwas Neues aufbauen.

Für das neue Commander-Gehäuse von Rose musste ein 4 Meter langes Aluminiumprofil sauber zu einem Gehäusekasten gebogen werden. Es gab keine Maschine, die das konnte. Da habe ich mir wie früher ein Zeichnungsbrett gekauft und nach Feierabend zu Hause Skizzen entworfen. Damit haben wir dann in Porta Westfalica einen Prototyp gebaut, und etwas später stand die Biegemaschine in Stein am Rhein und noch später in Ungarn. Ich habe immer schnelle, rationelle Lösungen gesucht. Deshalb hatte ich mit den deutschen Ingenieuren manchmal Mühe. Die wollten es immer extra kompliziert. Der Betriebsleiter von Rose, Herr Haseke, wollte plötzlich geklebte Nähte. «Wie in der Flugzeugindustrie!», hat er gesagt. «Aber wir produzieren keine Flugzeuge, sondern Gehäuse», erwiderte ich. Da das ein Mengengeschäft ist, mussten wir billige Klebetechnologien verwenden. Ich habe dann einmal kräftig gegen das Gehäuse gehauen, und die Naht riss entzwei. Schlussendlich haben wir wieder geschweisst. Das war typisch: Die deutschen Ingenieure wussten es immer ein bisschen besser, auch später in Ungarn und Tunesien. Deren Haltung war: Wir zeigen euch jetzt mal, wie das geht. Da fehlte mir die Weltoffenheit, die uns Schweizern eher eigen ist. Es hatte auch kaum ein deutscher Kollege von mir mal im Ausland gelebt. Die meisten gingen höchstens ins Ausland, um zu zeigen, wie etwas geht.

Verständlicherweise fragten sich viele bei Rose, welchen Sinn es hatte, Teile der Produktion in die Schweiz auszulagern. Wir waren ja nun auch kein Billiglohnland. Tatsächlich brauchte die Phoenix Maschinentechnik AG Wertschöpfung in der Schweiz – und nicht nur eine Holding –, um den steuerlichen Hauptsitz hier vor dem deutschen Fiskus zu begründen. Dr. Goldkamp wollte dann aber nicht nur eine Fabrik in Stein am Rhein bauen, sondern auch die Holding, die Phoenix Mecano-Gruppe, hier unterbringen. Als Assistentin der Geschäftsleitung war Frau Willharms vorgesehen, die Dr. Goldkamp bei Rose schätzen gelernt hatte. Allerdings gab es in der Schweiz damals noch Kontingente für ausländische Mitarbeitende – und die hatten wir bereits ausgeschöpft. Folglich verweigerte die Ausländerbehörde Frau Willharms eine Arbeitsbewilligung. Dr. Goldkamp wandte sich daraufhin an den Regierungsrat: «Wenn ich hier eine Fabrik baue, dann entscheide ich, wer hier arbeitet!» So in etwa ... Am Ende brachte der Regierungsrat zur Eröffnungsfeier am 12. März 1983 dann nicht nur den mit Weisswein gefüllten Stadtkelch mit, sondern auch die Arbeitsbewilligung für Frau Willharms.

Gemäss Arbeitsvertrag sollte ich ein Dienstauto erhalten. Daran habe ich Dr. Goldkamp irgendwann erinnert. «Kein Problem», sagte er. Ein paar Wochen später kam er mit einem gebrauchten Mercedes SE und Kölner Kennzeichen vorgefahren. Ich wusste nicht, wo er den herhatte. Aber das wurde dann mein Dienstauto.

Nach unserem ersten Betriebsjahr waren wir von acht Mitarbeitenden auf 15 Mitarbeitende angewachsen. Dann nahmen wir den Schweizer Vertrieb in die eigenen Hände. Das kostete Geld, weil wir den früheren Vertretern den Kundenstamm abkaufen mussten. Aber so hatten wir irgendwann Produktion und Vertrieb unter einem Dach und konnten die Rose-Gehäuse direkt an die Kundenwünsche anpassen. Das war ein wichtiger Erfolgsfaktor, und die Umsätze und Mitarbeiterzahlen gingen steil nach oben. 1985 mussten wir ausbauen. Dr. Goldkamp hat dann immer die Deutschen aufgezogen und gesagt: «Schaut die Schweizer an, die erzielen pro

Kopf viel mehr Umsatz als ihr!» Das war es, was Dr. Goldkamp wollte – Konkurrenz in den eigenen Reihen.

Dr. Goldkamp hat mir immer freie Hand gelassen. Nur beim Budget musste ich verhandeln. Vor dem dritten Geschäftsjahr habe ich gesagt, ich bräuchte jetzt einen Betriebsleiter und einen Buchhalter. Den Betriebsleiter hat er genehmigt, den Buchhalter gestrichen. Das Sortieren von Rechnungen könnten auch weniger teure Arbeitskräfte machen. Die Geschäftsberichte hat er in Köln drucken lassen, und als wir einen Kopierer brauchten, brachte er ein ausrangiertes Gerät der IBG mit. Wenn es jedoch um Wertschöpfung und Effizienzsteigerung ging, hat er gerne investiert. Als ich 1985 eine CNC-Maschine für 350'000 Schweizer Franken benötigte, zuckte er nicht einmal mit der Wimper und gab grünes Licht.

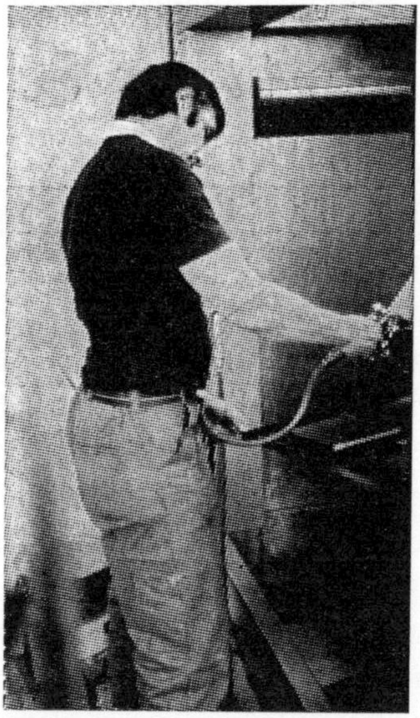

Willi Beck bespritzt die Aluminiumteile …

… Roland Santschi montiert sie zusammen.

Auszüge aus den Schaffhauser Nachrichten, 17. März 1982.
Oben: Betriebsdirektor Marco Foglia bei der Fabrikeröffnung.

Aus einem Stück werden im neuen Steiner Industriebetrieb der Phönix Maschinentechnik AG Aluminiumgehäuse hergestellt. *(Aufnahmen: B.+E. Bührer)*

Rohbau der neuen Produktionsstätte der Phoenix Maschinentechnik AG in Stein am Rhein (1981).

Die entscheidenden Komponenten

Zweitast- und Drehcodierschalter der Hartmann Gerätebau, Baiersdorf.

Am Anfang steht die Erkenntnis, dass sich alle Welt um grosse Erfindungen bemüht und nur solche bewundert werden. Auf der Suche nach der grossen Wahrheit aber werden viele kleine Dinge vernachlässigt, nebenher schnell entwickelt, ohne Sorgfalt, ohne echtes Engagement für das Produkt. Es sind Komponenten, die jeder Maschinenbauer, jeder Ingenieur, jeder Entwickler tagtäglich einsetzt, einsetzen muss, und die ihm eigentlich doch egal sind. Dieses Feldes hat sich die Phoenix Mecano angenommen. (Dr. Goldkamp, Vortrag Berliner Bank, 1992)

KARL KILIAN Der Hartmann wollte verkaufen. Der hatte keine Nachkommen. Und Dr. Goldkamp wusste dank seines Kölner Klüngels immer als Erster, wenn es etwas Interessantes zu kaufen gab. Interessant war die Hartmann Gerätebau wohl, weil wir mit nur 8 Millionen Deutschen Mark Umsatz schöne Gewinne einfuhren. Auf jeden Fall wurde Dr. Goldkamp wohl mit dem Fritz Hartmann handelseinig. Nur ich hatte keine Ahnung! Dabei hatte ich den Laden mit der nötigen Strenge profitabel gemacht. Hier hatte ich 1964 als einfacher Monteur meine Laufbahn begonnen und mich

Karl Kilian: vom Volksschüler zum Geschäftsführer der Hartmann Gerätebau in Baiersdorf (ca. 1985).

bis zum Geschäftsführer hochgearbeitet. Das war auch «meine» Firma, zumal es sich der Hartmann schon längst als Privatier in Florida gutgehen liess. Und jetzt sollte die Firma an irgendeinen Investor verkauft werden? Ich fühlte mich übergangen. Auch wenn ich aus einfachen Verhältnissen stamme und mir das nötige Kleingeld für den Kauf der Firma gefehlt hätte – man hätte mich zumindest fragen können! Ich war stinksauer. Und es kam noch schlimmer: Der Hartmann hatte nicht einmal meine Weiterbeschäftigung geregelt! Der hat die 13 Millionen Deutsche Mark eingeheimst, und ich sass in Baiersdorf, meiner Heimatstadt, und hatte wie meine Kollegen Schiss, ob ich bald noch Arbeit hätte. Wenig später erhielt ich einen Anruf von der Assistentin dieses Dr. Goldkamps. Ich sollte ihn in Porta Westfalica bei der Firma Rose treffen. Das war jetzt auch nicht gerade um die Ecke.

Dr. Goldkamp war ein eleganter Mann, viel feiner als ich. Aber er hatte auch etwas Diszipliniertes. Das gefiel mir, denn als ehemaliger Gebirgsjäger schätzte ich Disziplin. Er wollte alles wissen: wie ich arbeite, wie ich führe, wo ich noch Potenzial für die Firma sehe. Er fragte mich auch über meine Herkunft aus, wie ich aufgewachsen sei und so. Es gefiel ihm wohl, dass ich mich als einfacher Volksschüler bis zum Geschäftsführer hochgerackert hatte.

Als ich zurück in Baiersdorf war, rief mich – oh Wunder – der Fritz Hartmann aus Florida an. Was ich denn da mit dem Herrn Dr. Goldkamp besprochen hätte. Ich antwortete, ich wüsste von nichts, und fragte, was denn los sei. Da erklärte er mir, dass der Dr. Goldkamp die Firma nur unter einer Bedingung kaufen würde: dass ich Geschäftsführer bliebe. Ich blieb – inklusive Lohnerhöhung.

GABRIELE WILLHARMS 1985 beförderte mich Dr. Goldkamp zur Prokuristin mit Handlungsvollmacht. Das war auch nötig, denn ich musste weitgehend selbstständig entscheiden und unterschreiben. Damals war er ständig unterwegs, oft mit seinem Flugzeug. Manchmal konnte ich mitfliegen, wenn er auf den Flugplatz Vennebeck geflogen ist, um Rose oder Rose + Krieger zu besuchen. Von dort war es nur ein Katzensprung in mein Heimatdorf. Da hat mich dann meine Mutter abgeholt und war stolz, dass ihre Tochter jetzt von der Schweiz aus mit einem Privatflugzeug angeflogen kam.

KARL KILIAN Wir hatten 75 Mitarbeiter, und ich kannte die Lebensgeschichte jedes Einzelnen. Unsere Spezialität waren Codierschalter, also programmierbare Schalter, die Signale auf unterschiedliche Ausgänge verteilten. Ohne Codierschalter keine Steuerung. Wir waren einer der wichtigsten Zulieferer der europäischen Elektronikindustrie. Unser Ruf war: beste Qualität, aber ein bisschen teuer.

Peter Rüd stösst 1986 als Stellvertretender Direktor zur Phoenix Mecano.

> **Das Programm der Hartmann Gerätebau passt in den Vertriebsweg der Gehäusetechnik und wurde teilweise bereits vorher von den gleichen Handelsvertretern geführt. Durch den hohen Stand der Fertigungstechnik verschafft sich die Phoenix Mecano AG gleichzeitig wertvolles Fertigungs-Know-how auf dem Gebiet der Grossserienherstellung von Präzisionsteilen, welches dazu dienen soll, neue Produktideen kostengünstig zu realisieren. (Geschäftsbericht der Phoenix Mecano AG, 1986)**

KARL KILIAN Phoenix Mecano hin oder her – ich behielt natürlich erst einmal meine Hartmann-Identität. Mit der Übernahme hatte sich auch nicht viel geändert, ausser dass ich ein paar Sitzungen mehr hatte und die anderen Firmen des Konzerns kennenlernte – und natürlich auch deren Geschäftsführer. Menschenskinder, der Frankowski, das war ein Typ! Genau das Gegenteil von mir. Ein Angeber, wie er im Buche stand. Immer schnelle Autos und so. Aber dann habe ich den besser kennengelernt, und am Ende mochte ich ihn sogar auf seine Art. Der hat gute Arbeit geleistet.

Kurz nach der Übernahme kam der Herr Rüd ins Spiel, der Stellvertreter von Dr. Goldkamp. Der Herr Rüd war ein Zahlenmensch. Der kam vorbei und hat einen Blick in die Bücher geworfen. Plötzlich wurden dann auch Umsatz- und Gewinnziele formuliert. Und am Ende des Jahres wusste ich dann, ob ich unter den Zielen geblieben war oder sie übertroffen hatte. Ich habe sie immer übertroffen, aber das muss ich ja nicht erwähnen. Auf jeden Fall kannten wir so etwas vorher nicht. Früher haben wir unser Bestes gegeben und dann geschaut, was am Ende des Tages übrig blieb. Und es hat ja immer gut gereicht. Unter der Phoenix Mecano waren wir dann nicht mehr nur profitabel, sondern sehr profitabel. Und dagegen ist nix zu meckern.

Karl Kilian (ca. 1989).

Er wirkt auch heute noch eher wie ein solider Handwerker als wie ein geschliffener Manager. Menschen wie Karl Kilian sind für Goldkamp der Stoff, aus dem für ihn erfolgreiche Kaderleute gewoben sind: «Bis an die Haarspitzen motiviert, wollen die ja noch was leisten.» (Bilanz, November 1989)

***

Die Phoenix Mecano erwarb Mitte 1987 eine Mehrheitsbeteiligung an der Rose + Krieger GmbH & Co. KG, Minden in Ostwestfalen, BRD. Das Unternehmen stellt Komponenten für den Maschinenbau sowie für Arbeitsplatz- und Handlingsysteme her. (Geschäftsbericht der Phoenix Mecano AG, 1987)

JOACHIM METZGER 1989 war ich 38 Jahre alt, hatte mehrere Jahre als Berater bei Arthur Andersen gearbeitet und war zuletzt in der Geschäftsführung eines internationalen Unternehmens tätig. Jetzt strebte ich einen Geschäftsführerposten an, am liebsten erst einmal in einem kleineren Unternehmen. Da hörte ich von einem Bekannten, dass die Schweizer Firmengruppe Phoenix Mecano einen Geschäftsführer für eine Tochterfirma suche: Rose + Krieger. Ich bewarb mich und traf im Juli 1989 Dr. Goldkamp zum Vorstellungsgespräch. Dr. Goldkamp strahlte Autorität aus, ohne autoritär zu sein. Er war zweifellos der Chef, gab mir aber das Gefühl, dass ich die Hauptperson sei. Nach dem Gespräch war mir klar: Für diesen Mann will ich arbeiten. Allerdings hatte Dr. Goldkamp gesagt, dass er nicht allein entscheide. So reiste ich im August 1989 nach Stein am Rhein, wo ich von Frau Willharms und Peter Rüd empfangen wurde. Kaum hatte das Gespräch begonnen, gingen wir Mittagessen und führten die Konversation auf der Terrasse des Klosterhofs am Ufer des Rheins fort. Dazu gab es Felchen.

Gabriele Willharms, Assistentin der Geschäftsleitung mit Handlungsvollmacht und Prokura (1991).

GABRIELE WILLHARMS Dr. Goldkamp hatte sehr viele Talente. Aber ohne uns Assistentinnen wäre er aufgeschmissen gewesen. Was Frau Bauer und ich alles für ihn gemacht haben! Sogar an die Geburtstage seiner Söhne erinnerten wir ihn. Und natürlich mussten wir ständig erreichbar sein – sogar, wenn er mit seiner Familie irgendwo im Mittelmeer herumschipperte. Die Arbeitstage und Aufgabenlisten wurden immer länger. Aber das machte mir nichts aus. Ich wollte Verantwortung übernehmen und selbstständig arbeiten. Mir war nur wichtig, zwischendurch die Batterien aufladen zu können. So begann ich mit dem Tauchen. Irgendwann erzählte ich Dr. Goldkamp, dass ich meine nächsten Ferien auf den Malediven plante. Da wurde er panisch. «Wie soll ich Sie da denn erreichen?» Da antwortete ich ihm, dass ich genau deshalb tauchen ginge: weil es unter Wasser keine Telefone gebe.

JOACHIM METZGER Im Herbst 1989 übernahm ich die Geschäftsführung bei Rose + Krieger in Minden. Das war ein Sprung ins kalte Wasser, aber immerhin lernte ich so die Qualitäten von Dr. Goldkamp kennen: Er schenkte Vertrauen, verzieh Fehler und war für einen da. Mindestens einmal pro Woche rief er mich an – nicht aus Sorge um sein Unternehmen, sondern um mich.

Rose + Krieger hatte tolle Produkte: Aluminiumprofile, die man im Baukastensystem zusammenfügen konnte. Das war vor allem für den Anlagen- und Maschinenbau interessant. Die Kundschaft kam fast ausschliesslich aus Deutschland. Die Ertragslage war allerdings rückläufig. Meine Aufgabe war es, den internationalen Vertrieb anzukurbeln und die Kosten zu senken. Letzteres gestaltete sich schwierig, weil unser wichtigster Zulieferer, der unsere Aluminiumelemente goss, gleichzeitig Miteigentümer von Rose + Krieger war. Und der torpedierte jeden Versuch, die Gussprofile woanders günstiger fertigen zu lassen. Das Problem sah auch Dr. Goldkamp. Er zahlte den Miteigentümer aus und erhöhte die Beteiligung der Phoenix Mecano auf 74 Prozent. Dadurch war der Weg frei für ein globales Sourcing.

Anders als in seiner Freizeit zieht es Goldkamp, zumindest was die Produktpalette anbelangt, auch künftig nicht über die Wolken. Ein Venture, eine abenteuerliche Diversifikation, das reizt ihn nicht. Da hält er sich lieber ans kalkulier-, kontrollier- und optimierbare Unternehmerrisiko. «Einmal im Leben eine Kathedrale verkaufen, genau das will ich nicht.» (Bilanz, November 1989)

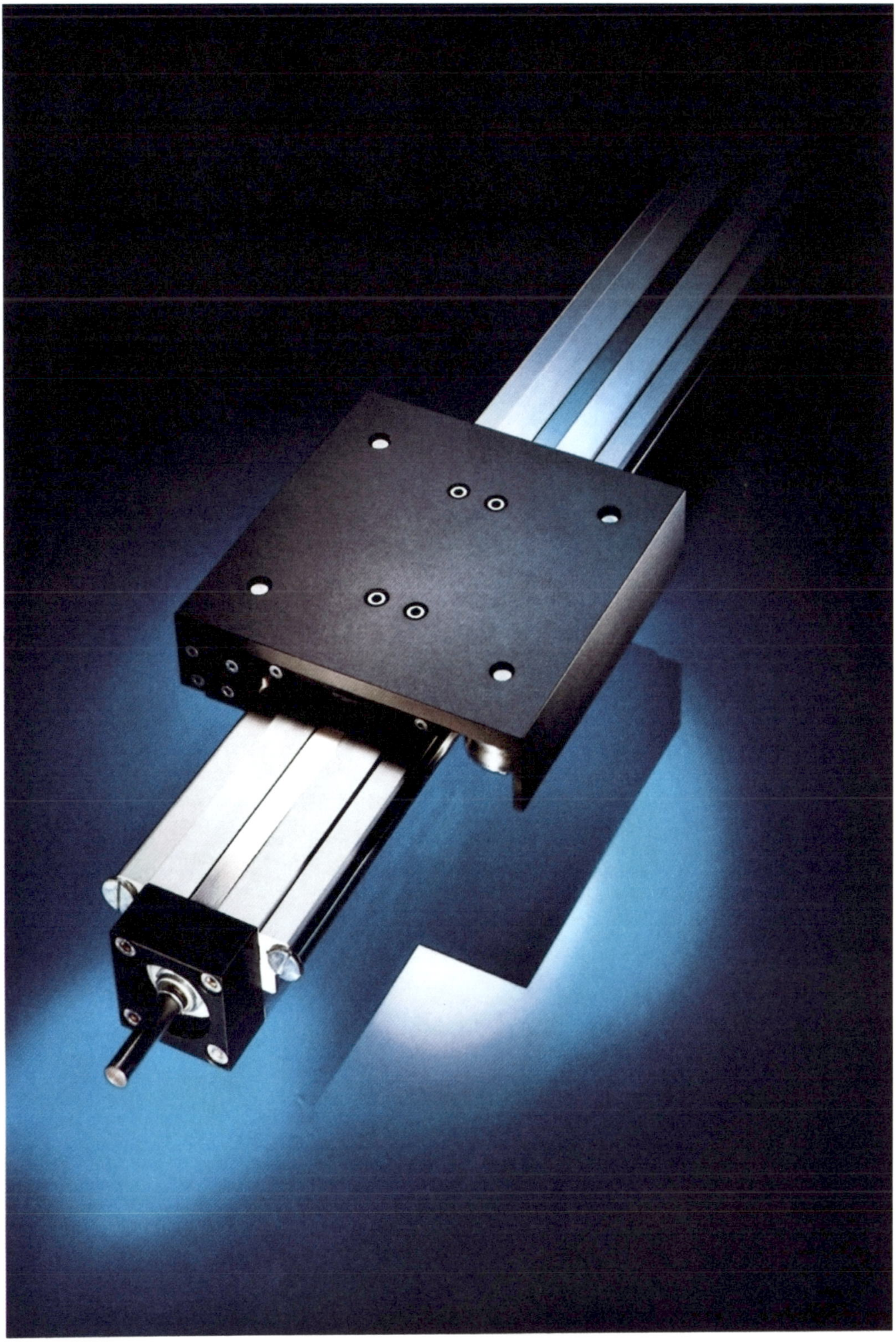

Das Baco Positioniersystem von Rose + Krieger
gewinnt 1989 den Industrie Forum Design Award.

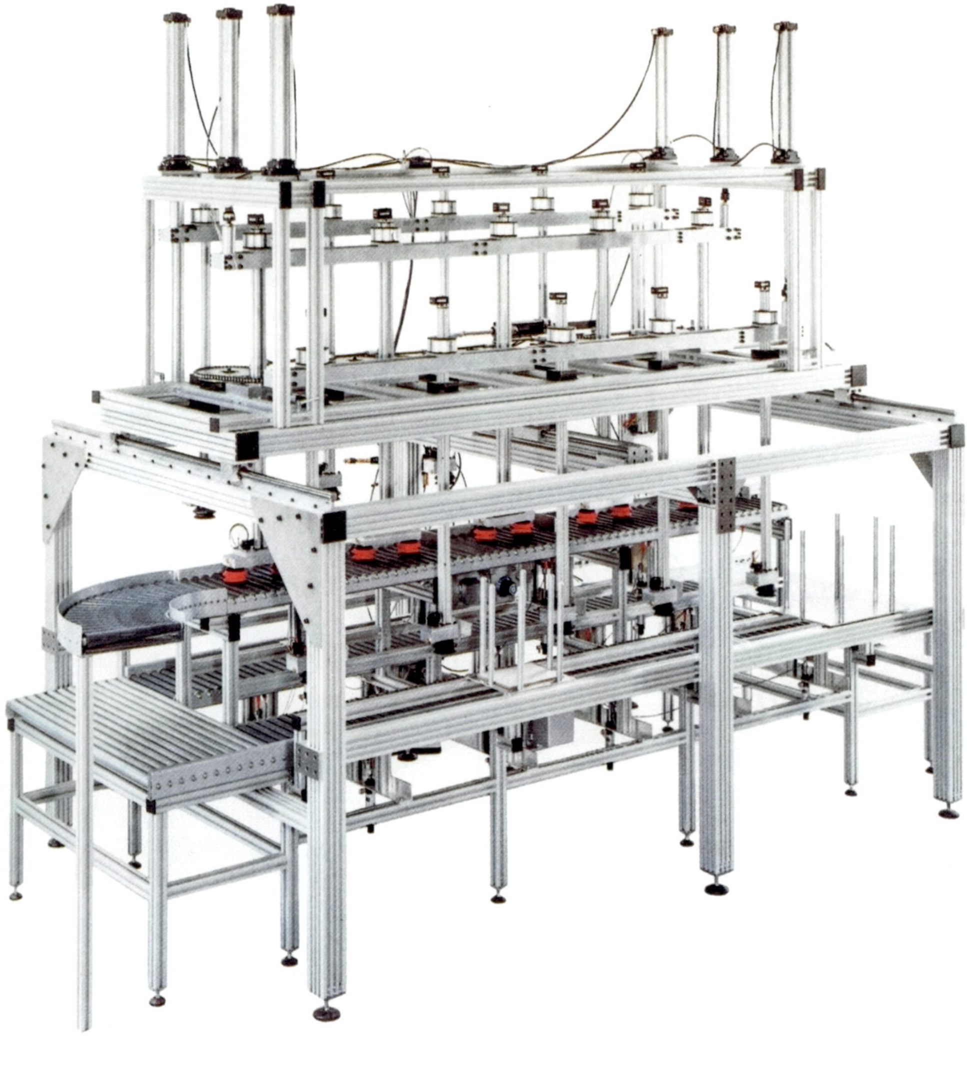

Modular aufgebaute Verpackungsmaschine aus Komponenten, Rose + Krieger (1990).

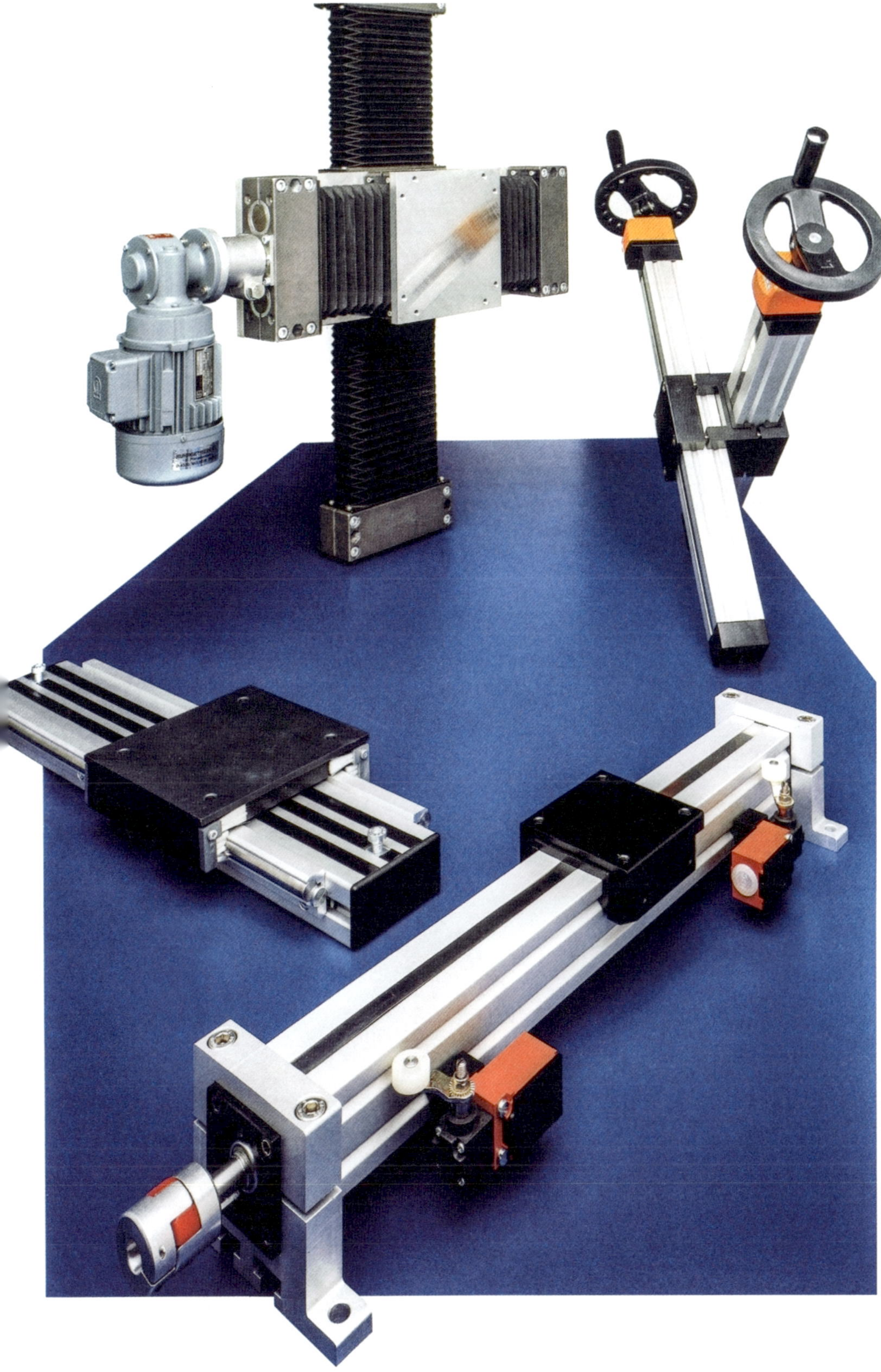

Lineare Verstelleinheiten, Rose + Krieger (1988).

Montagesystemkomponenten, Rose + Krieger (1987).

Gehäuse für IC-Hybridschaltkreis, Technotron AG (1987).

Zweitast-Codierschalter (links) und Tastatur MINIHART (rechts) aus dem Hause Hartmann (1990er-Jahre).

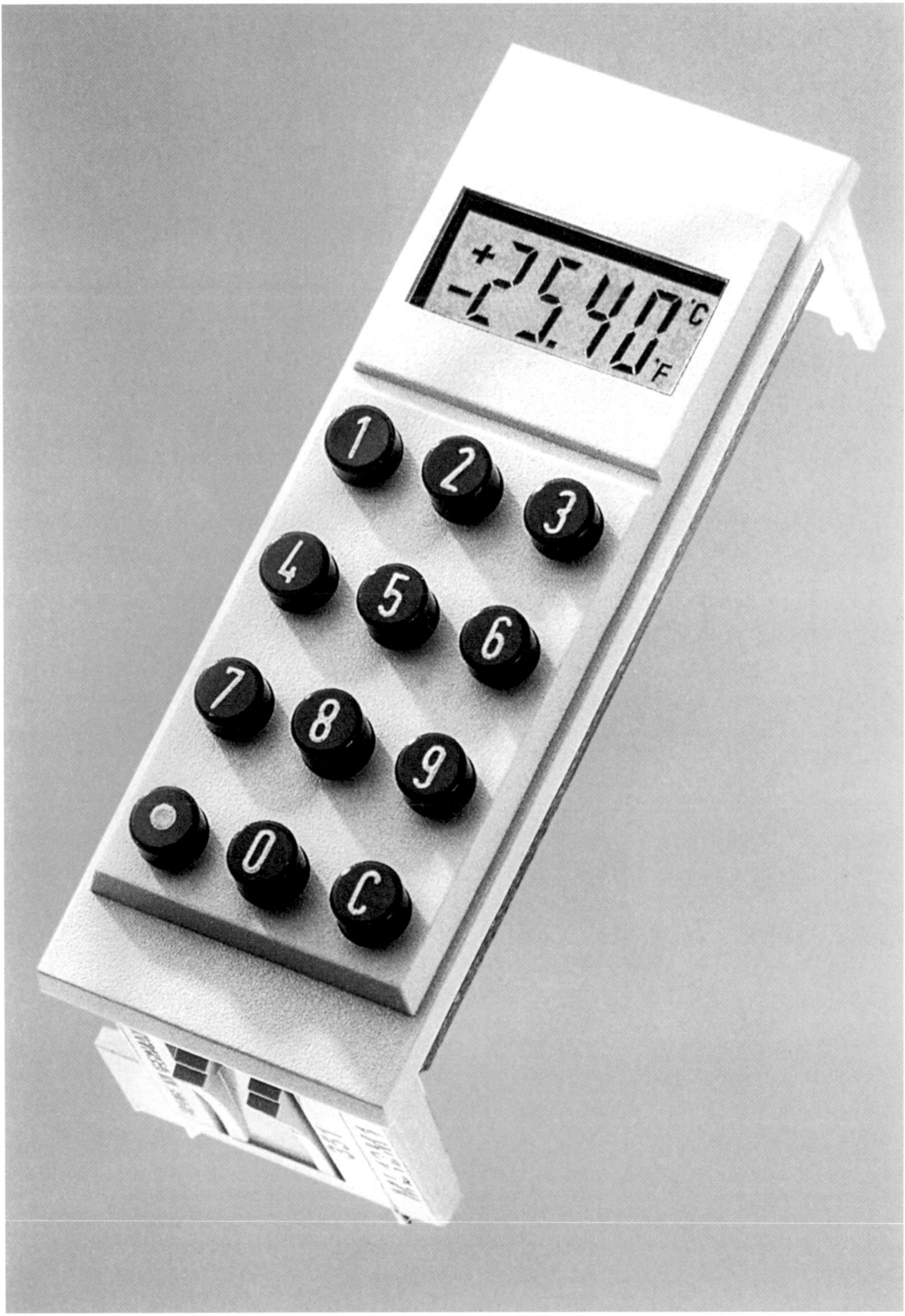

1
2
3
4
5
6
7
8
9
0
C

Werkgebäude Hartmann, Baiersdorf – neu im «Kleid» der Phoenix Mecano-Gruppe (1989).

TMANN

2.

Der Phoenix fliegt auf und davon

1988–2000

Der Gang an die Börse

19. Oktober 1987: Börsencrash, hier am New York Stock Exchange.

ULRICH HOCKER Ich habe Hans Vontobel, den Grandseigneur der Zürcher Bankiers, 1986 kennengelernt. Das hatte nichts mit der Phoenix Mecano zu tun, sondern damit, dass ich als Geschäftsführer der Deutschen Schutzvereinigung für Wertpapierbesitz (DSW) für unsere Mitgliederzeitschrift «Wertpapier» ein Interview mit ihm machen durfte. Wir trafen uns bei Vontobel in der Bahnhofstrasse 3. Das Interview lief gut, und zwar so gut, dass es irgendwann eher ein Gespräch war – mit gegenseitigem Interesse. Herr Vontobel wusste, dass ich aus einer der Unternehmerfamilien der Industrie-Beteiligungs-Gesellschaft (IBG) stammte, und er schwärmte für die mittelständischen deutschen Unternehmen, die schlank und solide wirtschafteten. Am Ende des Gesprächs überreichte er mir seine persönliche Visitenkarte mit dem Hinweis, ich könne mich jederzeit wieder bei ihm melden.

HEINZ WINZELER In den 1980er-Jahren kannten die Aktienkurse nur eine Richtung: nach oben. Für uns Bankiers waren das paradiesische Zeiten – bis zum 19. Oktober 1987. Zwar gab es Warnzeichen wie die Inflation in den USA, doch so einen Absturz an der Börse hatte niemand erwartet. Los ging es mit der Hong Kong Stock Exchange, die 20, 30 Prozent absackte. Dann folgten die europäischen Börsen, schliesslich die Wallstreet. Verkaufen, verkaufen, verkaufen! Es war der blanke Horror.

ULRICH HOCKER Anfang 1988 rief mich Dr. Goldkamp an und fragte, ob ich nicht Verwaltungsrat der Phoenix Mecano werden wolle. Die Anfrage erstaunte mich wenig, da meine Familie eine der grössten Aktionärinnen der Phoenix Mecano war. Doch Dr. Goldkamp hatte noch einen anderen Hintergedanken im Kopf: Er wollte mich an Bord holen, um den wohl grössten Coup seiner bisherigen Karriere aufzugleisen – den Börsengang der Phoenix Mecano. Schliesslich wusste er, dass ich mich beruflich mit börsenkotierten Unternehmen und Aktionärsstrukturen beschäftigte.

Der geplante Börsengang der Phoenix Mecano war aus der Not geboren. Nach dem Börsencrash 1987 war der Schweizerische Bankverein in finanzielle Schieflage geraten und brauchte Geld. Deshalb wollte er seine 50 Prozent Anteile an der Phoenix Mecano verkaufen, sodass Dr. Goldkamp vor dem Risiko stand, bald mit einem neuen und noch unbekannten Grossaktionär konfrontiert zu werden. Also fasste er den Entschluss, das Aktienpaket des Bankvereins selbst zu übernehmen und an der Schweizer Börse zu platzieren. Allerdings waren es nach dem Crash denkbar schlechte Zeiten, um eine Firma an die Börse zu bringen, da die Banken und Anleger nun Risiken scheuten. Es kam hinzu, dass niemand – wirklich niemand – auf dem Finanzplatz Zürich diese Firma kannte. Niemand, ausser einem: Hans Vontobel. Dem hatte ich bei unserem ersten Treffen von Phoenix Mecano erzählt – und seine private Visitenkarte hatte ich auch noch!

HEINZ WINZELER Gehäusetechnik? Was bitte schön war Gehäusetechnik? Und dazu Komponenten und technische Gase. Das klang so etwas von unsexy! Deshalb wunderte ich mich, dass der alte Hans Vontobel diese beiden Herren der Phoenix Mecano überhaupt eingeladen hatte. Aber da standen sie jetzt: der hagere Dr. Goldkamp und der grossgewachsene Herr Hocker. Dr. Goldkamp begann mit seiner Präsentation. Und ich merkte sofort: Das war kein Bluffer. Er redete wie gedruckt! Zwar verkaufte er kein Hightech, sondern einfache Produkte, «Komponenten», die aber mit bis zu 30 Prozent Cashflow-Marge. Und das bei immerhin einem Umsatz von 102 Millionen Franken. Diese Firma machte richtig Geld! Plus: Es gab kaum Technologie- und Entwicklungsrisiken. Goldkamp verkaufte keine Träume, sondern einen klaren und soliden Plan.

ULRICH HOCKER Ich kannte Dr. Goldkamp schon als Kind. Mein Vater hatte ihn bei der IBG in Köln zum Geschäftsführer gemacht. Er war nie einer, der einen Raum augenblicklich mit seiner Präsenz füllte, vielmehr hat er den Raum mit Sprachgewandtheit und Intelligenz langsam erobert. Er sagte kein Wort zu viel, geizte mit Adjektiven, vermied Superlative. Er wurde lieber unterschätzt als überschätzt. Das war Kalkül. Aus dieser Position konnte er besser sein Ding machen als im Rampenlicht.

HEINZ WINZELER Trotz der überzeugenden Präsentation von Dr. Goldkamp waren die Risiken als federführende Emissionsbank beträchtlich, Phoenix Mecano an die Börse zu bringen. Die Frage war: Wie gut war Phoenix Mecano wirklich? Und wenn sie wirklich gut war, wie könnte man das in eine attraktive Geschichte verpacken? Deshalb wollte Hans Vontobel den Hauptsitz und die Fabrik der Phoenix Mecano in Stein am Rhein in Augenschein nehmen.

GABRIELE WILLHARMS Grosse Aufregung bei uns am Hauptsitz in Stein am Rhein! Kurz vor 10 Uhr fuhr eine Limousine mit Zürcher Kennzeichen vor – heraus stiegen Hans Vontobel, der Verwaltungsratspräsident der Bank Vontobel, und Heinz Winzeler, Leiter Corporate Finance. Nach einem Begrüssungskaffee führten unser Werkleiter Marco Foglia, Dr. Goldkamp und Peter Rüd die Gäste durch die Fabrik. Anschliessend zogen sich die Herren zurück. Die Sitzung dauerte ewig.

HEINZ WINZELER Nach unserem Besuch in Stein am Rhein sagte Hans Vontobel zu mir: «Jetzt müssen Sie die Tochterfirmen in Deutschland durchleuchten, denn die sind das Rückgrat dieser Phoenix Mecano.» Also habe ich Herrn Dr. Goldkamp mitgeteilt, dass wir gerne seine Firmen besuchen würden. «Kein Problem», sagte Dr. Goldkamp, «wir treffen uns in einer Woche in Kloten.»

Zu meiner Verblüffung wollte er uns persönlich mit seinem Privatflugzeug von Firma zu Firma fliegen. Es wurde eine anstrengende Reise: einsteigen, abfliegen, aussteigen, Firmenbesichtigung, einsteigen – alles an einem Tag! Gegen 15 Uhr – wir befanden uns gerade in einer Werkhalle von Rose in Porta Westfalica – tippte mir mein Mitarbeiter an die Schulter und flüsterte: «Du, Heinz, könntest du nicht mal fragen, ob es etwas zu essen gibt?» Irgendwann kam dann eine Angestellte mit einem Tablett trockener Sandwiches.

Dr. Goldkamp besucht regelmässig die Tochtergesellschaften von Phoenix Mecano in Deutschland mit seiner Cessna 210.

MARKUS RUOSS Ich hatte gerade meine Stelle als Redaktor bei Farner PR angetreten. Mein Chef, Dr. Yves Genre, erzählte mir von einem neuen Kunden: Phoenix Mecano. «Noch nie gehört», sagte ich. «Genau das ist das Problem», antwortete Dr. Genre. Die Firma plane den Börsengang, und keiner kaufe Aktien von einer Firma, die er nicht kenne. Am Abend war eine Sitzung mit zwei Herren dieser ominösen Firma anberaumt worden. So traf ich in der Farner-Agentur in der Zürcher Altstadt zum ersten Mal Dr. Goldkamp: Er redete Klartext, und das war es, was er auch von uns erwartete. «Meine Herren, wir können und wollen mit Fakten überzeugen», sagte er. Blumige PR-Texte seien ihm hingegen zuwider. Das waren neue Töne in der damals berühmtesten PR-Agentur der Schweiz.

ULRICH HOCKER Ein wichtiger Punkt bei einem Börsengang ist die Art der Aktien, die in Umlauf gebracht werden. Und da hatte Dr. Goldkamp dieselbe anlegerfreundliche Haltung wie ich: keine Zwei-Klassen-Gesellschaft im Aktionariat! Eine Aktie, eine Stimme – basta!

MARKUS RUOSS Am besten erinnere ich mich an das Ende der Sitzung: Es war schon spät, doch Dr. Goldkamp wollte dringend noch etwas loswerden. Ob jemand noch Durst habe, wollte er wissen. Ich dachte, ein Bier wäre jetzt tatsächlich keine schlechte Idee. Dann eröffnete uns Dr. Goldkamp, dass er ein paar Flaschen frisch gepressten Apfelsaft im Kofferraum habe, er selbst aber keinen Apfelsaft trinke. Apfelsaft?! Wir schauten uns verdutzt an. «Ich bin ein Kriegskind», erklärte er, «deshalb kommt Wegschmeissen nicht infrage.» Keiner von uns hatte Lust auf Apfelsaft, sodass am Ende, wenn ich mich richtig erinnere, der Stellvertreter von Dr. Goldkamp, Herr Rüd, den Apfelsaft mit nach Hause nahm.

HEINZ WINZELER In Bezug auf die Aktionärsstruktur war Dr. Goldkamp ein Pionier in der Schweiz. Ich kannte damals kein börsenkotiertes Familienunternehmen, das nicht vinkulierte Namensaktien für sich beansprucht hätte. Solche Aktien besitzen nur einen Bruchteil des Nominalwertes der frei gehandelten Aktien, trotzdem hat der Besitzer das volle Stimmrecht. Auf diese Weise sichern sich Unternehmerfamilien – wie die Hayeks bei Swatch – eine Stimmhoheit in «ihrer» Firma. Dr. Goldkamp verzichtete auf so eine Vinkulierung. Das war auch ein Zeichen von Stärke. Er setzte auf Überzeugung, nicht auf Macht.

MARKUS RUOSS Wir erarbeiteten gemeinsam mit Dr. Goldkamp und Frau Willharms eine PR-Strategie. Die Hauptpfeiler waren eine Inseratenkampagne, die Erarbeitung des Emissionsprospekts sowie eine Medienoffensive. Wir wollten die führenden Wirtschaftsjournalisten einladen, die Firma kennenzulernen, die ein Jahr nach dem grossen Börsencrash an die Börse wollte. Um die Journalisten zu ködern, boten wir ihnen eine Medienreise. Wir wussten ja, wie überzeugend Dr. Goldkamp wirkte, deshalb sollte er den Medienschaffenden persönlich mit seinem Flugzeug «seine» Firmen zeigen. Anschliessend machten wir noch ein paar Medientrainings mit ihm, aber da gab es nicht viel zu tun: Nur in Geduld musste er sich üben! Er hasste es, Sachen zweimal zu erklären – was bei Journalistinnen und Journalisten aber manchmal nötig ist. Wenig später machten Dr. Goldkamp, Dr. Genre und ich einen Testlauf. Wir flogen von Kloten nach Minden, weiter nach Porta Westfalica und schliesslich nach Nürnberg. Auf den Flughäfen warteten jeweils Limousinen, mit denen wir mit 180 Stundenkilometern zu Bopla, Rose oder Hartmann donnerten. Es war herrlich! Nur zu essen gab es nichts. Ich suchte in jeder Cafeteria heimlich ein paar Guetzli. Das war auch das einzige Feedback von Dr. Genre: «Sie müssen den Journalisten ein anständiges Mittagessen servieren, Herr Dr. Goldkamp!»

1988 wird der Bankkaufmann und Rechtsanwalt Ulrich Hocker Verwaltungsrat der Phoenix Mecano AG.

HEINZ WINZELER Dr. Goldkamp war ein ungeduldiger Mensch. Andauernd rief er an: «Steht das Konsortium der emittierenden Banken?» Ich musste ihm erklären, dass viel auf dem Spiel stand und einige Akteure zögerten. Am Ende waren die Bank Leu und die Deutsche Bank, zu der Herr Hocker Beziehungen hatte, mit an Bord. Wir einigten uns auf einen Emissionspreis von 615 Franken pro Aktie. Zu diesem Preis würde das Konsortium die Hälfte der Aktien der Phoenix Mecano-Gruppe übernehmen – abzüglich 3,5 Prozent Platzierungskommission. Natürlich hatte Dr. Goldkamp einen höheren Emissionspreis gefordert, doch wir konnten ihn überzeugen, dass eine leichte Unterbewertung mit einem – hoffentlich – folgenden Kursanstieg für alle das Beste sei. Wir wollten eine Erfolgsstory.

MARKUS RUOSS Zwei Wochen vor dem Gang an die Zürcher Börse organisierten wir eine Pressekonferenz in Stein am Rhein. Dort sassen Peter Rüd, Dr. Goldkamp und Heinz Winzeler vor einer Schar Journalisten. Dr. Goldkamp übernahm die erste Präsentation, ich musste den Diaprojektor bedienen. Zu meinem Schrecken klemmte das Karussell, in dem die Dias steckten. Da kam ich ordentlich ins Schwitzen. Zum Glück referierte Dr. Goldkamp souverän und wischte alle Pannen vom Tisch.

GABRIELE WILLHARMS Vor dem Börsengang war die Nervosität in jedem Winkel unseres Büros spürbar. Und es gab viel zu tun! Selbstverständlich hätte ich nach all der Arbeit den Börsengang gern live miterlebt, aber das war natürlich nur etwas für die Herren.

ULRICH HOCKER Das war ein grosser Tag für mich. Ich war noch keine 40 Jahre alt und durfte den Gongschlag miterleben, der am 14. September 1988 um 9 Uhr den ersten Handelstag der Phoenix Mecano-Aktie einleitete. Ich glaube, die Bank Vontobel hat am Anfang ordentlich gekauft, um die Kurse zu stützen, sodass Dr. Goldkamp und ich zufrieden mitverfolgen konnten, wie die Aktie der Phoenix Mecano langsam, aber stetig stieg. Am Abend gingen wir essen. Das Lieblingsrestaurant von Dr. Goldkamp, das Mövenpick Palavrion, war gleich um die Ecke.

HEINZ WINZELER Damals wurde noch «à la criée», also auf Zuruf, gehandelt. Natürlich haben wir die Aktie gestützt; das haben wir als emittierende Bank auch später getan. Das ist die Kunst, um einen nachhaltigen Aufwärtstrend zu lancieren. Bereut hat das niemand, denn die Aktie entwickelte sich prächtig.

BENEDIKT GOLDKAMP Vom Börsengang der Phoenix Mecano habe ich kaum etwas mitbekommen. Ich lebte weit weg von all dem in Köln, hatte gerade mein Abitur gemacht und kümmerte mich vor allem um zwei Dinge: mein Hobby, das Golfen, und meine erste Freundin.

GISELA GOLDKAMP Christian und ich hatten entschieden, dass ich bis zum Ende der Schulpflicht unserer beiden Söhne in Köln wohnen bleibe. Als Beni, der jüngere, 1988 das Abitur gemacht hatte und vor dem Wehrdienst stand, zog ich endlich ebenfalls in die Schweiz – zuerst nach Lufingen, dann auf den «Pilotenhügel» in Augwil. Christian war wegen des Börsengangs sehr beschäftigt, sodass ich mich anfangs allein zurechtfinden musste. Aber das war nicht schwer. Wegen Beni hatte ich ebenfalls angefangen, Golf zu spielen, und im Golfklub lernte ich zum Beispiel Frau Hüskes kennen. Herr Hüskes wurde später sogar Verwaltungsrat der Phoenix Mecano-Gruppe. Ausserdem spielte ich Tennis und besuchte einen Schweizerdeutschkurs in der Migros Klubschule in Winterthur – leider fehlte mir jegliches Sprachtalent. Gelohnt hat es sich trotzdem, weil die Schweizer schätzten, dass ich mir Mühe gab.

Ständig unterwegs: Dr. Goldkamp trifft Hugo Deschoolmeester auf einem Rollfeld in Deutschland (ca. 1995).

31. August 1988: Pressekonferenz in Stein am Rhein anlässlich des bevorstehenden Börsengangs.
V. l. n. r.: Stellvertretender Direktor Peter Rüd, Präsident und Delegierter des Verwaltungsrats
Dr. Hermann Christian Goldkamp, Leiter Corporate Finance der Bank Vontobel Heinz Winzeler.

NIX
ECANO
h. Goldkamp
H. Winzeler

Plastikspritzguss: Gehäuseprogramm von Bopla (1987).

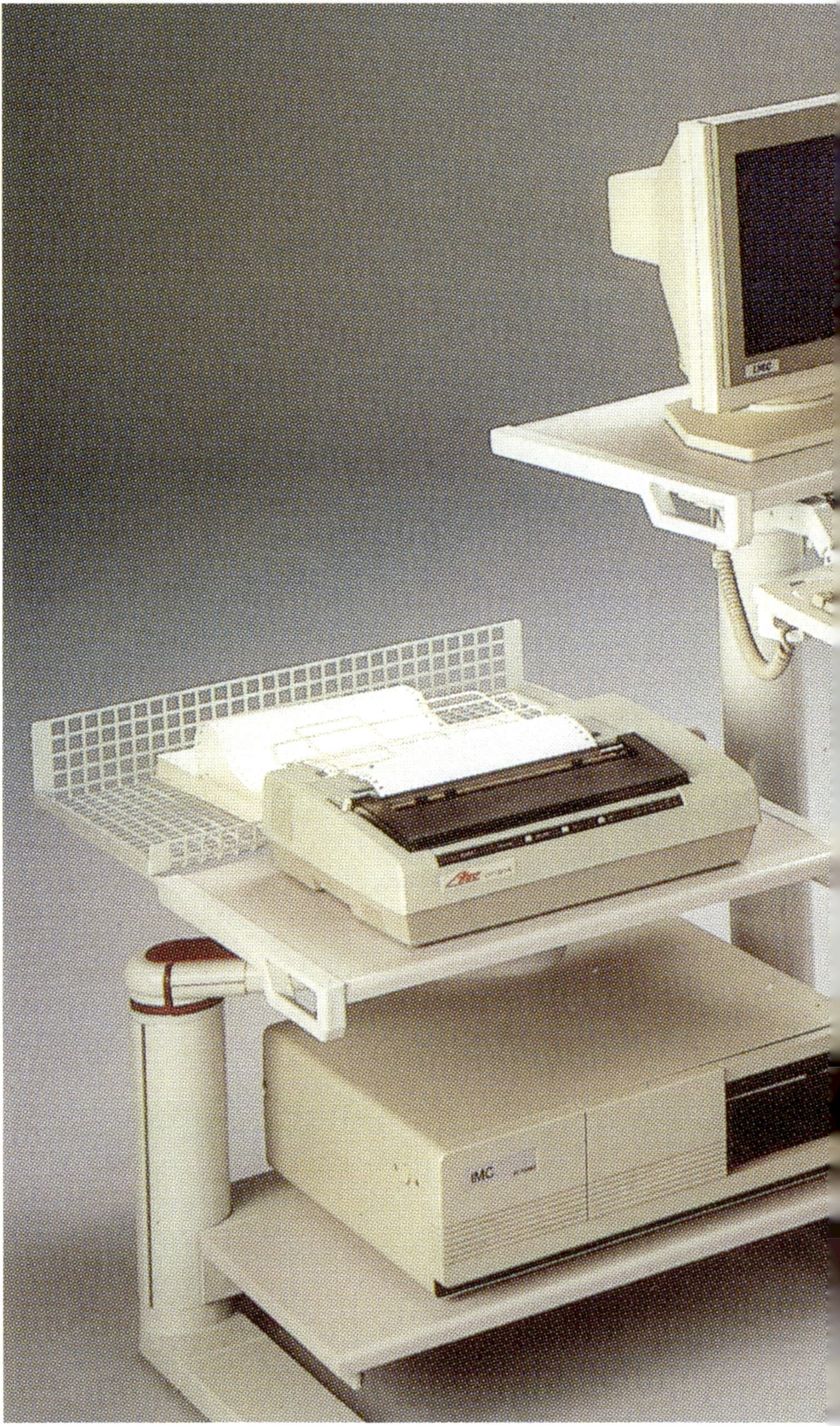

Personal-Computer-Arbeitsplatz von Rose Systemtechnik (1988).

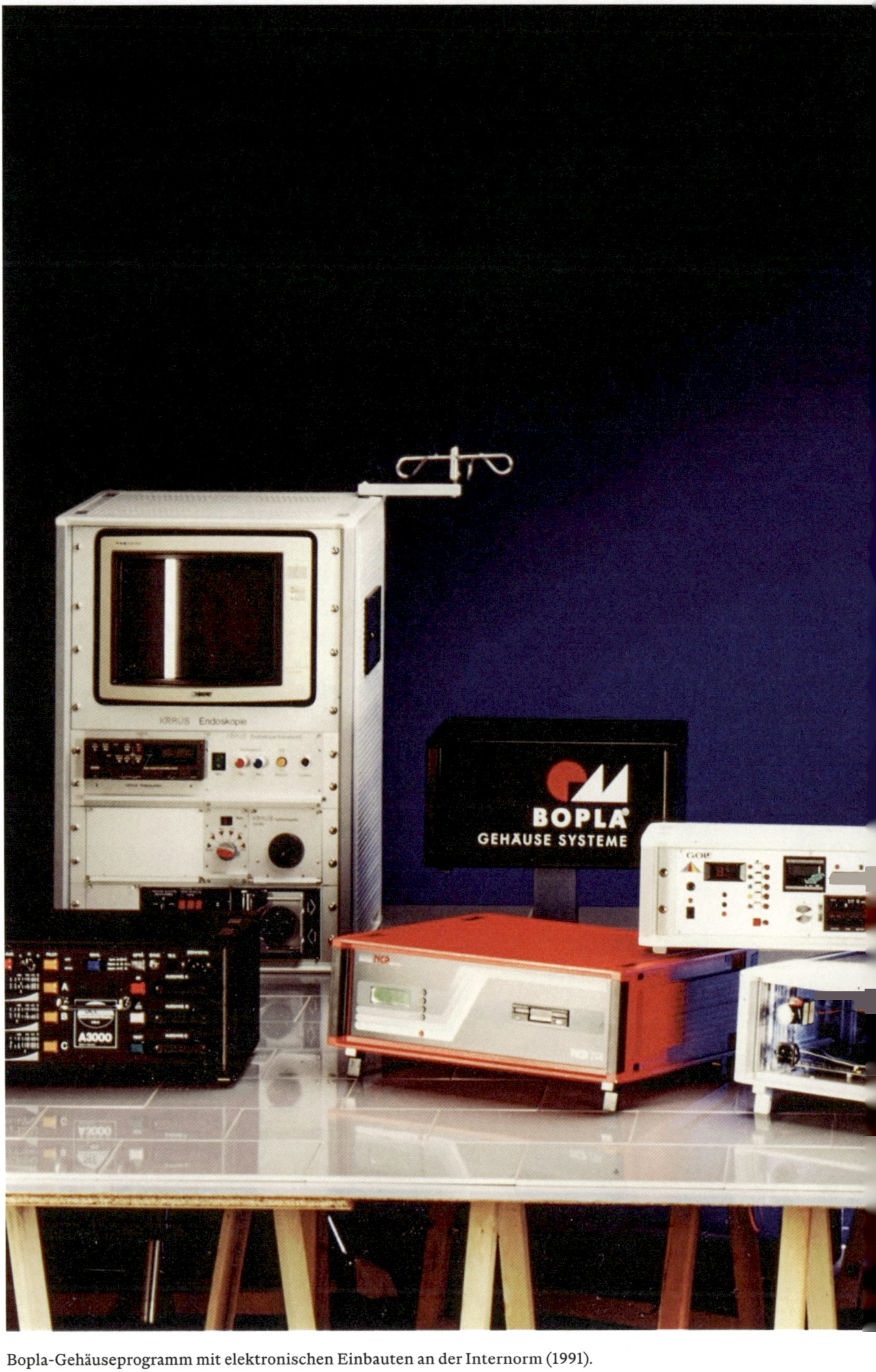

Bopla-Gehäuseprogramm mit elektronischen Einbauten an der Internorm (1991).

Sander
Ozonisator
Modell Favorit 3
Sander
Kältetrockner
U.P.S.
Data General
Bull
Riello

Silberhochzeit von Dr. Hermann Christian und Gisela Goldkamp, hier mit ihrem Sohn Benedikt (1991).

Wachstum

In der Industrie läuft gegenwärtig eine gewaltige Umwälzung ab: Neue Produkte und Produktionsverfahren sowie Fortschritte in der Informatik, der Robotik und der Sensorik führen zu ungeahnten Produktivitätsfortschritten. (...) Ein Beispiel für die Wandlung von Grossunternehmen stellt die Autoindustrie dar, die sich heute auf das Zusammenfügen zugekaufter Komponenten beschränkt; dies können einfache Verbindungs- oder Elektroteile sein, aber auch Achsen oder Motoren. Und mit diesem Abbau der Fertigungstiefe in vielen Betrieben ist das goldene Zeitalter für Komponentenhersteller eingeläutet, die sowohl Spezialitäten als auch Massenartikel weit kostengünstiger als ein integriertes Unternehmen herstellen können. (Neue Zürcher Zeitung, 4. Oktober 1994)

JOACHIM METZGER Jedes börsenkotierte Unternehmen muss wachsen, und Dr. Goldkamp wollte schnell wachsen: 15 Prozent pro Jahr. Hälftig sollte das Wachstum organisch erfolgen, hälftig durch den Zukauf von Firmen. Die Akquisitionspolitik von Dr. Goldkamp bestand darin, ertragsstarke Firmen ausfindig zu machen, die ins Portfolio der Gruppe passten, denn auf diese Weise liessen sich später Synergieeffekte im Einkauf und Vertrieb erzielen. Es war also nicht die Hoffnung auf bahnbrechende Erfindungen, die den Börsenkurs der Phoenix Mecano anheizte, sondern das Vertrauen in Dr. Goldkamps Talent, profitable Unternehmen noch profitabler zu machen. «Wir verdienen unser Geld nicht mit Innovationen, sondern mit Verbesserungen», sagte er immer. Und für Verbesserungen in der Produktentwicklung, der Fertigung, der Logistik oder im Vertrieb stellte die Phoenix Mecano ihren Tochterfirmen Geld zur Verfügung. Die Gruppe sollte am Markt wachsen, gleichzeitig im Inneren selbst schlanker und effizienter werden. «Wir sind die Japaner von Europa», behauptete Dr. Goldkamp in einem Interview. Die Japaner hätten das «Lean Management» erfunden, das zum Beispiel Toyota weltweit erfolgreich gemacht habe. Dieses schlanke Management verkörperte Dr. Goldkamp in persona – bis hin zu seinen Essgewohnheiten. Alles an ihm war schlank, natürlich auch seine eigene Firma, die Phoenix Mecano. Diese hatte 1992, als ich

7-Jahres-Entwicklung des Gruppenumsatzes

in Mio. Fr.

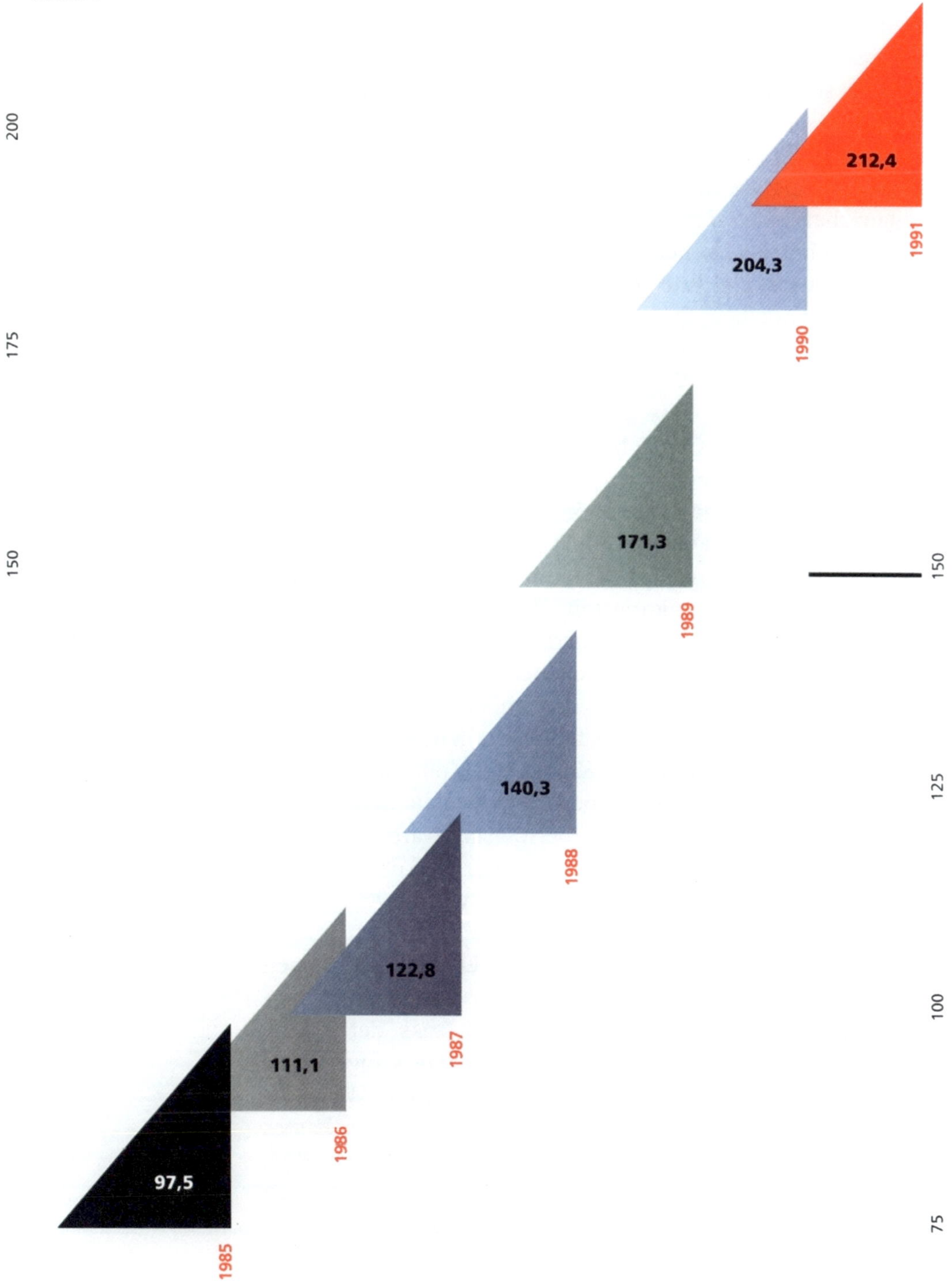

Auszug aus dem Geschäftsbericht der Phoenix Mecano AG (1991).

bei Rose + Krieger anfing, fünf Mitarbeitende: Dr. Goldkamp, Peter Rüd, Gabriele Willharms und die beiden Controller, René Schäffeler und Rolf Knell. Diese fünf führten ein Firmenkonstrukt, das damals 278 Millionen Franken Umsatz pro Jahr machte.

René Schäffeler stösst 1989 als Controller und Finanzexperte zu Phoenix Mecano. Im Jahr 2000 wird er 33-jährig zum Finanzchef der Phoenix Mecano-Gruppe ernannt.

RENÉ SCHÄFFELER Ich bin in einem Dorf im Kanton Schaffhausen aufgewachsen; im benachbarten Stein am Rhein habe ich meine Banklehre gemacht. Danach wollte ich in die Industrie, ins Rechnungswesen. Mein Traum war, einmal Finanzchef eines internationalen Unternehmens zu werden. Also hörte sich mein Chef bei der Schaffhauser Kantonalbank etwas um, und ich bekam einen Anruf von Peter Rüd, der ebenfalls in Stein am Rhein arbeitete – bei Phoenix Mecano. Es sei zwar keine Stelle frei, aber man könne sich ja mal kennenlernen. Wenig später, im August 1989, trat ich meine Stelle bei Phoenix Mecano an. Das Jobprofil war unscharf: ein bisschen Controlling, ein bisschen Rechnungswesen ... Und ich lernte viel von Dr. Goldkamp im Steuerrecht. Ausserdem machte ich nebenher das eidgenössische Diplom zum Buchhalter und Controller. Das war sinnvoll, da sich die Phoenix Mecano zu diesem Zeitpunkt an die Rechenschaftspflichten eines börsenkotierten Unternehmens gewöhnen musste. Noch hatte jede Tochterfirma ihr eigenes Rechnungswesen und ihre eigene Software, doch das alles musste jetzt in «einem» Geschäftsbericht der Phoenix Mecano-Gruppe konsolidiert werden. Dafür fehlte das Know-how, sodass teure Wirtschaftsprüfer der KPMG in Köln übernehmen mussten. Denen habe ich aufmerksam über die Schulter geschaut und zudem eine Konsolidierungssoftware eingeführt. Ab 1996 konnte ich den Geschäftsbericht der Phoenix Mecano-Gruppe selbst verfassen, sodass wir die KPMG nur noch als Revisionsstelle benötigten.

KARL KILIAN Zweimal im Jahr war Gipfeltreffen. Da kamen all die Fürsten, die Geschäftsführer der Phoenix Mecano-Gruppe, zusammen, und in ihrer Mitte sass der König: Dr. Goldkamp. Aus Amerika kam Richard Ramsey angeflogen, Frankowski präsentierte sein neues Auto, aber im Wesentlichen ging es natürlich ums Geschäft. Da kam dann als Erstes Herr Schäffeler und präsentierte die Zahlen, danach Herr Rüd, um darzulegen, was in seinen Augen gut lief oder was noch besser laufen könnte. Diskutiert wurde nicht viel.

JOACHIM METZGER Noch fehlte die Unternehmenskultur für einen Austausch auf Augenhöhe. Wie artige Schüler sassen die Geschäftsführer am Tisch und hörten sich an, was die Gruppenleitung zu sagen hatte – «top-down».

KARL KILIAN Wenn einer von uns Direktoren mal etwas Schlaues beizutragen hatte, dann am ehesten Dr. Metzger. Das war ja ein Studierter, während ich nur ein einfacher Arbeiter war. Damit zog ich Dr. Metzger manchmal auf, wenn er mal wieder arg viele Fremdwörter benutzte. Dann streckte ich den Finger nach oben und sagte: «Stopp, Herr Doktor, bitte jetzt noch einmal für mich, den Volksschüler!»

Der Begriff, der auf den Geschäftsführertreffen am häufigsten gebraucht wurde, war zweifellos «Wachstum». Ständig hielt Dr. Goldkamp Ausschau nach Firmen, die er kaufen konnte. So bekam ich 1989 von ihm die Firma PTR in Werne «geschenkt». Die stellte Leiterplattenklemmen und -steckverbinder her, also wie wir elektrotechnische Komponenten, die in Steuerungen im Maschinen- und Anlagenbau eingesetzt wurden. Wegen dieser Überschneidung sollte PTR an Hartmann angegliedert werden, sodass ich nun Geschäftsführer von zwei Firmen war. Dass zwischen beiden 500 Kilometer lagen, war noch das kleinere Problem. Das grössere war, dass der ehemalige PTR-Besitzer Dr. Goldkamp «beschissen» hatte. Er hatte sich die DIN-Norm der Stecker erschwindelt, und ich musste das jetzt geradebiegen und auch noch gegen den ehemaligen Besitzer vor Gericht ziehen. Ich glaube, die Phoenix Mecano hatte 13 Millionen Deutsche Mark für PTR bezahlt, jetzt sollte ich für Dr. Goldkamp 3 Millionen Deutsche Mark zurückholen. Die Verhandlungen zogen sich hin, bis das Gericht plötzlich 2,5 Millionen Deutsche Mark zur Schlichtung vorschlug. Ich rief Dr. Goldkamp an, doch der war über den Wolken in seinem Flugzeug. Ich rief Rüd an, der war in den USA unterwegs. Also musste ich allein entscheiden. Es waren 500'000 Deutsche Mark weniger, als Dr. Goldkamp gefordert hatte. «Nicht drunter», hatte er mir gesagt. Trotzdem stimmte ich zu. Ich hatte einfach keine Lust mehr, meine Zeit in Gerichtssälen zu verschwenden.

Anschlussklemmen und Steckverbinder von PTR (1990).

Günter Frankowski bei einer Rede anlässlich der Eröffnung des neuen Bopla-Hauptsitzes (1991).

Nach dem Geschäftsführer von Bopla ergreift Dr. Goldkamp, Verwaltungsratspräsident von Phoenix Mecano, das Wort.

Geschäftsführertreffen der Phoenix Mecano-Gruppe im Jahr 1991. Oben v. l. n. r.: Richard A. Ramsey (USA), Karl Kilian (Sparte Elektrotechnische Komponenten), Franz Pohlmann (Rose), Günter Frankowski (Bopla), Dieter B. Schaadt (Sparte Gehäuse); unten v. l. n. r.: Marco Foglia (Produktion), Dr. Hermann Christian Goldkamp (Delegierter des Verwaltungsrats), Peter Rüd (Direktor). 1992 wird zusätzlich Joachim Metzger (Global Sourcing) in die Geschäftsführung berufen.

Die Kundisch GmbH stellt Folientastaturen her, eine ideale Ergänzung zum umfangreichen Angebot von Codierschaltern der Hartmann Gerätebau. Mit diesem Schritt wird derjenige Bereich verstärkt, der heute die höchste Wertschöpfung innerhalb der Phoenix Mecano-Gruppe erarbeitet. (Geschäftsbericht der Phoenix Mecano AG, 1991)

KARL KILIAN Kundisch habe ich an Land gezogen. Ich kannte Herrn Kundisch schon lange; wir trafen uns auf denselben Messen und hatten gemeinsame Kunden. Er stellte in Schwenningen Folientastaturen her. Die waren gefragt, weil immer mehr Maschinen über Computer gesteuert wurden. Und dafür brauchte es Tastaturen, die man auch mal mit ein bisschen Schmiere an den Fingern oder mit einem Handschuh bedienen konnte. Kundisch passte perfekt in unsere Gruppe: Bopla und Rose machten Gehäuse, PTR und Hartmann kümmerten sich ums Innenleben, Kundisch um die Bedienung des Ganzen.

Nur wollte der Herr Kundisch nichts von einem Verkauf wissen. Ich hatte ihn auf der Hannover-Messe 1990 darauf angesprochen, aber er liess mich abblitzen. Ich sagte ihm, dass er weiterhin Geschäftsführer bleiben könne. Doch er winkte ab. Also habe ich noch einen Zacken zugelegt und ihn gewarnt, dass wir dann selbst Folientastaturen entwickeln würden. Im November 1990 trafen wir uns wieder auf einer Messe, der Electronica in München. Und dieses Mal war es Kundisch, der auf mich zukam. Er wollte verhandeln.

Der Komponentenhersteller Phoenix Mecano AG steigerte im ersten Semester 1991 den konsolidierten Gruppenumsatz um 9 Prozent auf 107,4 Millionen Franken. Der Reingewinn stieg um 14 Prozent. Parallel zum Verkauf des Schweisstechnik-Bereichs hat das Unternehmen die deutsche Kundisch GmbH mit einem Jahresumsatz von 10 Millionen Franken übernommen. (Cash, 1991)

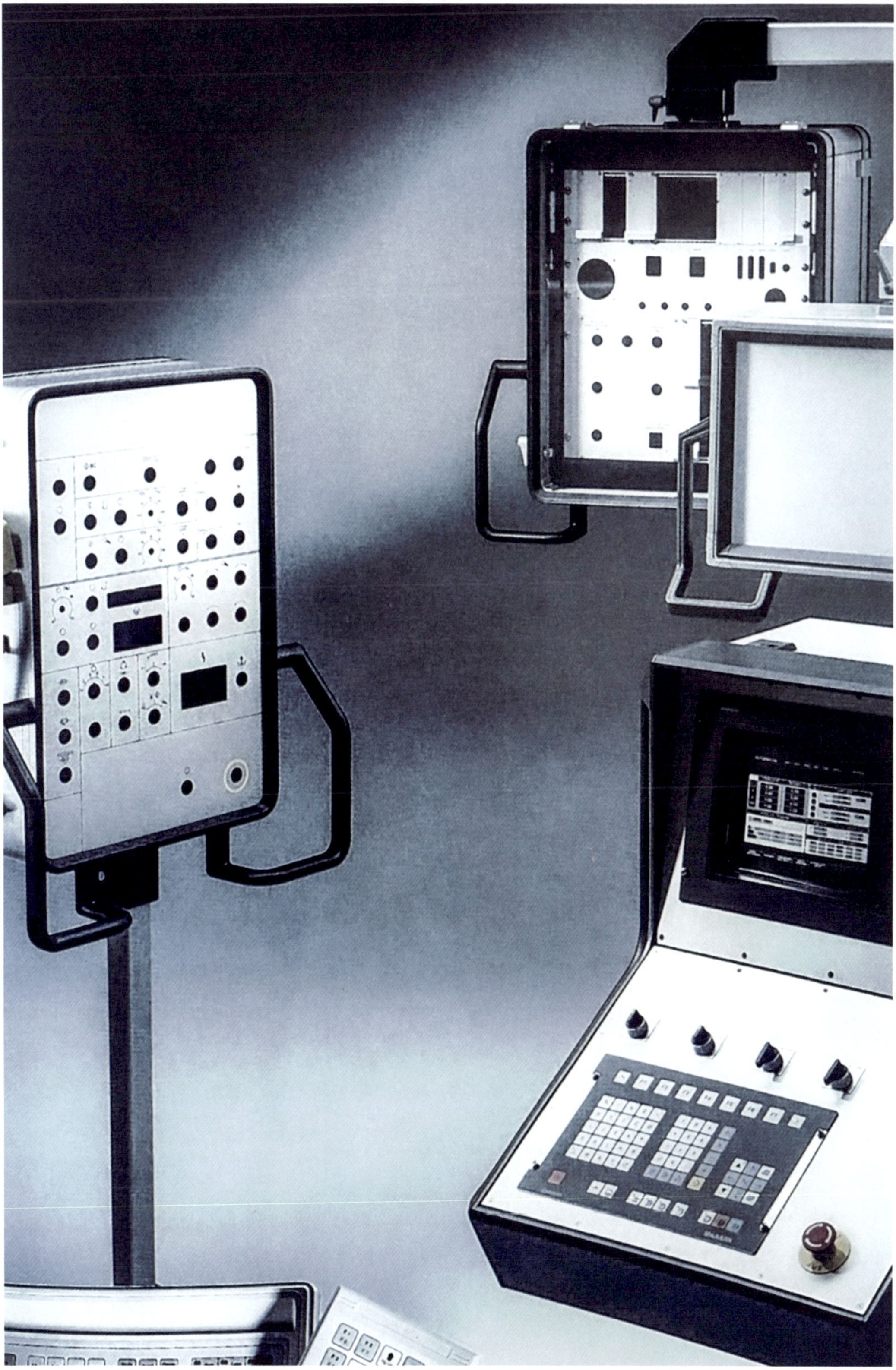

Steuertafeln und -pulte aus dem Rose-Programm mit Tastaturen von Kundisch (1991).

Folientastatur mit Kurzhubtasten von Kundisch (1991).

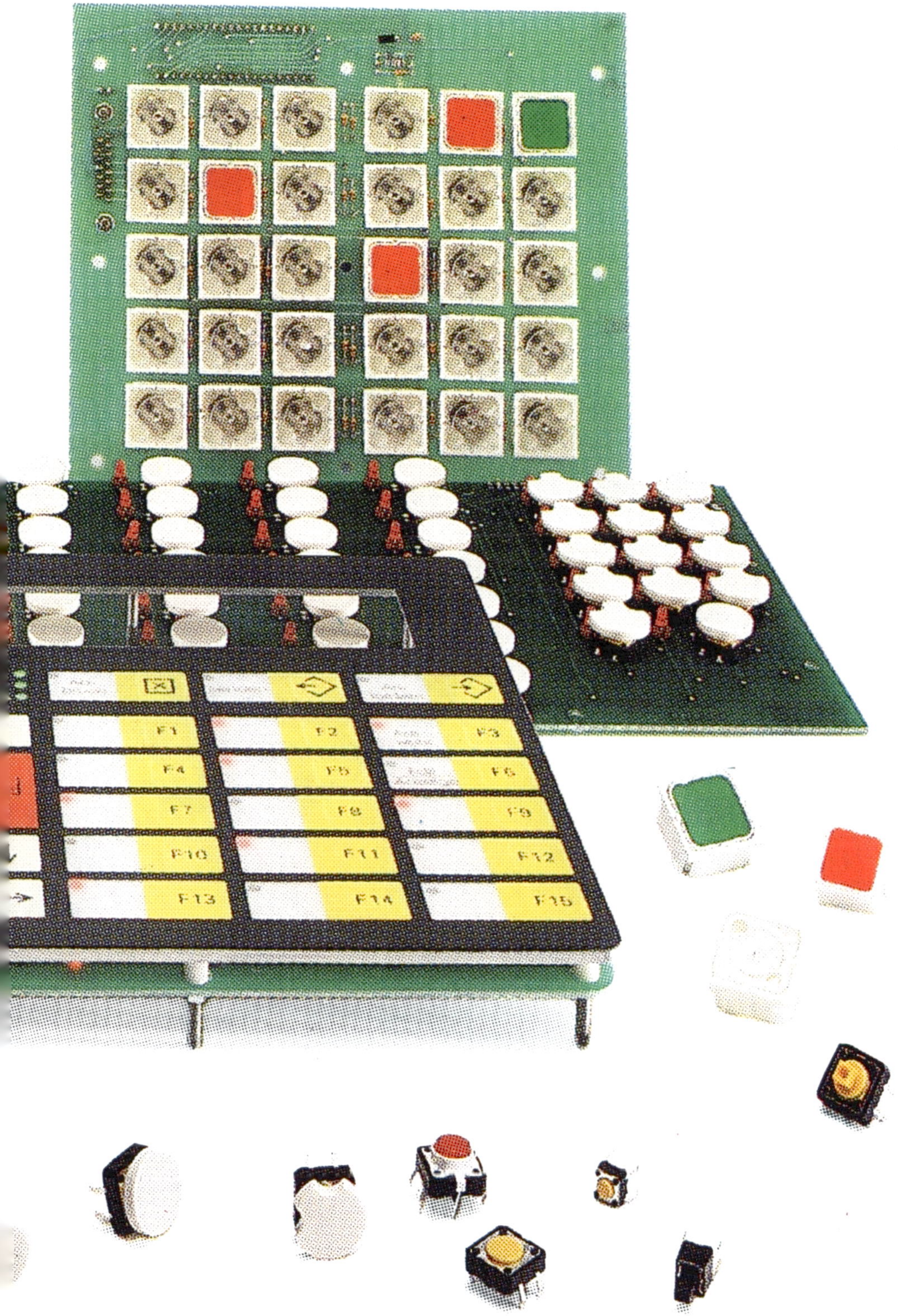
F1
F2
F3
F4
F5
F6
F7
F8
F9
F10
F11
F12
F13
F14
F15

Kaffee und Kuchen während einer Vertretertagung bei Rose (1991).

Falsch gelegen? Die Übernahme von Dewert

1992 übernimmt Joachim Metzger die Geschäftsführung der neu akquirierten Dewert Antriebs- und Systemtechnik GmbH in Kirchlengern.

Im Mai 1992 haben wir eine 75-prozentige Mehrheitsbeteiligung an der Firma Dewert in Kirchlengern, Deutschland, erworben, die Antriebe herstellt. Das Unternehmen hat mit seinem Angebot an elektrischen Servomotoren für den privaten Betten-, Sessel- und medizinischen Liegesektor in den letzten Jahren ein spektakuläres Wachstum erzielt (...). Die Zielmärkte sind wirtschaftlich nicht von den Märkten abhängig, die von unseren bestehenden Sparten Gehäuse und Komponenten bedient werden, und verstärken daher nicht das zyklische Element in unserem Geschäft. Sie sind vielmehr als konsumnahe Segmente des Luxusmarktes einzustufen, die aufgrund der zu beobachtenden Altersstruktur der Bevölkerung ein überdurchschnittliches Entwicklungspotential aufweisen. (Geschäftsbericht der Phoenix Mecano AG, 1992)

GISELA GOLDKAMP Oh, die Geschichte mit Dewert, die war fürchterlich! Die hat meinem Mann richtig zugesetzt. Er hatte das Gefühl, der Herr Dewert hätte ihn gelinkt. Der hat das Geld genommen und sich in der Schweiz am Bodensee eine grosse Villa gebaut.

JOACHIM METZGER Als Mitarbeiter hatten wir keine Ahnung von den Akquisitionstätigkeiten der Gruppe. Die Verhandlungen waren geheim. Doch im Frühjahr 1992 erzählte mir Peter Rüd trotzdem von einer bevorstehenden Akquisition, weil er wissen wollte, ob ich bereit sei, diese neue Firma zu führen. Die Anfrage kam zum richtigen Zeitpunkt: Ich würde nach drei Jahren bei Rose + Krieger eine gesunde Firma hinterlassen und mich einer nächsten Herausforderung annehmen können, die nur 30 Minuten Autofahrt von meinem bisherigen Arbeitsort entfernt lag.

RENÉ SCHÄFFELER Ich habe damals mit Rolf Knell Dewerts Bücher geprüft. Das war noch keine «Due Diligence» im heutigen Sinne. Doch wir sahen, dass die Firma in den letzten Jahren enorm gewachsen und höchst profitabel war. Allerdings passte sie nicht ins Portfolio der Gruppe. Zum ersten Mal schien sich Dr. Goldkamp in einen neuen Markt wagen zu wollen, und zwar in einen, der nahe an der Konsumindustrie war: Komfortmöbel und medizinische Liegen. Dr. Goldkamp

Dewert-Hauptsitz in Kirchlengern.

wollte diversifizieren und unabhängiger vom zyklischen Auf und Ab der Industriekomponenten werden. Zudem schien Dewert aufgrund der alternden Bevölkerung ein natürliches Wachstumspotenzial zu haben.

JOACHIM METZGER Der erste Eindruck von Dewert war grossartig. Allein schon das Gebäude! Während die Immobilien der Phoenix-Firmen eher Nutzbauten waren, sah das bei Dewert in Kirchlengern anders aus. Hier hatte Frau Dewert, die ja Kosmetikerin war, mit viel Liebe zum Detail eine richtige Wohlfühloase geschaffen. Es gab keinen schöneren Firmensitz in der Phoenix Mecano-Gruppe.

ROLF KNELL Bopla, Rose, Rose + Krieger, Kundisch, Dewert – fällt Ihnen etwas auf? Alles Firmen aus Westfalen, wo Dr. Goldkamp nach dem Krieg aufgewachsen war. Ich bin 1989 zur Phoenix Mecano gestossen, erst als Controller, dann als Spezialist für Mergers and Acquisitions. Ich war vor allem in den USA, England und Frankreich unterwegs, aber das war – was Akquisitionen anging – undankbar. Einmal hatte ich eine interessante Firma in Frankreich entdeckt, doch Dr. Goldkamp sagte nur: «Herr Knell, in Frankreich lässt es sich gut leben, aber schwierig Geld verdienen.» Bei den Westfalen war das anders. Die mochte er, weil sie aus demselben Holz geschnitzt waren wie er. Das waren keine Träumer, sondern Pragmatiker. Den Westfalen vertraute er – oft zu Recht und manchmal zu Unrecht.

GISELA GOLDKAMP Der Herr Dewert trug immer eine Halskrause. Der tat so, als sei er todkrank und würde deshalb seine Firma verkaufen.

RENÉ SCHÄFFELER 60 Millionen Deutsche Mark – noch nie hatte Phoenix Mecano bis dahin annähernd so viel für eine Firma bezahlt. Herr Dewert hatte gut verhandelt. Während wir unsere Akquisitionen bisher aus dem Cashflow finanzieren konnten, mussten wir uns jetzt etwas Neues einfallen lassen. Um nicht zu sehr von Banken abhängig zu werden, legten wir eine Firmenanleihe über 30 Millionen Franken zu 7 Prozent auf. Das war 1992 ein absolut innovatives Finanzierungsmodell.

JOACHIM METZGER Als ich im Juli 1992 die Führung bei Dewert übernahm, stand die Wirtschaft vor einer grossen Rezession. Viel schlimmer war aber die betriebswirtschaftliche Situation bei Dewert. Die Firma hielt bei weitem nicht, was zuvor versprochen worden war. Vor der Übernahme war Dewert mit ihren Gleichstrommotoren für Komfort- und medizinische Betten Weltmarktführer, was dem Unternehmen hohe Margen und Gewinne beschert hatte. Doch jetzt brachte Okin, die Firma des ehemaligen Verkaufsleiters von Dewert, Dietmar Koch, ihren ersten Doppelantrieb, den OKIMAT, auf den Markt. Der Antrieb basierte auf derselben Technologie wie unser DUOMAT, war jedoch deutlich günstiger. Es kam zu Rechtsstreitigkeiten wegen der Patent- und Vertriebsrechte, sodass ich zeitweise mehr in Gerichtssälen sass als in Kirchlengern. Dort aber wurde ich dringend gebraucht, denn es brannte lichterloh. Durch die Konkurrenzsituation mit Okin erodierten die Margen. Wir waren viel zu teuer. Als ich angefangen hatte, kostete der DUOMAT 161 Deutsche Mark, drei Jahre später die Hälfte. So schlitterten wir direkt in die Verlustzone. Und was war eigentlich mit dem ominösen Superantrieb, den uns Eckhard Dewert versprochen hatte? Dieser entpuppte sich als Papiertiger, unausgereift und viel zu teuer in der Produktion. Zusammengefasst mussten wir einsehen, dass Dewert nicht nur in der Klemme steckte, sondern auch ziemlich wehrlos war, weil die Firma fast nichts in der eigenen Hand hatte: kaum Schutzrechte, keinen eigenständigen Vertrieb und zu wenig Know-how, weil dieses entweder zu Okin abgewandert war oder bei Zulieferern steckte. Kurz gesagt: Ich führte einen Montagebetrieb. Und dafür hatte die Phoenix Mecano 60 Millionen Deutsche Mark bezahlt. Wir befanden uns in der Stunde null bei Dewert. Das war ein Schock.

RITA BAUER Die Sache mit Dewert hatte ein jahrelanges juristisches Nachspiel. Das hat Dr. Goldkamp nicht auf sich sitzen lassen. Zum Schluss einigten sich beide Parteien darauf, dass Herr Dewert seine verbliebenen 25 Prozent an seiner Firma für eine symbolische Deutsche Mark an uns verkaufen musste – anstelle der ursprünglich vereinbarten 20 Millionen.

JOACHIM METZGER Ohne die Finanzstärke der Phoenix Mecano-Gruppe wäre Dewert damals Konkurs gegangen. Aber aufgeben war nicht die Art von Dr. Goldkamp. Wir suchten die Flucht nach vorn. Als Erstes musste ich das Know-how zurück in die Firma holen und die Eigenfertigung vorantreiben, um Margen der Zulieferer einzusparen und die Kosten zu senken. Allerdings merkten wir jetzt, dass es der Phoenix Mecano an Erfahrung in dieser Branche fehlte. Bei unseren Gehäusen, Steckern und Schienen ging es um Normen, Spezifikationen, Lebensdauer. Da hat man von Techniker zu Techniker gesprochen. Doch jetzt hatten wir es plötzlich mit Design,

Holz, Textilien und Farben zu tun. Sogar mit Geräuschen! «Sound Design» – das Wort kannten wir bis dahin gar nicht. Unsere Elektromotoren kamen aus der Fahrzeugindustrie, in der sie normalerweise Scheibenwischer antrieben. Autos waren damals aber so laut, dass das Geräusch der Kleinmotoren vernachlässigbar war. Doch abends in der guten Stube oder im Bett war das anders. Die Motoren, die wir geliefert bekamen, waren viel zu laut. Deshalb verlagerten wir 1994 nicht nur die Montage der Doppelantriebe in unser neues Werk in Ungarn, sondern nahmen auch gemeinsam mit einem italienischen Partner die Entwicklung und Produktion der Motoren selbst in die Hand. Wir haben sogar Geräuschkammern gebaut, um unter Laborbedingungen herauszufinden, wie und wo Geräusche entstehen. Denn der Motor ist das eine, das Gehäuse als Resonanzkörper das andere. Langsam eroberten wir die verlorenen Marktanteile zurück. Doch die goldenen Zeiten von Dewert waren vorbei.

RALF BOKÄMPER Ich wurde 1998 Geschäftsführer bei Dewert. Ich kam damals von der Firma Harting, einem anderen sehr erfolgreichen, weltweit tätigen und extrem strukturierten Familienunternehmen. Im Vergleich dazu muteten die Prozesse bei Phoenix Mecano und Dewert ziemlich konfus an. Das habe ich dann geändert. Die grösste Herausforderung war allerdings der Preiskampf mit unserem Konkurrenten Okin. Meine Mission lautete: Mach Okin platt! Damals wurden unsere Antriebe noch in Kirchlengern im Akkord montiert. Diese Arbeiten musste ich jetzt nach Kecskemét verlagern. Natürlich hatten meine Kollegen Schiss, ihre Jobs zu verlieren. Deshalb investierte ich viel in die Weiterbildung und schulte meine Mitarbeiter in der Beratung und im Service – so haben wir es geschafft, Arbeit mit niedriger Wertschöpfung nach Ungarn auszulagern und Arbeit mit hoher Wertschöpfung hinzuzugewinnen. Ich bin bis heute stolz darauf, dass ich in zwölf Jahren bei Dewert keinen Mitarbeiter aus Mangel an Arbeit entlassen musste. Eine echte Erfolgsstory.

Die 1992 mit grossen Hoffnungen übernommene Dewert Antriebstechnik (...) musste im Berichtsjahr aufwendige Verfahren gegen Verletzungen ihrer Gebrauchsmuster durch deutsche und italienische Konkurrenten führen, auch gegen eine ehemalige Vertriebsfirma, die in die Produktion vorzudringen suchte. (Neue Zürcher Zeitung, 17. Mai 1994)

Dr. Hermann Christian Goldkamp (1992).

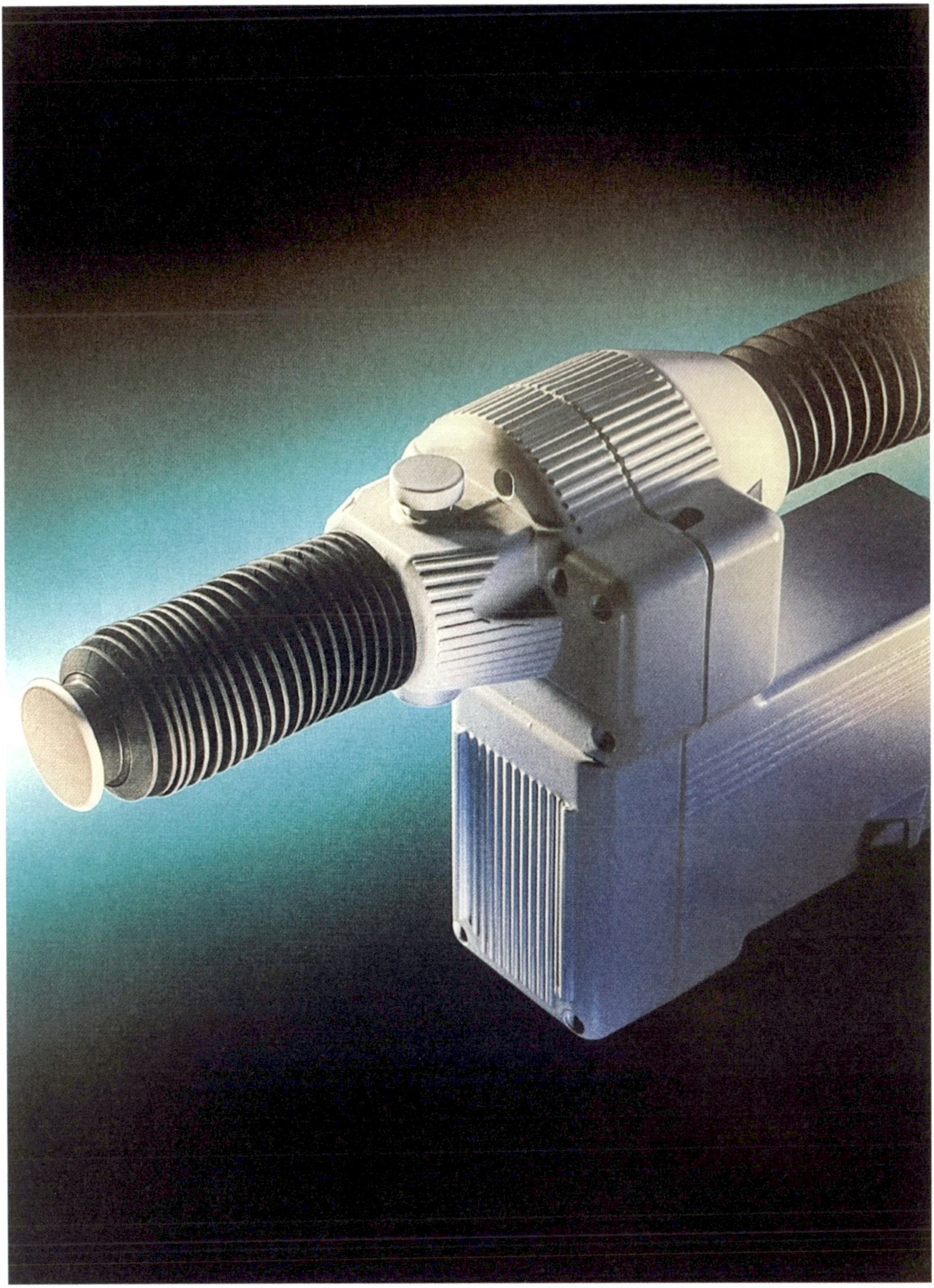

Dewert-Antrieb (1992).

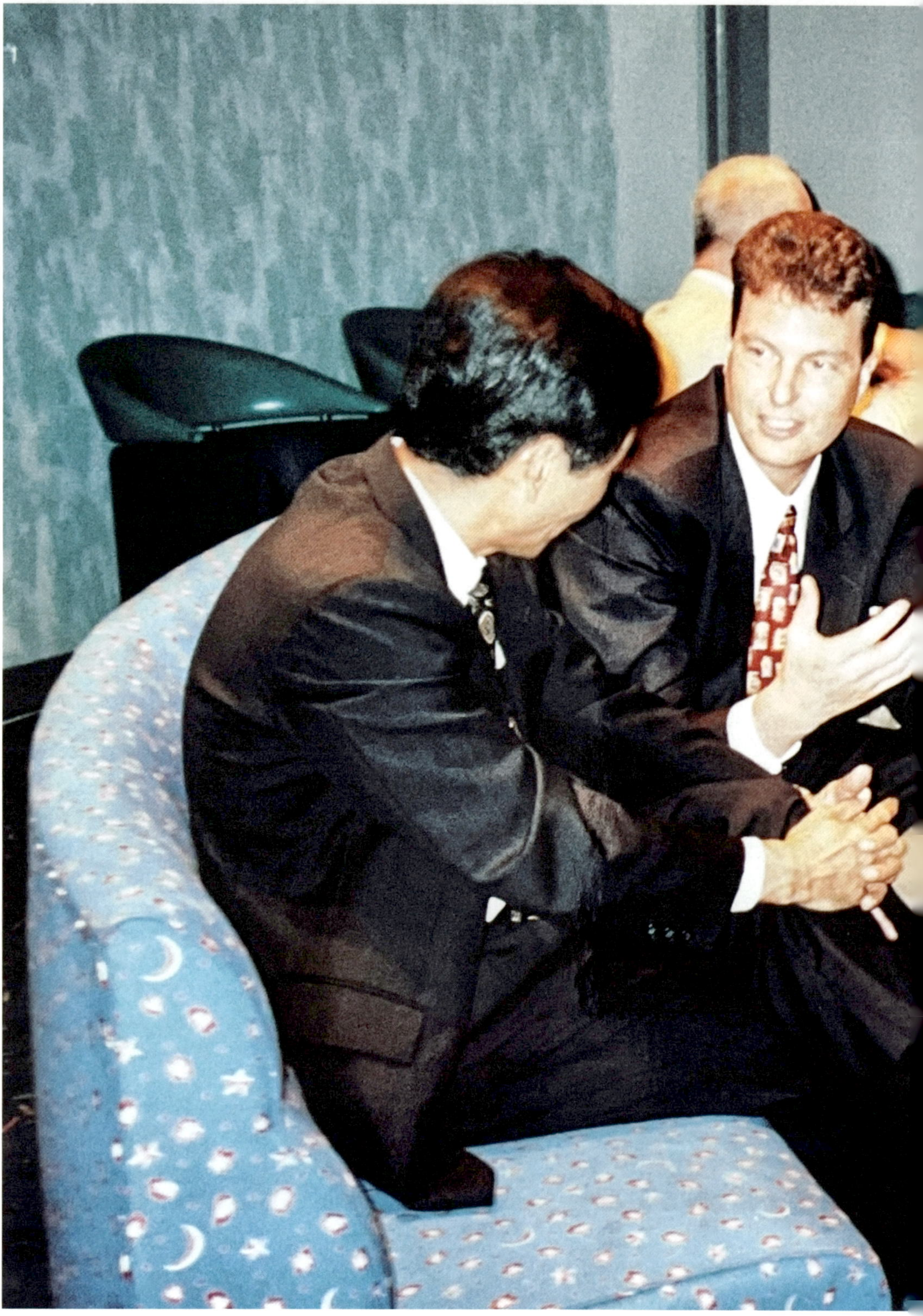

Ralf Bokämper (2. v. l.), Geschäftsführer von Dewert, zu Besuch beim Zuliefereretreffen des grössten Kunden von Dewert, FranceBed, in Tokyo, Japan (1998).

'98

Der wilde Osten

Am 19. August 1989 gelangen hunderte DDR-Flüchtlinge von Ungarn aus über die Grenze nach Österreich.

«Ungarn hat den ersten Stein aus der Mauer geschlagen.» (Helmut Kohl)

BENEDIKT GOLDKAMP Als freiheitlich denkender Mensch freute sich mein Vater über das Ende des Ostblocks und als Unternehmer über die wirtschaftlichen Chancen, die sich daraus ergaben. Es war naheliegend, als Erstes im Osten Deutschlands nach Produktionsbetrieben Ausschau zu halten, die Ähnliches herstellten wie wir. So stiess mein Vater auf eine Gehäusefabrik in Finow bei Eberswalde.

JOACHIM METZGER Die ehemalige DDR galt zunächst als Beschaffungsmarkt. Denn die Industrie lag ja darnieder. Wer sollte da unsere Produkte kaufen? Aber tüchtige Fachkräfte gab es schon. Zuschnitt, Bearbeitung, Bolzen schweissen, Beschichtung, Montage – das konnten die auch. Ausserdem sprach man dieselbe Sprache. 1991 übernahm die Phoenix Mecano über die Treuhand eine Fabrik in Eberswalde-Finow, die sich künftig um die Produktion und Montage von Gehäusen und Steuertafeln der Firma Rose kümmern sollte. Die neuen Mitarbeiter wurden zur Weiterbildung nach Porta Westfalica geschickt, und ein paar später Wochen konnte es losgehen. Soviel ich weiss, funktionierte dieses Werk sofort – und tut dies bis heute.

JOACHIM METZGER Kurze Zeit später, Ende 1991, folgte der erste Standort in Ungarn. Hier war Herr Kilian das Zugpferd. Der hat in Budapest die neue Produktionsstätte Magyar PTR Kft. mit knapp 50 Mitarbeitern aufgebaut, die vor allem Komponenten in kleineren Stückzahlen fertigten, die also einen hohen Lohnkostenanteil ausmachten. Das ging in Ungarn natürlich viel günstiger.

GISELA GOLDKAMP Die Ungarn hatten bei meinem Mann einen Stein im Brett. Das waren die Ersten, die es gewagt hatten, den Eisernen Vorhang zu öffnen und DDR-Bürger nach Österreich fliehen zu lassen.

ZOLTAN NAGY Ich habe während der Wende Wirtschaftswissenschaften in Dresden studiert. Ab 1990 wurden unsere alten Professoren nach und nach durch westliche ersetzt. Nun hiess das Fach Planwirtschaft plötzlich Volkswirtschaft, zudem gab es neue exotische Fächer wie Marketing. Ich habe also zuerst den Kommunismus und dann den Kapitalismus gelehrt bekommen. Das war ideologisch nicht ganz einfach. Schliesslich hatte ich gelernt, dass der Kapitalismus aus Gaunern bestehe, die ihren Reichtum durch die Ausbeutung des Proletariats vermehrten. Und dieses Vorurteil bestätigte sich, als ich im Nebenjob auf dem Dresdner Wochenmarkt Popcorn verkaufte. Die blöden Ossis arbeiteten für einen mickrigen Stundenlohn bei Eiseskälte, während sich der Wessi, dem die Popcorn-Kette gehörte, eine goldene Nase verdiente.

ROLF KNELL 1992 sagte Dr. Goldkamp in einem Gespräch zu mir: «Herr Knell, Sie theoretisieren mir zu sehr. Sie sollten mehr Verantwortung übernehmen.» Dann schickte er mich nach Ungarn, um dort einen zweiten Produktionsstandort für die Phoenix Mecano-Gruppe zu suchen und aufzubauen. Dieser sollte viel grösser sein als der in Budapest und vor allem für Dewert produzieren.

JOACHIM METZGER Das war Priorität Nummer eins, als ich Dewert 1992 übernahm: die Produktion auslagern, um die Kosten zu senken – je schneller, desto besser.

ROLF KNELL Zu dieser Zeit war der Osten noch ein Abenteuer. Dewert machte Druck. Aber das ging nicht von heute auf morgen, so einen Standort aufzubauen. Am Anfang hatte ich noch nicht einmal eine Ahnung, wohin mit dem Standort. Rund um Budapest war es schon zu voll und teuer. Also erweiterte ich systematisch den Radius. Zuerst schaute ich, wo sich andere Westfirmen angesiedelt hatten: Knorr-Bremse, die waren in einer Kleinstadt namens Kecskemét. Und ich dachte:

Okay, bremsen! Das sind Hochsicherheitsteile; das müssen Fachkräfte machen. Dann habe ich Raichle gesehen. Die waren auch in Kecskemét und wollten dort Skischuhe produzieren. Skischuhe? Also war hier Know-how im Plastikspritzguss vorhanden. Meinen späteren Betriebsleiter von Phoenix Mecano Kecskemét, Michael Oberfrank, habe ich direkt bei Raichle abgeworben. Selbst eine Fachhochschule für Plastikspritzguss gab es in Kecskemét. Jetzt fehlte nur noch eine passende Immobilie. Ich hörte von einer Betonfabrik, die Konkurs gegangen war. Und Bingo! Die hatten sogar einen Hochspannungsanschluss, den wir für die Kunststoffproduktion brauchten. Wir müssten also nur noch einen Trafo installieren und den Maschinenpark einrichten, dann würde die Fabrik stehen. Ich suchte einen Bauunternehmer und Architekten und traf einen Herrn Andrassy, der vertrauenswürdig schien und gut vernetzt war, auch mit den Behörden. Nachdem Dr. Goldkamp und Herr Rüd ihr Okay gegeben hatten, kauften wir 1993 rund 30'000 Quadratmeter der ehemaligen Betonfabrik. Herr Andrassy setzte diese wieder instand, und da seine Tochter nicht nur Ungarisch, sondern auch gut Deutsch und Englisch konnte, wurde diese etwas später unsere erste Dolmetscherin vor Ort.

Der erste Produktionsstandort in Ungarn: die 1991 eröffnete Magyar PTR Kft. in Budapest.

JOACHIM METZGER Die Kosten für das neue Werk in Kecskemét – Grundstück und Instandsetzung – konnten wir durch den Verkauf einer Fabrik in Berlin-Reinickendorf finanzieren. Dort betrieb die Phoenix Mecano-Gruppe eine Spritzgussfabrik, die Weyland Kunststofftechnik. Doch erstens würden nach der Wiedervereinigung für Westberlin die Bundessubventionen wegfallen, zweitens waren die Löhne in Ungarn um ein Vielfaches niedriger als in Deutschland, und drittens war der Immobilienwert der Liegenschaft am Tegeler See nach der Wende so sehr gestiegen, dass ein Verkauf viel Geld in die Kassen spülte.

ROLF KNELL Ich hatte in der Nähe von Kecskemét einen Reiterhof gemietet – mit Bungalows und Ponys und einem guten Restaurant, der «Tanyacsarda». Damit wollte ich den Fachkräften der Weyland Kunststofftechnik in Berlin einen Umzug nach Kecskemét schmackhaft machen. Am Ende hatte ich zehn Spritzgussspezialisten mit gut dotierten Jahresverträgen an Bord. Sie halfen Ende 1993 mit, die Berliner Fabrik abzubauen und in Ungarn wieder neu zu errichten. Danach lernten sie die ersten 44 ungarischen Arbeiter an. Das konnte niemand besser als die Berliner, es waren ja ihre alten Maschinen. Und in den Schulferien kamen ihre Familien und Freunde vorbei.

Die Fabrik produzierte von Beginn an im Vier-Schicht-Betrieb und sieben Tage die Woche. Das ist so beim Kunststoffspritzguss, da der Verarbeitungsprozess bei 200 bis 300 Grad läuft und die Maschinen so selten wie möglich runtergefahren werden sollten, da sonst zu viel Ausschuss entsteht. Und den will man nicht, schon gar nicht in einer zollfreien Zone, in der wir uns glücklicherweise befanden. Wir mussten keine Zölle zahlen, solange wir die Spritzgussteile als fertige Produkte ausführten, was wir als Rohstoffe wie Plastikgranulat oder als zugelieferte Teile eingeführt hatten. Das war das Problem mit dem Ausschuss. Und wir hatten Ausschuss. Das ist normal, vor allem, wenn eine Fabrik rasch wächst und ständig neue Maschinen und Fertigungslinien hinzukommen. Aber wir hätten den Ausschuss sauber ausweisen und verzollen müssen. Stattdessen haben wir ihn einfach weiterverkauft. Das erschien uns als einfachste Lösung. Es gab damals auch noch kein sauberes Enterprise-Resource-Plannig-Tool (ERP). Aber diese Nächlässigkeit flog uns dann später um die Ohren.

CHRISTOPH PORDE 1992 hatte ich bereits meine Kündigung bei Rose eingereicht. Nach viereinhalb Jahren hatte ich genug. Ich war Konstruktionsleiter, aber es ging karrieretechnisch nicht vorwärts. Deshalb hatte ich mich bei Mercedes-Benz in Bremen beworben, und die wollten mich. Doch dann musste ich bei Herrn Pohlmann, meinem Chef, antanzen. Ich öffnete die Tür, und da stand plötzlich Dr. Goldkamp vor mir. Ich kannte ihn, denn er war ja regelmässig bei uns, aber geredet hatte ich noch nie mit ihm. «Sie wollen uns verlassen?», fragte er. Und dann wollte er mit aller Freundlichkeit wissen, warum und weshalb. Ich erklärte ihm, dass ich mich Richtung Anlagenbau weiterentwickeln wolle, also grössere Sachen machen wolle. Ein bisschen mehr verdienen wollte ich auch. Und – ach ja! – mal ins Ausland wäre auch schön. Dr. Goldkamp hörte zu. Dann antwortete er: «Sie müssen die Stelle nicht wechseln, das können Sie alles auch bei uns in der Gruppe haben.»

Ich blieb zunächst Konstruktionsleiter bei Rose, wurde aber zusätzlich in übergreifende Projekte eingebunden. Damals wurde das «Global Sourcing» zu einem Kernthema der Phoenix Mecano-Gruppe. Die Idee war, den Einkauf innerhalb der Gruppe zu bündeln, Synergien zu schaffen und sogar eine eigene Produktion aufzubauen, die die einzelnen Tochtergesellschaften beliefern würde. So habe ich ab 1992 mit oder im Auftrag von Dr. Metzger weltweit Lieferanten besucht und Standorte mitaufgebaut – in Ostdeutschland, in China und bald auch in Ungarn.

Rolf Knell war von 1993 bis 1996 Geschäftsführer von Phoenix Mecano Kecskemét in Ungarn.

ROLF KNELL Anfangs spritzten wir Kunststoffgehäuse für Bopla und Doppelantriebe für Dewert. Wir haben riesige Werkzeuge gekauft, Sieben-Tonnen-Maschinen mit gigantischen Schliesskräften. Mit denen haben wir 2'000 Doppelantriebe für Dewert am Tag gegossen. Dafür mussten wir täglich rund sechs Tonnen Kunststoffgranulat ins Werk einführen. Wir waren plötzlich Grosseinkäufer. Natürlich hatten wir am Anfang Qualitätsprobleme. Deshalb holte ich die Technischen Leiter und Einkäufer aus der Phoenix Mecano-Gruppe nach Kecskemét. Herr Behrendt von Bopla und Herr Stumpe von Dewert waren in den ersten Jahren ständig bei uns. Die von Bopla sahen die Auslagerung natürlich mit gemischten Gefühlen und schimpften über die Qualität. Das fand ich gut. Ich sagte: «Ihr seid unsere Kunden! Kritisiert uns! Wir wollen besser werden!»

JOACHIM METZGER In der Bundesrepublik Deutschland war unter Minister Norbert Blüm das Pflegeversicherungsgesetz in Bearbeitung, das die Alterspflege finanziell auf solidere Pfeiler stellen würde. Das war gut für den Markt für Pflege- und Spitalbetten, nur hatte Okin den leiseren und günstigeren Antrieb als wir. Weil Spitalbetten schwerer sind, brauchten wir einen starken und dennoch leisen Motor. Zudem mussten die neuen Antriebe spritzwassergeschützt sein, damit sie schnell gesäubert und desinfiziert werden konnten. Deshalb haben wir die Produktion einer neuen Motorengeneration mit unserem italienischen Partner aufgegleist.

ROLF KNELL Ich wurde Geschäftsführer der neuen Produktionsgesellschaft Phoenix Mecano-OSLV in Kecskemét, die Dewert mit neuen Antrieben beliefern sollte. Für die Fertigungslinie habe ich eine neue Halle bauen lassen. Wir haben sogar die Fertigung der Kabelbäume selbst übernommen und 4'000 Stück am Tag produziert, zwei pro Antrieb. Die Kabel und Stecker haben wir eingekauft und dann alles zusammenmontiert und fertig. Dewert musste nur noch die Qualitätskontrollen durchführen.

MARCO FOGLIA Die Phoenix Mecano-Gruppe war damals eine Matrixorganisation. Ich war hauptberuflich Geschäftsführer der Phoenix Mecano Komponenten AG in Stein am Rhein, die für Rose produzierte und den Vertrieb für den Schweizer Markt übernahm. Daneben war ich aber als Direktionsmitglied auch verantwortlich für alle Produktionsgesellschaften innerhalb der Gruppe. Zweimal pro Monat war ich deshalb in Kecskemét. Ich besprach dort notwendige Investitionen und vertrat diese später gegenüber der Holding. Zudem habe ich dafür gesorgt, dass die Stör- und Nebengeräusche zwischen den Tochtergesellschaften, die in Ungarn produzieren liessen, nicht zu laut wurden. Bopla, Rose, Rose + Krieger, Dewert – nicht alle hatten immer die gleichen Vorstellungen, was von wem vor Ort produziert werden sollte. Nur eines hatten sie alle gemein: Sie wollten möglichst wenig für «ihre» Produkte aus Ungarn bezahlen, damit sie selbst die höhere Marge einstreichen konnten.

ROLF KNELL Es herrschte Aufbruchstimmung. Und je tiefer man in den Osten vordrang, desto abenteuerlicher wurde es. Rumänien war keine 100 Kilometer weit weg von Kecskemét, und dort waren die Löhne noch viel niedriger. Dr. Goldkamp und Herr Kilian hatten die Idee, dass wir in Rumänien auch noch unsere Werkzeuge für den Plastikspritzguss produzieren könnten. Ende Juni 1994 fuhr ich das erste Mal nach Rumänien. Ich weiss das noch, weil gerade die Fussballweltmeisterschaft in den USA stattfand und die Schweiz dort mit 4:1 gegen Rumänien gewonnen hatte. Die Rumänen waren also schlecht auf die Schweizer zu sprechen.

CHRISTOPH PORDE Als ich 1996 in Kecskemét ankam, war Herr Knell gerade am Gehen, weil seine Frau schwanger war und zurück in die Schweiz wollte. Auch ein neuer Kaufmännischer Leiter, Herr Nagy, war im Anflug. Der personelle Umbruch hatte auch damit zu tun, dass die Phoenix Mecano Kecskemét ein gewaltiges Problem hatte.

ZOLTAN NAGY 1997 hatte ich meine Doktorarbeit in Dresden abgeschlossen und wollte zurück in meine ungarische Heimat. Ich suchte einen Job in der Industrie und stiess auf ein Inserat der Phoenix Mecano Kecskemét. Ich hatte immer noch meine Ressentiments gegenüber Westfirmen, doch dann traf ich in Stein am Rhein Herrn Rothenbach, den Geschäftsführer ad interim in Kecskemét, zum Bewerbungsgespräch. Er war der erste vertrauenswürdige westliche Geschäftsmann, den ich kennengelernt habe. Und so nahm ich das Jobangebot an.

RENÉ SCHÄFFELER Ich musste ab 1996 über Jahre regelmässig nach Ungarn, weil es dort grosse Probleme mit der Logistik und den Zollbehörden gab. Da ging es teilweise drunter und drüber.

ZOLTAN NAGY Die Phoenix Mecano Kecskemét hatte damals rund 200 Mitarbeiter und lief an sich gut. Doch waren die Zollbehörden während einer Revision auf Unregelmässigkeiten gestossen. Es wurden von uns mehr Waren eingeführt als ausgeführt. Das hiess: Irgendwo verschwand Material, und das war ein Verstoss gegen den Zollfreihandel. Ich denke nicht, dass dies in böser Absicht geschah. Allerdings entsprach es schon dem Geist der Phoenix Mecano, keine unnötige Bürokratie aufzubauen. Deshalb nahm man das mit der Erfassung der Ein- und Ausfuhr nicht so ernst und beliess gewisse Prozesse in der Grauzone, sodass sich für Drittparteien möglicherweise auch nicht ganz so ehrliche Geschäftsmöglichkeiten ergaben. Man schaute aber nicht so genau hin. Und dabei unterschätzte man die ungarischen Behörden. Als diese drohten, das Werk zu schliessen, läuteten bei Phoenix Mecano Kecskemét die Alarmglocken.

KARL KILIAN Im Dezember 1997 bin ich nach Rumänien geflogen, weil wir immer noch einen günstigen Werkzeugbauer suchten. Eine Woche lang habe ich mit einer rumänischen Dolmetscherin Fabriken besucht, die Werkzeuge und Formen für Plastikspritzguss herstellten. Das waren alles ehemalige Staatsbetriebe. Irgendwann sind wir von Craiova aus abends Richtung Norden nach Sibiu aufgebrochen. Mir war schon mulmig zumute, weil bei dem Taxi nur ein Scheinwerfer funktionierte. Doch dann wurde es richtig düster. In den Karpaten überraschte uns Schneeregen mit Eisglätte. Das war die schlimmste Autofahrt meines Lebens. Immerhin konnte ich am nächsten Morgen eine Firma namens Flaro besichtigen, einen ehemaligen Staatsbetrieb, der früher Kunststoffteile produziert hatte. Und die hatten für ihren Plastikspritzguss auch die Formen selbst hergestellt – das war genau die Kompetenz, nach der wir suchten. Ob PTR, Hartmann Codier, Götz-Udo Hartmann oder Bopla – wir alle wollten durch günstige Werkzeuge schneller den Markt testen. So haben wir mit der Flaro ein Joint Venture gegründet, um das Werk in Ungarn mit Werkzeugen zu beliefern.

BENEDIKT GOLDKAMP Ungarn war meine Feuertaufe. Nach einem einmonatigen «Onboarding» in Stein am Rhein bei René Schäffeler wurde ich als Technischer Geschäftsführer 1998 nach Kecskemét geschickt. Da gab es einiges zu tun. Zuallererst musste das Problem mit den Zollbehörden gelöst werden. Es fehlte einfach sehr viel Plastik, und es war ein Detektivspiel herauszufinden, wo das versickerte und ob, wenn man es denn wiederfände, das noch brauchbar wäre. Einiges entdeckte ich auf Hinterhöfen von Zulieferern oder anderen dubiosen Firmen – falsch gelagert und damit kontaminiert. Das mussten wir also abschreiben. Und eine Menge Material tauchte nie mehr auf. Deshalb gab es schliesslich eine saftige Busse durch die Zollbehörde. Ich denke, die Phoenix Mecano Kecskemét war einfach zu schnell gewachsen. Sie war ein Kind, das jetzt aber erwachsen werden musste.

ZOLTAN NAGY Mit der Busse war es nicht getan. Wir mussten das Unternehmen technisch von Grund auf neu aufstellen. Rechnungswesen, Logistik, Beschaffungswesen, Buchhaltung – wir modernisierten und digitalisierten alles. Zu guter Letzt führten wir zudem ein neues ERP-Tool und endlich auch Artikelnummern ein, denn bislang wurden die Lagerbestände teilweise noch mit Strichlisten geführt.

BENEDIKT GOLDKAMP Das Jahr in Ungarn war wichtig für mich. Da habe ich viel über Qualität, Anforderungsmanagement und Outsourcing gelernt. Das Grundproblem bestand ja darin, dass aus Sicht der deutschen Stammhäuser oft die Qualität nicht stimmte. Dadurch produzierten wir zu viel Ausschuss, was auch unabhängig von der Zollthematik ungünstig war. Wir mussten einerseits die Qualitätsanforderungen auf ein realistisches Mass bringen und sauber dokumentieren, andererseits in neue Maschinen und in die Ausbildung investieren. Diesbezüglich habe ich viel von Herrn Foglia und Herrn Porde gelernt. Zudem musste es uns gelingen, schneller auf Zyklen zu reagieren, um je nach Nachfrage Kapazitäten auf- oder abzubauen.

CHRISTOPH PORDE Gemeinsam mit Benedikt Goldkamp habe ich die Spritzerei und die vollautomatische Produktion für PTR vorangetrieben. Zudem gab es das Joint Venture in Rumänien, das uns mit Werkzeugen und Formen belieferte, die man aber nicht brauchen konnte. Sie waren einfach zu schlecht. Und jetzt wollte die Gruppenführung dieses Joint Venture sogar ganz übernehmen. Klar, man wollte mehr Unabhängigkeit von den deutschen Zulieferern. Trotzdem war ich mehr als skeptisch. Werkzeuge bilden die Basis der Produktion. Und diese Basis sollte jetzt ein ehemaliger rumänischer Staatsbetrieb schaffen?

BENEDIKT GOLDKAMP Ende der 1990er-Jahre herrschte Hochkonjunktur, sodass wir uns über volle Auftragsbücher freuen konnten. Das bedeutete, dass wir auch neue Werkzeuge benötigten, nur hatten unsere Lieferanten plötzlich Wartezeiten von bis zu zwei Jahren. Kilian hatte in Rumänien vorgespurt und das Joint Venture mit Flaro auf die Beine gestellt. Das wollten wir jetzt endlich ausbauen.

CHRISTOPH PORDE Benedikt Goldkamp hat mich dann nach Rumänien geschickt, um den Betrieb noch einmal anzuschauen und den designierten Geschäftsführer, Herrn Marinescu, zu treffen. Als ich ankam, waren alle Maschinen frisch gestrichen. Allerdings fragte ich mich, was all die Blumentöpfe auf den Maschinen machten. Herr Marinescu erklärte mir, dass es in Rumänien Brauch sei, altgedienten Maschinen auf diese Weise die letzte Ehre zu erweisen. Die Fabrik war also zum Grossteil ein Maschinenfriedhof. In meinem Bericht an die Gruppe schrieb ich: «Sofort schliessen!»

BENEDIKT GOLDKAMP Mit unserem Know-how als langjährige Kunden von Werkzeugherstellern waren wir überzeugt, selbst Werkzeuge herstellen zu können. So haben wir 1999 das Joint Venture mit Flaro übernommen und zur Phoenix Mecano Mould umfirmiert.

CONSTANTIN MARINESCU Ich konnte die Skepsis von Herrn Porde verstehen. Wir waren noch nicht weit genug, um die Phoenix Mecano Kecskemét mit Werkzeugen und Formen zu beliefern. Die Qualität stimmte nicht. Herr Kilian hatte da der Gruppe zu viel versprochen. Die grösste Herausforderung war die Digitalisierung, die Know-how und Investitionen in neue Maschinen voraussetzte. Aber CAD, CAM, CNC – das waren Fremdwörter für Herrn Kilian. Der war ein brillanter Konstrukteur, aber er war «alte Schule». Der hat immer gesagt: «Das geht auch ohne Computer.» Einmal bin ich mit ihm das Netzwerkkabel von einem CAD-Arbeitsplatz bis zur CNC-Fräsmaschine abgelaufen und habe gesagt: «Sehen Sie, Herr Kilian, durch dieses Kabel laufen all die Informationen, die es braucht, damit ein einziger Mitarbeiter eine dreidimensionale Form fräsen kann.»

Ich habe junge Maschinenbauer direkt von der Uni in Sibiu angestellt, damit ich Leute hatte, die sich mit modernem Maschinenbau auskannten, denn die alten Flaro-Arbeiter hatten die Digitalisierung ebenso verpasst wie Herr Kilian. 2002 wurde dann Herr Porde mein Chef. Mit ihm ging es besser. Trotzdem blieb der Werkzeugbau ein Fremdkörper in der Gruppe. Phoenix Mecano fehlte es an Erfahrung und Vertrauen, in uns zu investieren. Oder man könnte umgekehrt behaupten, wir hätten es verpasst, durch gute Werkzeuge das Vertrauen der Phoenix-Tochterfirmen zu gewinnen.

BENEDIKT GOLDKAMP Ende 2000 begann sich die Konjunktur abzukühlen. Und plötzlich hatten alle unsere Werkzeuglieferanten wieder Zeit für uns. Damit reduzierte sich der Druck, den eigenen Werkzeugbau voranzutreiben, zumal wir mit einer Neuakquisition im Dotcom-Bereich genug zu tun hatten. Phoenix Mecano Mould rutschte auf unserer Prioritätenliste nach unten.

CONSTANTIN MARINESCU Zum Glück hatten wir im Jahr 2000 parallel zu Phoenix Mecano Mould mit Christoph Porde eine zweite Firma gegründet, die Phoenix Mecano Plastic, die sowohl für die rumänische Industrie als auch für die Tochterfirmen der Phoenix Mecano-Gruppe Spritzgussteile produzierte, vor allem für Bopla und Götz-Udo Hartmann. Ausserdem montierten wir Schalter für Hartmann Codier. 2005 verkauften wir die Phoenix Mecano Mould an ein deutsches Unternehmen und bauten mit dem Geld auf der grünen Wiese am Stadtrand von Sibiu ein nigelnagelneues Gebäude für die Phoenix Mecano Plastic. Das ist bis heute unser Hauptsitz.

* * *

> **Als ich im März 1995 das erste Mal nach Shanghai kam, war ich überrascht. Ich hatte eine dunkle Industriestadt mit zurückhaltenden Menschen erwartet und fand eine moderne, weltoffene Grossstadt mit sehr freundlichen Einwohnern vor (...). Von Anfang an hatte ich ein gutes Gefühl und wusste, in dem grossen Land China ein Joint Venture oder eine eigene Firma zu gründen, ist notwendig und der richtige Weg. (Karl Kilian, Rede zur Einweihungsfeier der Mecano Components Shanghai, 2004)**

KARL KILIAN Ich war der Erste, der sich nach China getraut hat. Dr. Goldkamp und Dr. Metzger redeten immer nur darüber, aber ich habe es getan. Ich kannte eine deutsche Firma, die schon den Sprung dorthin geschafft hatte und für mich ihre Kontakte hatte spielen lassen, bis sich ein Prof. Zhou bei mir meldete. An der Geschäftsführertagung im Burghotel Blomberg in Lippe bin ich dann aufgestanden und habe gesagt: «Wenn ihr es als Gruppe nicht hinkriegt, dann lasst es mich mit Hartmann versuchen!» Dr. Goldkamp gab mir daraufhin grünes Licht.

Im März 1995 flog ich das erste Mal nach Shanghai. Prof. Zhou führte mich bei den Behörden ein und baute als

Betriebsleiter die Fabrik auf, die er fast zehn Jahre lang führen sollte: die Mecano Components. Das «Phoenix» mussten wir leider streichen, da es im chinesischen Handelsregister bereits eine Firma mit ähnlichem Namen gab.

Zu Beginn produzierten und vertrieben wir nur Hartmann-Schalter und PTR-Leiterplattenklemmen. 1997 kamen Rose- und etwas später Bopla-Gehäuse dazu. Schwierigkeiten bestanden einerseits in der Sprache, andererseits in der Mentalität: Ich dachte, die Chinesen lebten in einer Diktatur und seien es gewohnt zu gehorchen. Doch Pustekuchen! Die hatten fast so einen Dickschädel wie ich. Das hätte schnell scheitern können. Aber zum Glück mochten mich die Chinesen, weil sie merkten, dass ich von morgens bis abends mit anpackte. Ich war wie sie: ein Arbeiter.

Das Hauptproblem war die Korruption. Prof. Zhou wollte, dass ich Schmiergelder zahle, damit wir an Aufträge kamen. Aber das lehnte ich kategorisch ab. Er sagte zu mir: «Herr Kilian, Sie verstehen das nicht. Das ist normal hier!» Aber ich blieb stur. Ich habe in meinem ganzen Leben kein Schmiergeld bezahlt, nicht in Deutscher Mark und nicht in Yuan.

Von der Entstehung einer unserer besten Auslandsniederlassungen, der Mecano Components in Shanghai, hat die Konzernspitze erst so richtig etwas gemerkt, als von dort Gewinne hereinkamen. Und das charakterisiert Sie und Ihre Arbeitsweise wohl am besten. (Dr. Goldkamp in der Laudatio auf Karl Kilian anlässlich dessen Pensionierung, 4. Juli 2004)

Produktion von Motoren für Dewert-Antriebe in Kecskemét, Ungarn (ca. 1995).

Neue Märkte

Der Vertrieb war für uns immer die wichtigste Unternehmensfunktion und ermöglichte uns die schnellen Erfolge mit neuen Produkten. Abgesehen von den Schweissbrennern, die ihre historisch gewachsenen Vertriebskanäle hatten, können wir alle anderen Produkte über die gleiche Vertriebsschiene verteilen. Dies vereinfacht und verbilligt den Vertrieb gerade in neuen Gebieten ganz erheblich (...). In folgenden Ländern verfügen wir über eigene Vertriebsorganisationen: Schweiz, Deutschland, England, Frankreich, Italien, Österreich, Holland, Belgien und USA. (Dr. Goldkamp, Vortrag Berliner Bank, 1992)

BENEDIKT GOLDKAMP 1993 hatte ich mein Studium beendet und wollte – bevor ich meinen MBA anhängen würde – praktische Erfahrungen sammeln. Also schickte mich mein Vater in die USA, genauer nach Frederick, damit ich mir dort die Vertriebsstrukturen anschaute. Denn das Geschäft dort kam nicht recht voran.

In den Vereinigten Staaten war die Phoenix Mecano schon früh präsent. Zu ihrem Portfolio gehörte seinerzeit auch die Binzel Schweisstechnik, die wiederum seit 1976 eine Niederlassung in Maryland, USA, besass. Es war also kein Zufall, dass auch die Vertriebsgesellschaft der Phoenix Mecano ihren Standort in diesem Bundesstaat hatte. Neben dem Vertrieb hatte der Sitz eine kleine Produktion, um die Komponenten aus Deutschland an den amerikanischen Markt anzupassen.

Der Geschäftsführer dort war ein lustiger Vogel, ein Exzentriker, dessen Hobby es war, aus Metallteilen riesige Drachenskulpturen zu schweissen und in seinem Garten aufzustellen. Damit kam Richard Ramsey sogar ins Fernsehen, als der deutsche Sender RTL eine Reportage über Halloween in den USA produzierte.

Geschäftlich lief es hingegen mässig – die Phoenix Mecano Inc. schrieb rote Zahlen. Das Hauptproblem war das zerrüttete Verhältnis zwischen den Stammhäusern in Deutschland und Richard Ramsey. Dieser hatte seine eigenen Vorstellungen, wie er die Komponenten in den USA verkaufen wollte. Er fand zum Beispiel, dass zwei Gehäusemarken für den US-Markt zu kompliziert seien. Deshalb verkaufte er die Gehäuse von Rose und Bopla unter der Marke «Rose & Bopla». Man kann sich lebhaft vorstellen, was die deutschen Stammhäuser dazu sagten ... Es herrschte jedenfalls gegenseitiges Misstrauen: Die Deutschen fanden, Ramsey verstehe ihre Produkte nicht, und Ramsey fand, die Deutschen verstünden den amerikanischen Markt nicht.

Beides stimmte, aber meiner Meinung nach war Ramsey etwas mehr im Recht. Der US-Markt war sehr gross und funktionierte anders als der deutsche oder französische. Klassischerweise lief der Vertrieb in den USA über regionale Distributoren, die ihre eigenen Lager und Servicemitarbeiter besassen. Deshalb drängte Ramsey darauf, den Vertrieb für die Phoenix Mecano Inc. über Distributoren laufen zu lassen, damit mehr Kundennähe entstehe. Da dieser Zwischenhandel zusätzliche Kosten verursachte, verlangte er von den deutschen Stammhäusern einen Preisnachlass. Doch die dachten nicht daran! Hinter dieser Weigerung steckte die damals verbreitete Arroganz deutscher Industrieunternehmen: Wir sind die Besten! Wir machen die Preise! Mein Vater und Herr Rüd haben dann tatsächlich die Stammhäuser zu günstigeren Preisen verdonnert. Herr Ramsey hat also seine Chance bekommen – und ich bin weitergezogen, um meinen MBA zu machen.

JOACHIM METZGER Rose schritt in den 1980er-Jahren als ertragsstärkste Gesellschaft vorwärts und gründete eigene Vertriebsgesellschaften in Europa. Die übrigen Stammhäuser waren im Ausland höchstens durch Handelsvertreter präsent. Doch Marktkenntnis war entscheidend, um die Produkte weiterzuentwickeln, aber auch international anzupassen. Deshalb ermutigte Phoenix Mecano die restlichen Stammhäuser – wie Bopla, Rose + Krieger und Hartmann –, ihren Vertrieb in die von Rose gegründeten Gesellschaften zu integrieren. Die Kosten des Vertriebs teilten sich die Gesellschaften untereinander auf. Nun gab es zwar bessere Marktinformationen, allerdings waren die lokalen Geschäftsführer der Vertriebsgesellschaften natürlich «Rose-hörig».

So gestaltete sich die Situation, als ich als Mitglied der Geschäftsleitung 1993 den Auftrag erhielt, die Produktion und den Vertrieb für die gesamte Gruppe voranzutreiben. Auch für die «Emerging Markets» sollte ich das Potenzial für Vertriebsgesellschaften ausloten. China war unter Deng Xiaoping wieder auf Reform- und Öffnungskurs, nachdem dieser nach der Tian'anmen-Tragödie 1989 auf Eis gelegt worden war. Dies galt auch für Indien, das 1991 fast bankrott gegangen wäre.

Dort wertete die Regierung Rao die Rupie ab, hob die Importbeschränkungen auf und richtete Sonderwirtschaftszonen nach chinesischem Vorbild ein. Und in Brasilien hatte sich 1993 durch den «Plano Real» die Inflation stabilisiert, sodass dieses Schwellenland ebenfalls für den Export interessant wurde.

Diese neuen Tochterunternehmen sollten als Phoenix-Mecano-Vertriebsgesellschaften mit Phoenix-Mecano-Identität geführt werden. Das heisst, sie sollten für alle Stammhäuser da sein, zumindest theoretisch – praktisch bestimmten natürlich der Markt sowie die Unterstützung durch die Stammhäuser, in welche Produktlinien am meisten investiert wurde. Aber die Aufgabenteilung war klar: Für die Produkte waren die Stammhäuser verantwortlich, für den Vertrieb der definierten Region der Landesgeschäftsführer.

TJ OU Ich war 1995 als Geschäftsführer bei Thomas & Betts für den Markt in Südostasien verantwortlich. Thomas & Betts war ein US-amerikanisches Grossunternehmen, das ähnlich wie Phoenix Mecano Steckverbinder und Komponenten für die Elektroindustrie herstellte. Mein Chef, Reijo E. Salo, war ein Bekannter von Dr. Goldkamp. Er erzählte mir, dass eine Schweizer Firma namens Phoenix Mecano nach Asien expandieren wolle.

Japan war damals die zweitstärkste Wirtschaftsmacht, und die sogenannten Tigerstaaten – Singapur, Hongkong, Taiwan und Südkorea – wuchsen in einem horrenden Tempo. Zudem standen Thailand, Malaysia und Vietnam in den Startlöchern. Und alle produzierten! Es war naheliegend, dass Phoenix Mecano von diesem Wachstum profitieren wollte.

JOACHIM METZGER Zwei Standorte kamen infrage: Hongkong und Singapur. Letztendlich war die Person TJ Ou entscheidend. Er hatte durch seine Arbeit bei Thomas & Betts viel Erfahrung im Vertrieb elektrotechnischer Komponenten auf dem südostasiatischen Markt gesammelt. Er warb zudem für den Standort Singapur mit dessen Rechtsstaatlichkeit und Korruptionsfreiheit.

TJ OU Im Sommer erhielt ich eine Einladung von Dr. Goldkamp und besuchte ihn in seinem Büro in Küsnacht. Ich war beeindruckt von diesem idyllischen Ort am Zürichsee, aber vor allem von Dr. Goldkamp selbst. Nach dem ersten Gespräch schickte er mich auf einen Roadtrip durch Deutschland: Rose, Bopla, Rose + Krieger, Dewert, Kundisch, Hartmann, PTR – ich habe alle Firmen besucht. Danach gab es eine Abschlussbesprechung auf dem Flughafen Münster, den Herr Dr. Goldkamp mit seinem Privatflugzeug angeflogen hatte. Ohne grosse Umschweife fragte er mich: «Sehen Sie Chancen für unsere Produkte in Asien?» Die sah ich. Anschliessend diskutierten wir Vertriebsstrategien. Am Ende fragte mich Dr. Goldkamp, ob ich als Geschäftsführer und Mitteilhaber den Vertrieb für Asien aufbauen wolle. Meine Antwort war ein klares Ja!

TJ OU Im August 1995 eröffnete ich in Singapur ein 150 Quadratmeter grosses Büro für die Phoenix Mecano South East Asia. Wir starteten mit PTR-Produkten, in den Folgejahren kamen Hartmann, Rose, Bopla, Rose + Krieger und Dewert hinzu. Für PTR baute ich sogar eine kleine Fabrik auf, die Klemmleisten und Prüfstecker produzierte. Wir waren zehn Mitarbeiter. Von Singapur aus sollten wir den Vertrieb in Japan, Südkorea, Taiwan und in ganz Südostasien organisieren und leiten. In den grösseren Märkten musste ich eigene Verkaufsbüros mit einheimischen Verkäufern gründen, die die Kultur, Sprache und Wirtschaft kannten. Allein in Japan stellte ich vier Mitarbeiter ein. Zwar gelang es uns, den Umsatz zu steigern, allerdings waren die Personal- und Produktionskosten hoch. Rückblickend würde ich sagen, dass ich zu ehrgeizig war und zu viele Dinge gleichzeitig angepackt habe. So schrieben wir tiefrote Zahlen. Und es sollte noch schlimmer kommen.

JOACHIM METZGER Der «Best Case» der Vertriebsgesellschaften war Spanien, weil dort keine Fertigung mitaufgebaut werden musste. So fand die spanische Handelsgesellschaft unter Herrn Hutchinson und seiner Frau Conchita Aranda schnell Kunden und war quasi sofort profitabel. Indien hatte Anlaufschwierigkeiten, doch dann entwickelte sich der Standort Schritt für Schritt zu einer Art Musterschüler der Phoenix Mecano. Der «Worst Case» war Singapur, und zwar vor allem wegen der Produktion, die die bescheidenen Gewinne im Vertrieb unmittelbar auffrass. Das Lohnniveau in Singapur allein war schon zu hoch; wir hätten nach China, Malaysia oder Vietnam ausweichen sollen.

TJ OU 1997 erfasste eine der grössten Wirtschaftskrisen die Tigerstaaten: die Asienkrise. Es war einfach zu viel billiges Geld in diese Schwellenländer geflossen, dadurch entstanden immer mehr Überkapazitäten. In diesen Sog gerieten jetzt auch wir. Fabriken wurden geschlossen, die Währungen waren unter Druck, niemand investierte mehr wegen der hohen Inflation. Was vorher einen Dollar gekostet hatte, kostete jetzt zwei. Nur China blieb verschont – aber China gehörte ja eh nicht zum Vertriebsgebiet der Phoenix Mecano South East Asia.

Unsere Firma litt so sehr, dass ich die Gruppe um ein Darlehen bitten musste, andernfalls wären wir Konkurs gegangen. Was für eine Demütigung! Zu dieser Zeit war ich der Gruppe dankbar, vor allem Dr. Metzger. Er hatte mir alle Freiheiten gelassen, und jetzt, als alles den Bach runterging, war er trotzdem für mich da. Wie ein guter Vater. Und ich erinnerte mich an die Worte von Dr. Goldkamp auf einer Geschäftsführertagung. Er hatte Caesar zitiert: «Veni, vidi, vici. – Ich kam, sah und siegte.» «Genau das», sagte er, «gilt für den Vertrieb nicht.» Er richtete diese Worte an die Geschäftsführer der Stammhäuser: «Ihr müsst die Vertriebsorganisationen unterstützen! Besucht sie! Das sind junge Pflanzen, die Fürsorge und Zeit benötigen, um zu wachsen.»

JOACHIM METZGER Die Haltung der Gruppe gegenüber ihren Geschäftsführern war eindeutig: Ihr seid erwachsen, ihr müsst entscheiden. Denn die Gruppenführung wusste: Wenn sie heute entschiede, dann müsste sie das auch morgen tun – und dann wäre es aus mit der dezentralen Führungsstruktur. In Deutschland war diese Kultur einfach durchzusetzen, denn dort pochten die Geschäftsführer ohnehin auf ihre Unabhängigkeit. Aber in Fernost war die Mentalität eine andere. Da wartete ein TJ Ou vielleicht etwas zu lange darauf, dass die Gruppe ihm Entscheidungen abnahm.

PHILIP BROWN Die Phoenix Mecano Ltd. in Aylesbury wurde 1977 gegründet und ist eine der ältesten Vertriebsgesellschaften von Phoenix Mecano. Ich stiess allerdings erst 20 Jahre später als Geschäftsführer dazu. Mein Bewerbungsgespräch hatte ich mit Dieter Schaadt, der Spartenleiter Gehäuse war. Damals hatte die Phoenix Mecano Ltd. gut 30 Mitarbeitende, die 5 Millionen Pfund Umsatz machten – ein bescheidener Ertrag. Aus diesem Grund sollte ich ja übernehmen.

«Sie werden die ersten vier Wochen in Deutschland verbringen», sagte Herr Schaadt. «Eine Woche bei Rose, eine Woche bei Bopla, eine Woche bei Dewert und eine Woche bei Rose + Krieger.» Ich stellte mich auf längere Reisen zwischen den Standorten ein, merkte dann aber schnell, dass alle in Westfalen lagen. Auf jeden Fall war dieser Monat in Deutschland ein grossartiges Onboarding, weil ich die Menschen hinter den Produkten kennenlernte. So erhielten die Produkte, die ich in England verkaufen sollte, eine Identität.

Kurz nachdem ich dann in Aylesbury die Geschäfte übernommen hatte, kam Herr Schaadt zu Besuch. «Und?», fragte er. «Was wollen Sie alles anders machen?» Ich antwortete, dass die Firma im Vertrieb dieses und im Service jenes anders machen müsse. Herr Schaadt unterbrach mich: «Die Firma?» Pause. Er schaute mich scharf an. Dann sagte er: «Sie meinen ‹Ihre› Firma!»

Das war eine wichtige Lektion. Dieses Unternehmertum musste ich annehmen – und nicht nur ich, mein ganzes Team. «Own your company! Own your job!» Verantwortung übernehmen, statt ständig über die deutschen Stammhäuser schimpfen.

DEODORO WEBER Vertrauen ist das, was Phoenix Mecano ausmacht. Ohne Vertrauen wäre ich auch nicht bei Phoenix Mecano Comercial e Técnica in São Paulo gelandet. Alles begann damit, dass ich 1994 in Manaus Hugo Deschoolmeester, den Geschäftsführer der IPES, kennenlernte. Ich arbeitete dort für die französische Elektronikfirma Thomson und suchte einen Lieferanten für Industriegase. Hugo machte den besten Preis. Vor allem aber tickten wir ähnlich. Damals herrschte erschreckend viel Korruption in Brasilien, daher wunderte sich Hugo umso mehr, dass ich kein Schmiergeld von ihm verlangte. Er sagte, dass Ehrlichkeit hier leider immer seltener werde. Von da an waren wir geschäftlich und freundschaftlich verbunden.

Zwei Jahre später wurde meine Frau schwanger, und wir wollten zurück nach São Paulo. Vor der Abreise besuchte ich Hugo, um mich zu verabschieden und ihm meinen Nachfolger vorzustellen. Da erzählte er mir, dass er für die Schweizer Muttergesellschaft der IPES eine Verkaufsniederlassung in São Paulo aufbaue. Ich war erstaunt, da ich nicht einmal gewusst hatte, dass die IPES einer Schweizer Firmengruppe gehörte. Auf jeden Fall würden wir uns, so meinte Hugo, bald in São Paulo wiedersehen.

Mein beruflicher Wiedereinstieg in São Paulo missglückte. Am selben Tag, an dem ich kündigte, rief mich Hugo an und erzählte mir, dass er für die Vertriebsgesellschaft vor Ort einen Verkaufsleiter suche. Am Abend hatte ich eine neue Stelle bei der Phoenix Mecano Comercial e Técnica.

Die Niederlassung war noch im Aufbau: Wir waren sechs Mitarbeitende. Der Vertrieb war aufgeteilt in Dewert auf der einen Seite sowie Rose, Bopla und PTR auf der anderen. Ich war zuständig für die Gehäuse und PTR.

Auf dem Nachbargrundstück unserer Niederlassung hatte ein Bauunternehmer einen Hauptsitz gebaut, doch bevor er einzog, ging seine Firma pleite. Hugo kaufte das Grundstück zusammen mit dem angebrochenen Projekt und baute den schönen Hauptsitz von Phoenix Mecano in São Paulo mit der finanziellen Unterstützung von IPES.

Hugo war eine Woche pro Monat in São Paulo. Als sein Vertrauter wurde ich schnell auch sein Stellvertreter und erhielt schon bald die Handlungsvollmacht und Prokura. 2009 wurde ich Geschäftsführer.

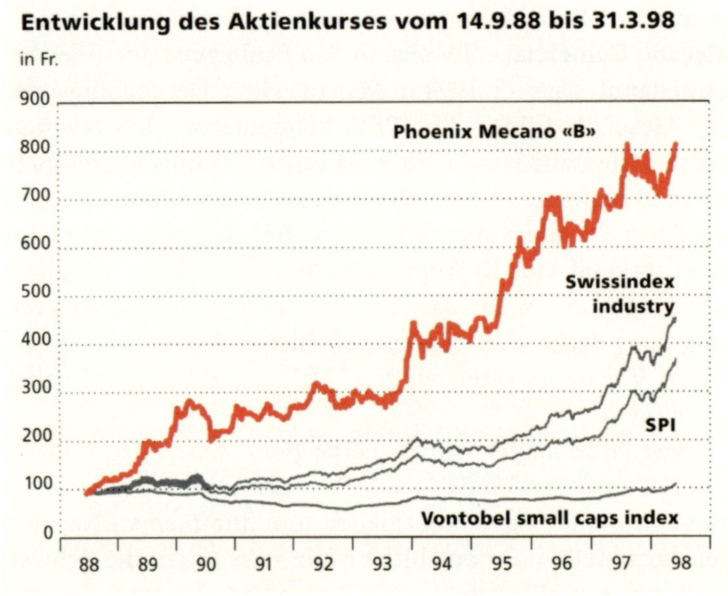

Der eigentliche Leistungsausweis eines Unternehmens ist seine mittelfristige Aktienkursentwicklung. Sie reflektiert die Bewertung durch den Markt und ist deshalb das verbindliche Urteil über die Summe aller Bemühungen. Seit der Publikumsöffnung vor rund 10 Jahren hat Phoenix Mecano ihren Aktienkurs verdreizehnfacht. Bezogen auf diesen Zeitraum war die Gesellschaft damit bei der Performance ihrer Aktien das erfolgreichste «going public» und der beste «small cap». (Geschäftsbericht der Phoenix Mecano AG, 1998)

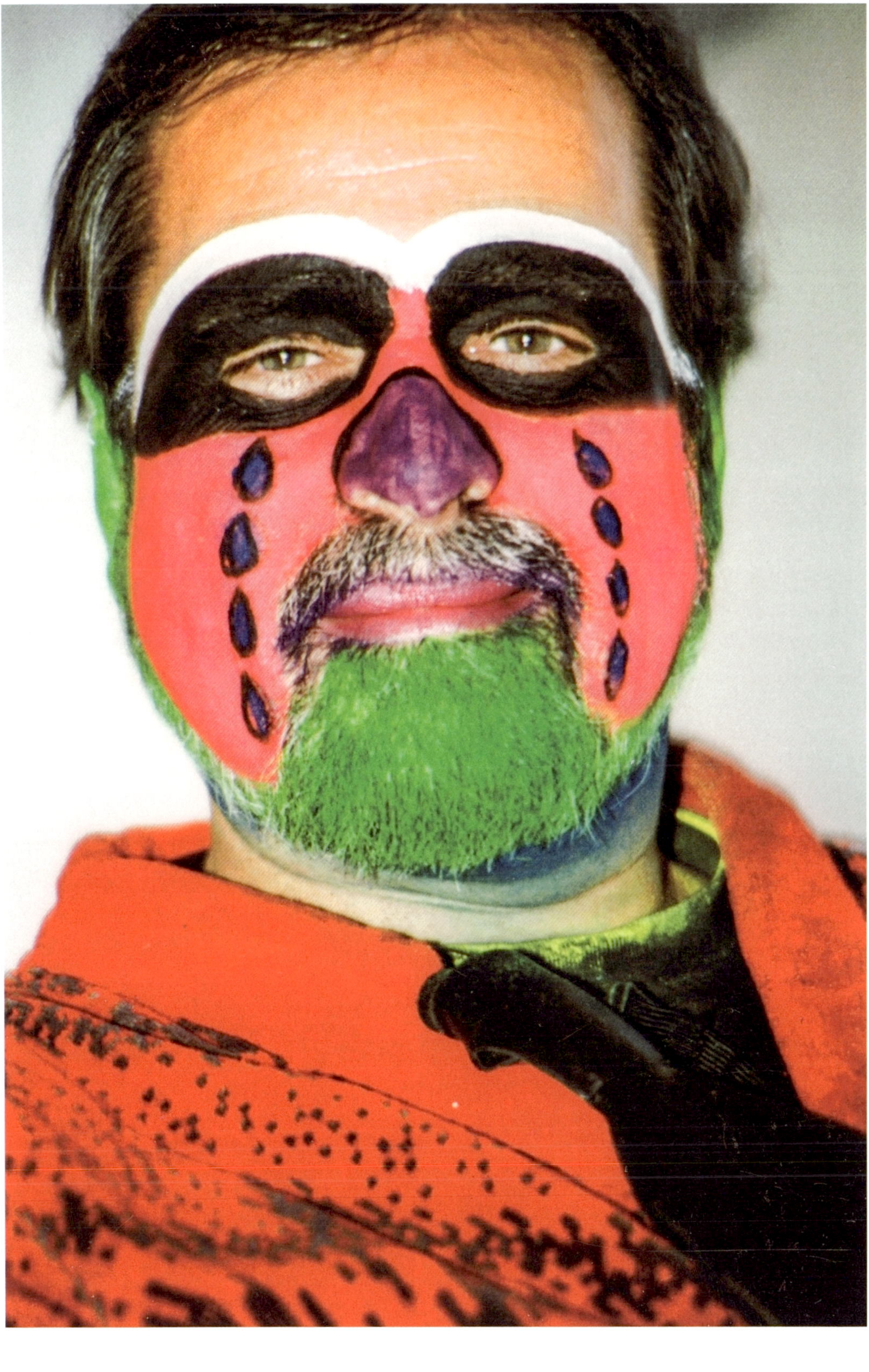

Richard Ramsey, Geschäftsführer der Phoenix Mecano Inc. in Frederick, Maryland, USA.

Neubau der Vertriebs- und Produktionsgesellschaft Phoenix Mecano Inc. in Frederick, Maryland, USA (1989).

Fertig eingerichtet: TJ Ous Büro der neu gegründeten Phoenix Mecano South East Asia in Singapur (1995).

TJ Ou, Geschäftsführer Phoenix Mecano South East Asia (1995).

Die Phoenix Mecano Comercial e Técnica in São Paulo 2000. V. l. n. r.: Deodoro Weber, damals noch Sales Manager, Joachim Metzger, Hugo Deschoolmeester (Geschäftsführer), Henrique Alabarce (Sales Agent) mit Sohn João Henrique Alabarce (heute ebenfalls Sales Agent).

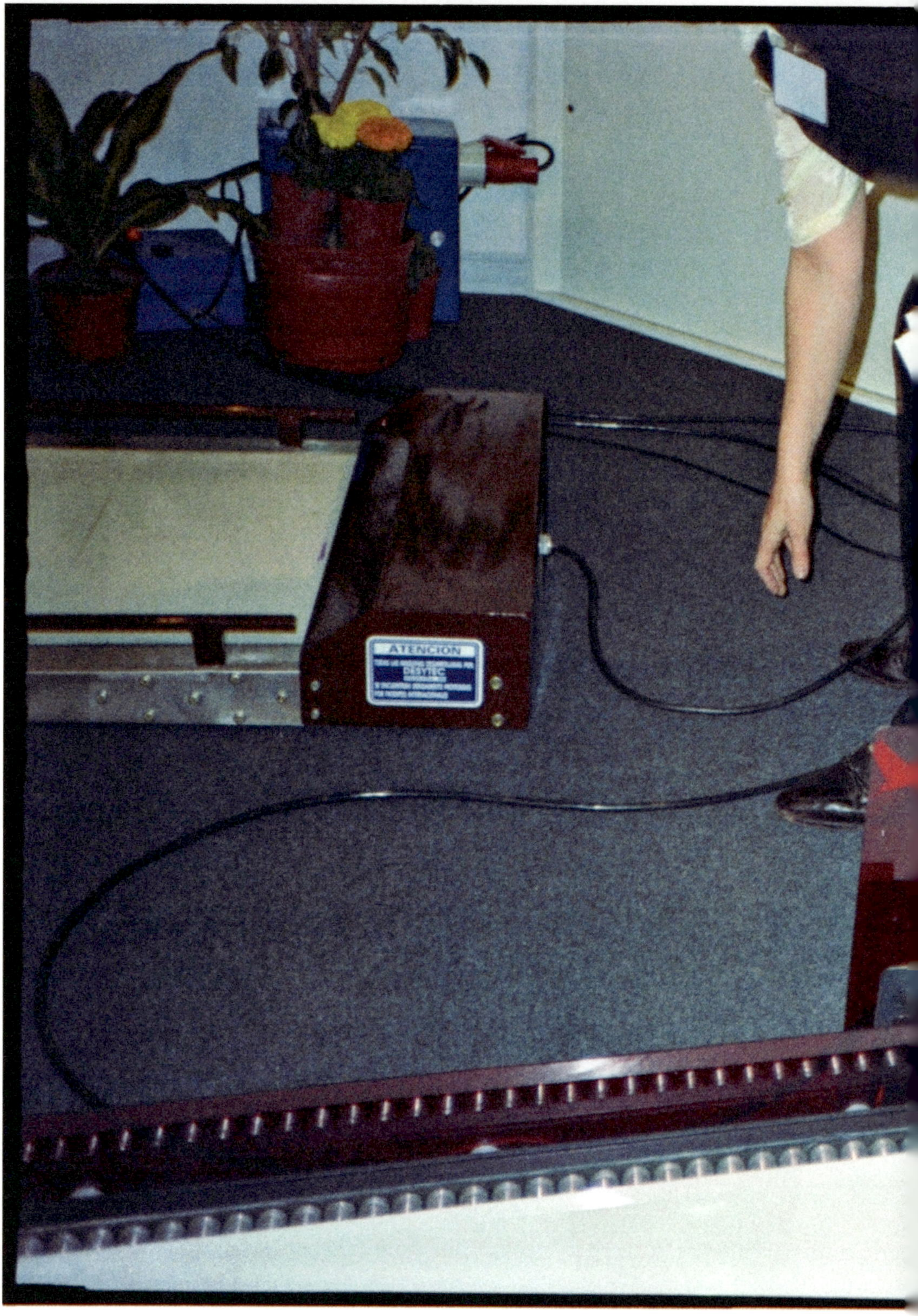

Aufbau des Messestands von Phoenix Mecano in Manaus, Brasilien (1997).

Hugo Deschoolmeester (links) am Messestand in Manaus.

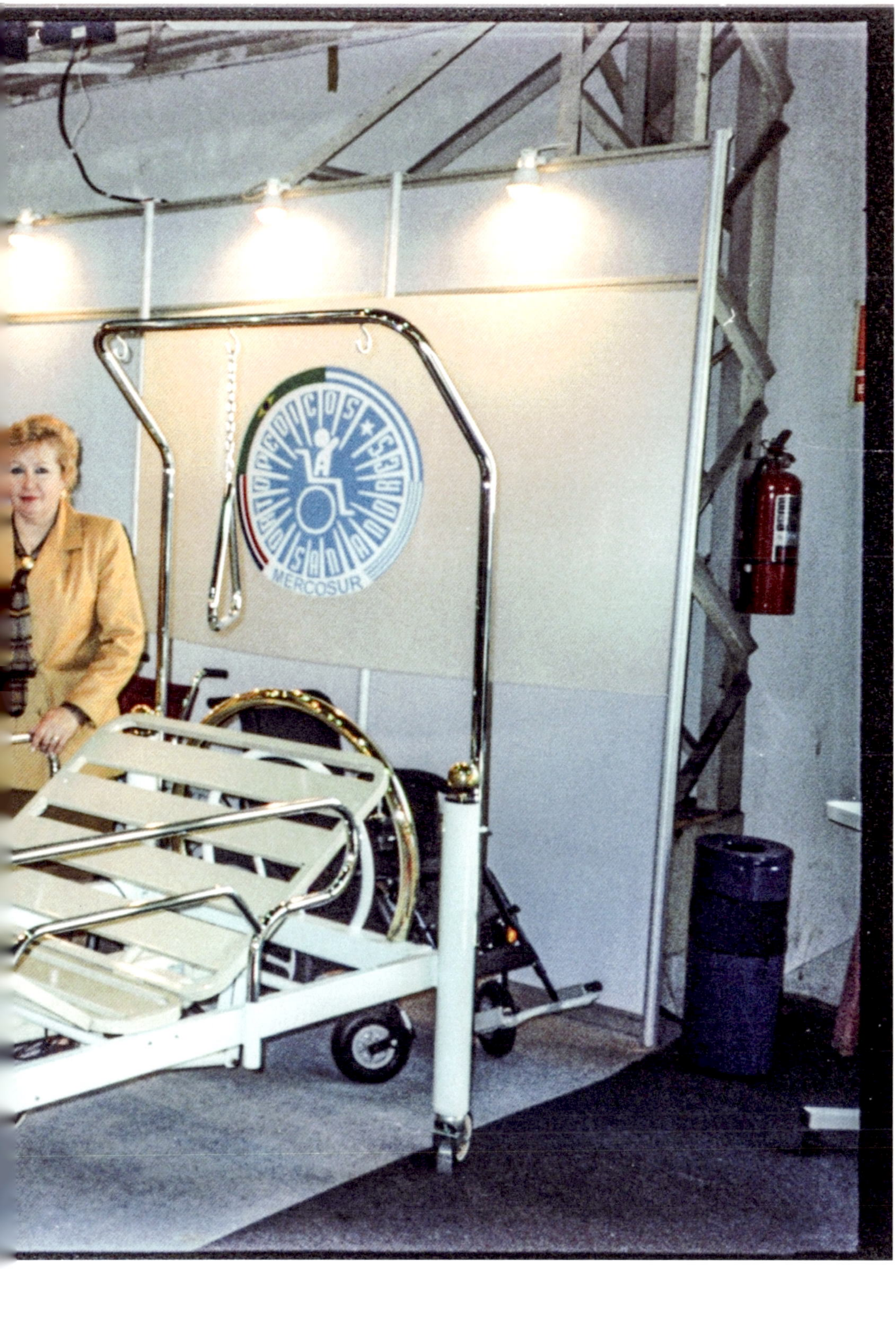
MERCOSUR

Tages-Anzeiger · Donnerstag, 26. November 1998 WIR

«Wir lassen uns

Die Kleinfirma Phoenix Mecano zählt seit Jahren zu den Börsenlieblingen. Worin liegt das Erfolgsrezept?

Von **Martin Spieler**

Phoenix Mecano gehört nicht der glamourösen High-Tech- oder der Computerbranche an, auch nicht den lukrativen Pharma- oder Finanzsektoren. Vielmehr stellt das Unternehmen technisch nichtanspruchsvolle Industriekomponenten her, etwa Gehäuse, Schalter oder Antriebe. Dennoch wachsen Umsatz und Gewinn der Firma seit Jahren zweistellig, und ihre Aktien schneiden an der Schweizer Börse im Zehnjahresvergleich gleich hinter Roche am besten ab.

Kontakt zur Basis nicht verlieren

«Obwohl sich der Umsatz in den letzten zehn Jahren verdreifachte, der Gewinn vervierfachte und die Mitarbeiterzahl auf über 3000 stieg, haben wir die Mentalität eines Mittelständlers behalten», sagt Hermann C. Goldkamp, Gründer und Verwaltungsratspräsident von Phoenix Mecano. «Der Chef eines Kleinunternehmen behält die Übersicht über die Kosten und kennt den grössten Teil seiner Mitarbeiterinnen und Mitarbeiter.» Um den Kontakt zur Basis nicht zu verlieren, ist Goldkamp während vier Tagen in der Woche unterwegs in den Produktionsbetrieben in Stein am Rhein, Deutschland, Ungarn und Tunesien. «Der Chef muss präsent sein», ist er überzeugt. Nur so könne er die Leistung der Angestellten beurteilen.

Ausschnitte aus dem Tages-Anzeiger, 26. November 1998.

nichts diktieren»

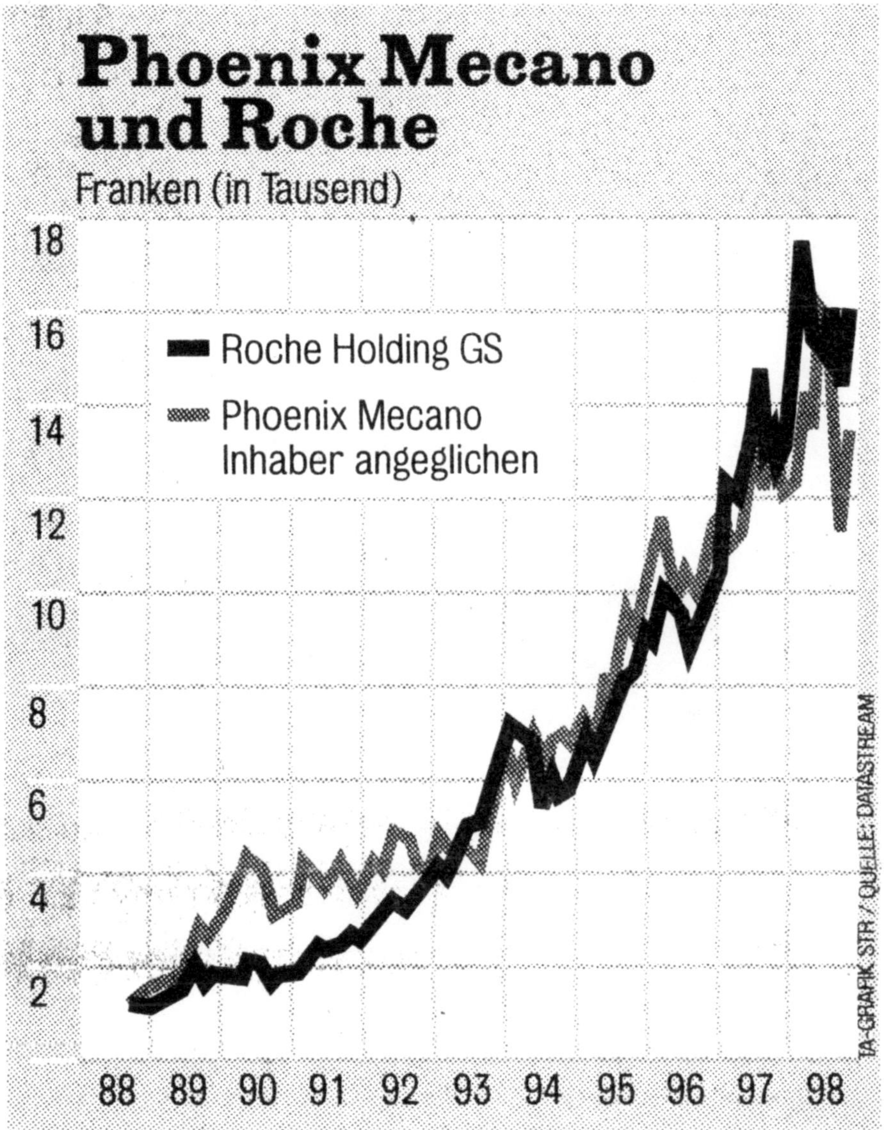

3.

Die nächste Generation 2000–2012

Benedikt Goldkamp und Dr. Hermann Christian Goldkamp nach ihrer ersten gemeinsamen Generalversammlung in Stein am Rhein (2000).

Von Vater zu Sohn

> Die Projekte des Eindringens in neue, wachstumsstarke Märkte wurden von Benedikt Goldkamp vorgetragen, dem Sohn des Firmengründers Hermann Goldkamp, der seinen Rückzug ins Präsidium bekannt gab. Peter Rüd und Benedikt Goldkamp sollen in den Verwaltungsrat gewählt werden; Rüd soll zum operativen Chef des Unternehmens ernannt werden. Benedikt Goldkamp hat Führungserfahrungen in Ungarn und Deutschland gesammelt und wird in der Unternehmensführung, die neu aus sieben Leuten besteht, für Organisation und Informationstechnologie zuständig sein (...). Dieser extern sichtbaren organischen Ablösung wird eine familieninterne folgen müssen: die Übertragung des dominierenden Minderheitspaketes von 30 Prozent. (Neue Zürcher Zeitung, 16. Mai 2000)

ULRICH HOCKER Dr. Goldkamp hat früh signalisiert, dass er bei der Phoenix Mecano nicht ewig die Zügel in der Hand halten will. 1991 hat er das operative Tagesgeschäft Herrn Rüd übergeben, 2000 den Posten als Delegierter abgegeben und sich 2003 ganz aus dem Verwaltungsrat zurückgezogen.

RENÉ SCHÄFFELER Dr. Goldkamp war brutal konsequent. Als Finanzchef stand ich über Jahre mehrmals pro Woche mit ihm in Kontakt. Und dann – von einem Tag auf den anderen – war er weg.

GISELA GOLDKAMP Mein Mann hat das durchgezogen. Aber leicht fiel es ihm nicht. Es gab Momente, da hatte ich das Gefühl, dass er auf den Anruf seines Sohnes wartet.

BENEDIKT GOLDKAMP Mein Vater hat immer wieder angedeutet, dass die Türen bei Phoenix Mecano für mich offen stehen. Doch ich wollte erstmal meinen eigenen Weg gehen. Als Unternehmensberater hatte ich irgendwann das Gefühl, die Dinge nicht zu Ende zu bringen. Man sät den Samen und geht wieder – ob er aufgeht oder nicht. Da sah ich schon den Unterschied zum richtigen Unternehmertum, wie mein Vater es lebte.

GISELA GOLDKAMP Mein Mann und ich haben Beni nie unter Druck gesetzt. Es war sein Leben. Aber er studierte Wirtschaft, arbeitete als Berater – er hat freiwillig die Voraussetzungen dafür geschaffen, um irgendwann bei Phoenix Mecano einzusteigen. Und bei allen Unterschieden hatten Christian und Beni auch Gemeinsamkeiten, politisch, unternehmerisch sowie charakterlich: eine angeborene Neugier und eine schnelle Auffassungsgabe, wobei Beni kompetitiver war – zumindest im Sport. Auf jeden Fall entschied sich Beni dann gerade rechtzeitig, bei Phoenix Mecano anzuheuern. Christian war 65, als Beni Ende 1998 seinen ersten Posten übernahm, und das freute Christian, auch wenn er es nicht zeigte. Wäre Beni nicht eingestiegen, hätte mein Mann die Firma wohl verkauft.

RENÉ SCHÄFFELER Die wenigsten bei Phoenix Mecano kannten Benedikt Goldkamp. Ich erinnere mich auf jeden Fall nicht, Beni irgendwann einmal gesehen zu haben – zumindest nicht bis zu jenem Tag Ende 1998, als er zu mir nach Stein am Rhein kam. Das war wohl die Idee seines Vaters gewesen: Bevor sein Sohn seine erste Stelle bei Phoenix Mecano antreten würde, sollte er sich eine Übersicht über die Gruppe verschaffen. Und dafür war das Rechnungswesen eine gute Adresse, weil bei mir alle Fäden zusammenliefen.

GISELA GOLDKAMP Ich sah Benis Einstieg mit gemischten Gefühlen. Viele denken, als «fils à papa» setze man sich in ein gemachtes Nest. Aber ich finde, das gemachte Nest ist genau das Problem. Es ist doch einfacher, selbst etwas zu gründen und sich sein Nest nach den eigenen Vorstellungen zu bauen, als sich in ein gemachtes Nest zu setzen. Vor allem, wenn dieses Nest ein börsenkotiertes Grossunternehmen ist. Mein Mann hatte viel zu gewinnen, Beni hingegen viel zu verlieren.

JOACHIM METZGER Vater und Sohn Goldkamp waren zwei völlig unterschiedliche Typen. Dr. Goldkamp strahlte stille Autorität aus. Benedikt hingegen war erst 30 Jahre alt und, na ja ... Er hatte anfangs wohl das Gefühl, er müsse es jetzt allen beweisen. Er trat sehr selbstbewusst und manch einem wohl zu selbstbewusst auf. Zudem hatte er einen anderen intellektuellen Hintergrund als die Männer der alten Garde. Benedikt Goldkamp hatte an den besten Universitäten studiert, einen Master of Business Administration der Duke University und stiess als vormaliger McKinsey-Berater zu Phoenix Mecano. Das merkte man an seinem Auftreten, in der Sprache. Ein bisschen erinnerte er mich an meine eigenen Anfänge bei der Phoenix Jahre zuvor. Ich war auch jung, hatte promoviert, war Berater gewesen und galt als «Studierter». Damals war der Akademisierungsgrad in der Phoenix sehr niedrig. Einige Geschäftsführer hatten nicht einmal einen Fachhochschulabschluss. Das änderte sich dann mit dem Generationenwechsel unter Benedikt Goldkamp.

RENÉ SCHÄFFELER Ich freute mich, mit Beni endlich einen gleichaltrigen Kollegen im Kader zu haben. Er war wie ich ein Zahlenmensch, verstand schnell und bildete sich eigenständig eine Meinung. Er suchte aber auch den Austausch und war generell viel kommunikativer als sein Vater und Herr Rüd. Die Ungeduld hingegen hatte er wohl von seinem Vater geerbt.

JOACHIM METZGER Als Benedikt Goldkamp um die Jahrtausendwende bei Phoenix Mecano Verantwortung übernahm, standen überall noch Faxgeräte rum. Gleichzeitig kam das Internet auf. Alle hatten Mobiltelefone, bald würden Smartphones die Welt erobern. Und unaufhaltsam verlagerte sich die Produktion Richtung Osten, vor allem nach China. Die Wirtschaft stand vor einer Zeitenwende, und ich bezweifle, dass die alte Garde auf die beschleunigten Entwicklungen durch die Globalisierung und Digitalisierung rechtzeitig hätte reagieren können. Dafür brauchte es ein höheres Abstraktionsniveau. Und deshalb sage ich: Das junge Alter und die internationale akademische Topausbildung von Benedikt Goldkamp waren entscheidend für die erfolgreiche Weiterentwicklung der Phoenix Mecano.

TJ OU Das Management der neuen Generation war mutig und bereit, in neue Produkte, neue Märkte, neue Anlagen, Übernahmen, Veräusserungen und die Erkundung neuer Grenzen zu investieren – mit entsprechenden Risiken. Dennoch blieb die Phoenix Mecano ein Familienunternehmen, das langfristige Ziele verfolgte, bei dem Wachstum und Konsolidierung im Gleichgewicht waren und die Leistung von Mitarbeitenden belohnt wurde.

RENÉ SCHÄFFELER Nach dem einmonatigen Onboarding bei mir wurde Beni als Technischer Direktor in unser Werk in Kecskemét nach Ungarn geschickt. Dort war ich ebenfalls regelmässig beschäftigt – wegen dieser Zollgeschichte und des verworrenen Rechnungswesens. Also sind Beni und ich öfter zu zweit zwischen Zürich und Budapest hin- und hergeflogen. Allerdings hatte ich mittlerweile einen Vielfliegerbonus bei der Malév, musste beim Check-in also nicht mehr anstehen und kam immer auf den letzten Drücker. Beni hatte diesen Bonus noch nicht. Und als wir einmal gemeinsam von Budapest zurückfliegen wollten, da habe ich dank Vielfliegerbonus gerade noch die Maschine erwischt, und Beni hat sie verpasst. Bye, bye, Beni!

BENEDIKT GOLDKAMP Zuerst war ich viel in Ungarn, da hatte ich mit Peter Rüd wenig zu tun. Aber ich hatte grossen Respekt vor ihm. Mein Vater und er waren «das» Erfolgsduo der Schweizer KMU-Szene der 1990er-Jahre gewesen. Mit einer klaren Rollenverteilung: Mein Vater war der Denker, der auch Vorträge hielt oder in Wirtschaftszeitungen wie der Neuen Zürcher Zeitung publizierte. Und im Hintergrund sorgte Peter Rüd dafür, dass das immer komplexere Firmengeflecht von Phoenix Mecano unter Kontrolle blieb. Er war ein hervorragender Controller und messerscharfer Analytiker.

RENÉ SCHÄFFELER 2000 wurden Beni und ich zeitgleich ins Direktorium der Phoenix Mecano berufen – wir waren mit Abstand die Jüngsten. Im Juli 2001 übernahm Beni interimistisch die Leitung der PTR Messtechnik, bei der die gesamte Führungsriege abgesprungen war. Gleichzeitig wurde er zum zweiten Delegierten des Verwaltungsrats gewählt, neben Herrn Rüd. Ich hatte also plötzlich zwei Chefs, was schwierig war. Die Vorstellungen beider gingen öfter mal auseinander, wodurch sich für mich Zielkonflikte ergaben. Wem sollte ich nun folgen?

BENEDIKT GOLDKAMP Mir war klar, dass die Firmengruppe einen Generationenwechsel brauchte, personell, aber auch ideell. Es gab zum Beispiel unterschiedliche Vorstellungen, wie man den unternehmerischen Erfolg sowie die Leistung der Geschäftsführer bewerten sollte. Herr Rüd konzentrierte sich auf die EBITDA, also die «Earnings before Interest, Taxes, Depreciation, and Amortization». Mich hingegen interessierte die Kapitalrendite; ich verfolgte also das ROCE-Modell mit dem «Return on Capital Employed». Das war die transparentere Bewertungsmethode, weil sich damit die Bilanzen kaum schönfärben liessen – zum Beispiel durch Lagerbestände oder fehlende Abschreibungen. Auch der Umsatz interessierte mich nicht per se, sondern nur die Rentabilität, also der «Economic Value Added». Das klingt jetzt etwas theoretisch, war aber ein entscheidender Unterschied. Und mit aufgeblähten Bilanzen und fehlenden Abschreibungen sollten wir es in den Folgejahren noch zu tun kriegen.

JOACHIM METZGER Einige haben das forsche Auftreten von Benedikt Goldkamp als Arroganz empfunden. Aber das stimmte nicht. Es war eine etwas ungestüme Jugendlichkeit, vor allem aber auch Offenheit. Er mochte Konfrontation und hat dadurch die Diskussionskultur in der Gruppe massiv belebt.

BENEDIKT GOLDKAMP Der Generationenwechsel war abgesprochen, wobei der Führungswechsel in der operativen Leitung erst 2003 erfolgen sollte. Doch 2001 überschlugen sich die Ereignisse. Erst rannte uns bei PTR das gesamte Management weg, sodass ich dort interimistisch einspringen und ausbaden musste, was das frühere Management verbockt hatte. Gleichzeitig flog uns bei einer Tochtergesellschaft in Ostdeutschland ein Veruntreuungsfall um die Ohren. Da hatte Herr Rüd viel zu lange zugeschaut und anderthalb Augen zugedrückt.

RALF BOKÄMPER Der millionenschwere Betrug bei Phoenix Mecano Electronic im thüringischen Buttlar war ein riesiges Problem für die Gruppe und insbesondere für Dewert, wo ich zu dieser Zeit Geschäftsführer war. Denn ohne die elektronischen Baugruppen von Phoenix Mecano Electronic konnten wir damals keinen einzigen Antrieb bauen. Das hätte Dewert in eine echte Krise stürzen können. Deshalb hatte Benedikt Goldkamp mich «auserkoren», dort interimistisch als Geschäftsführer einzuspringen. So durfte ich noch viele Jahre nach der Wende Zeuge des berüchtigten ostdeutschen Klüngels werden.

BENEDIKT GOLDKAMP Zum Glück konnte Ralf Bokämper das geradebiegen und die Liefersicherheit wiederherstellen. Trotzdem musste das Konsequenzen haben.

RENÉ SCHÄFFELER Wir trafen uns zur Verwaltungsratssitzung in Küsnacht. Ich bemerkte, dass Herr Rüd noch fehlte. Nebenbei sortierte ich meine Bilanzen und Listen, die ich als CFO gleich präsentieren würde. Als Dr. Goldkamp als Verwaltungsratspräsident die Sitzung eröffnete, war Herr Rüd immer noch nicht da. Als allererstes Traktandum informierte uns Dr. Goldkamp, dass Peter Rüd als Delegierter und Verwaltungsrat kurzfristig ausgeschieden sei. Ich war geschockt. Peter Rüd war mein Ziehvater gewesen. Er hatte mich 1989 eingestellt, stetig gefördert, 1996 zum Chef des Rechnungswesens und 2000 zum CFO gemacht.

Bis 2002 dient die Villa an der Seestrasse 35 in Küsnacht als Sitz der Phoenix Mecano Management AG. Dann folgt der Umzug an die Lindenstrasse in Kloten.

ULRICH HOCKER Dr. Goldkamp konnte rigoros sein. Für die Entlassung Peter Rüds musste ich um sieben Uhr morgens in Küsnacht auf der Matte stehen. Als Herr Rüd ins Büro kam, sprachen wir zehn Minuten miteinander, kommunizierten die Abfindung – und das war's. Noch am selben Tag wurden die Schlösser ausgetauscht.

RENÉ SCHÄFFELER Dr. Goldkamp und Benedikt Goldkamp wussten natürlich von meinem engen Verhältnis zu Peter Rüd.

Nach der Sitzung suchten sie das Gespräch. Sie zeigten Verständnis für meine Enttäuschung, signalisierten aber auch, dass sie mich gerne weiterhin an Bord hätten. Und Sie drängten mich zu einer raschen Entscheidung. Ich sagte, dass ich in der Firma sei, in der ich immer sein wollte, verwurzelt in meiner Heimat und doch international im Denken. Ich bin bis heute froh, dass ich geblieben bin.

GABRIELE WILLHARMS Plötzlich war Benedikt Goldkamp mein Chef. Wir mussten uns erst einmal aneinander gewöhnen. Benedikt Goldkamp hatte ein sehr gesundes Selbstbewusstsein, was unter all den alten «Fürsten» in seinem Reich auch notwendig war. Aber man kann es auch übertreiben. Einmal kam er zu mir ins Büro und warf einen Blick in mein Bücherregal. Dort standen Sachbücher über Marketing, Investor Relations, Aktienrecht etc. Nach einem Moment sagte er: «Wieso brauchen Sie all die Bücher, Sie können doch mich fragen!»

ULRICH HOCKER 2003 beschloss Dr. Goldkamp, ganz aus der Phoenix Mecano auszuscheiden, auch aus dem Verwaltungsrat, den er seit der Gründung 1975 ununterbrochen präsidiert hatte. Als Nachfolger wurde ich auserkoren. Ich sollte wohl als Symbol für die Kontinuität in Zeiten des Wandels stehen. Denn mit Ausnahme von mir wechselte Benedikt Goldkamp den gesamten Verwaltungsrat aus: Die altgedienten Herren Cueni, Anderegg, Hueskes und Weber wurden durch Dr. Florian Ernst, Dr. Martin Furrer und Beat Siegrist ersetzt, wobei zwei von ihnen wie Benedikt Goldkamp eine Vergangenheit bei McKinsey hatten. Auch operativ holte er einen ehemaligen McKinsey-Mann an seine Seite: Dr. Werner Karlen berichtete ab 2002 als COO direkt an Benedikt Goldkamp.

Generationenwechsel bei Phoenix Mecano

Konjunktureller Wachstumsschub im laufenden Jahr

Der Komponentenhersteller Phoenix Mecano hat 1999 bei geringem Wachstum seine Ertragskraft weiter verstärkt. Im laufenden Jahr ist ein eigentlicher Wachstumsschub zu erwarten, der von der Konjunktur und dem Lagerzyklus, einer strategischen Akquisition und vom Vordringen in neue, wachstumsstarke Geschäftsfelder getragen wird.

Ri. In industriellen Gefilden schlagen die Winde oft rasch um. Die Flaute zu Jahresbeginn 1999 wurde von der Führung der Phoenix Mecano genutzt, Kostensenkungsprogramme, Verlagerungen und personelle Rochaden einzuleiten. Und auf dem Höhepunkt der internen Anspannung wechselten die Winde: Die konjunkturelle Belebung in Westeuropa im zweiten Halbjahr wurde ungemein verstärkt durch einen für die Belebungsphase im Komponentengeschäft charakteristischen Lageraufbau. Die Gruppe der *Phoenix Mecano AG*, Stein am Rhein, weiss sich gegenwärtig kaum zu wehren.

Segment-Informationen
(Geldwerte in Mio. Fr.)

	1996	*1997*	*1998*	*1999*
Umsatz				
Gehäusetechnik	153	163	170	165
Elektrotechn. Komponenten	50	57	74	75
Mechanische Komponenten	126	140	172	183
Betriebsergebnis				
Gehäusetechnik	27,0	28,1	26,6	29,7
Elektrotechn. Komponenten	5,4	5,8	10,4	8,6
Mechanische Komponenten	17,9	20,0	21,8	24,0
Total	49,5	54,1	58,0	61,9
Umsatzrentabilität (in %)				
Gehäusetechnik	17,6	17,2	15,6	18,0
Elektrotechn. Komponenten	10,7	10,2	14,0	11,5
Mechanische Komponenten	14,2	14,3	12,7	13,1
Total	14,5	14,4	13,5	14,1

Ausschnitte aus der Neuen Zürcher Zeitung, 16. Mai 2000.

Geschäftsführertagung 2000 mit zwei neuen Gesichtern: Benedikt Goldkamp und René Schäffeler. V. l. n. r.: Joachim Metzger, Dieter Schaadt, Peter Rüd, Benedikt Goldkamp, Karl Kilian, Kurt Schunke, Richard Ramsey, Marco Foglia, René Schäffeler, Dr. Hermann Christian Goldkamp, Gottfried Weber.

Benedikt Goldkamp (2000).

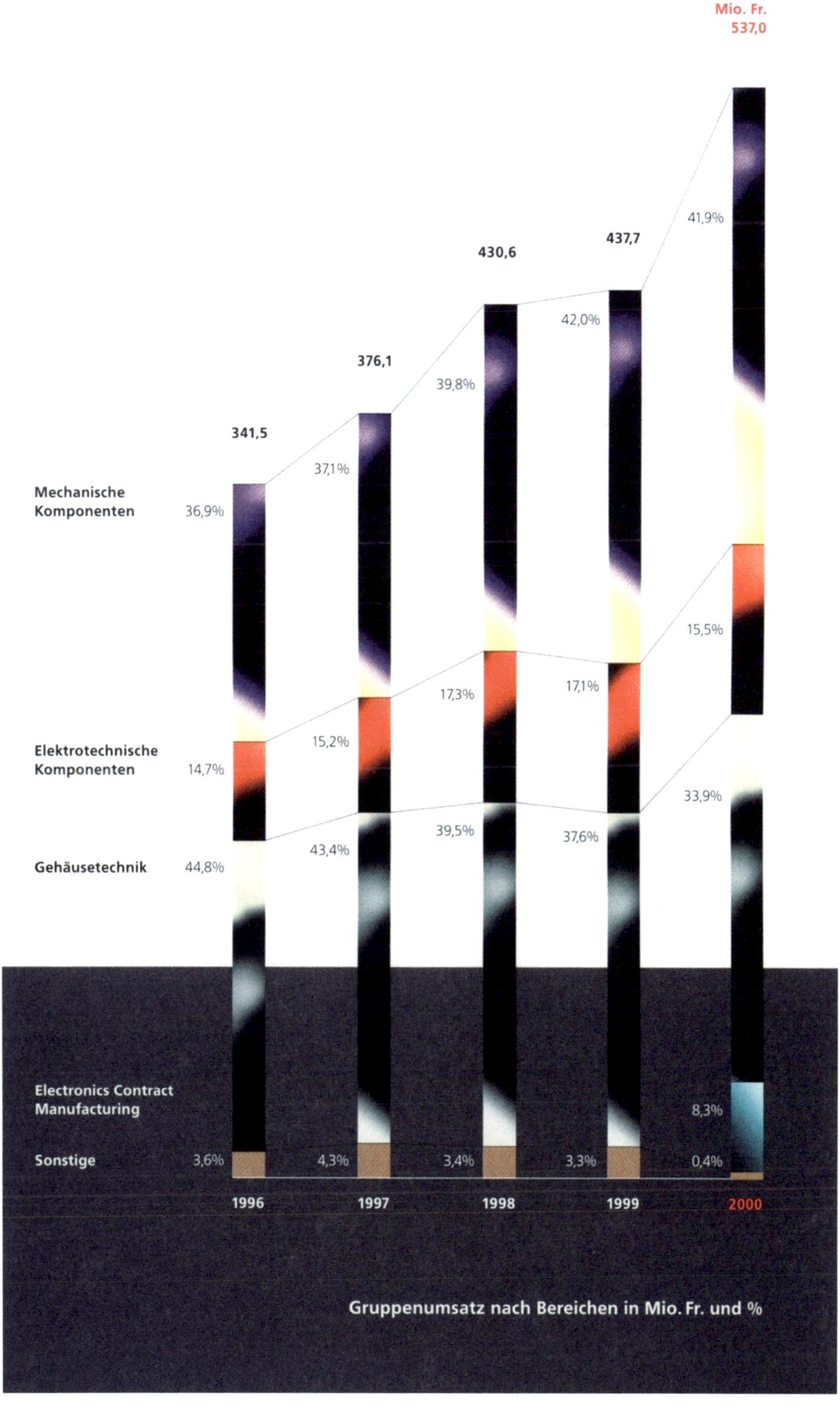

Umsatzübersicht aus dem Geschäftsbericht 2000.

Die vier Sparten von Phoenix Mecano 2001 (v. l. n. r.):
die neue, auf die Telekommunikationsindustrie
ausgerichtete Sparte Electronics Contract Manufacturing,
Elektrotechnische Komponenten, Gehäusetechnik
und Mechanische Komponenten.

Höhenflug mit Bruchlandung

BENEDIKT GOLDKAMP Das neue Jahrtausend begann grossartig. Die Konjunktur lief so gut, dass wir in unseren Werken in Ungarn und Tunesien die Kapazitäten ausbauen mussten – auf 1'500 Mitarbeitende insgesamt. Zudem herrschte ein Technologiehype. Internet und Digitalisierung galten als «die» Zukunftstechnologien. Alle wollten am Wachstum dieses neuen Industriezweigs teilhaben und investierten in sogenannte Dotcom-Unternehmen. Der Hype wurde sogar staatlich befeuert. Nach der Privatisierung war die Deutsche Telekom Ende 1996 an die Frankfurter Börse gegangen. Die «Volksaktie» kostete anfangs keine 15 Euro. Viele Private und Kleinsparer, die keine Ahnung von Dotcom und Aktien hatten, schlugen zu. Im März 2000 stand die Aktie dann bei 105 Euro. Das wäre ein schöner Gewinn gewesen.

RENÉ SCHÄFFELER Auch bei Phoenix Mecano machten wir uns Gedanken, wie man an diesem Wachstumsmarkt partizipieren könnte. Unser Spartenleiter für Gehäuse, Herr Schaadt, sah Potenzial in der «Behausung» dieser Informationstechnologien. Denn all die Systemanbieter wie Siemens oder Alcatel brauchten für ihre Fernmeldeanlagen und Mobilfunkstationen Rackmodule, UMTS-Schränke, Einbauteile. Allerdings fehlte uns der Zugang zu diesem Markt. So brachte Herr Schaadt die italienische Firma OMP ins Spiel. Die produzierte solche Schränke, die speziellen Anforderungen genügen mussten – zum Beispiel bezüglich Belüftung oder Abschirmung elektromagnetischer Störfelder. Und wenn jetzt noch die Stärken von Phoenix Mecano dazukämen wie Kostenmanagement, Serienproduktion, das Werk in Ungarn ... Es brauchte nicht viel Fantasie, um eine Übernahme der OMP-Gruppe als Chance zu sehen.

Phoenix Mecano expandiert. Der Komponenten-Hersteller hat die norditalienische OMP-Gruppe zu 100 % übernommen. Mit diesem bereits früher in Grundzügen angekündigten Kauf dringt Phoenix Mecano in den Bereich kundenspezifischer Gehäuse für Mobilfunkinfrastruktur-Anbieter (mit Kunden wie Nortel, Cisco, Siemens, Alcatel und Marconi) vor. Mit rund 200 Mitarbeitern erarbeitete das Unternehmen 1999 einen Umsatz von rund 50 Millionen Fr. Über den Kaufpreis wurde Stillschwei-

gen vereinbart, doch liege er deutlich unter einem Jahresumsatz. Der neue Bereich dürfte nach Einschätzung von Phoenix Mecano Umsatz- und Gewinnsteigerungen von jährlich 30 % zulassen und damit schneller wachsen als die angestammten Aktivitäten. (Neue Zürcher Zeitung, 28. Juni 2000)

BENEDIKT GOLDKAMP OMP war die zweitgrösste Akquisition in der Geschichte der Phoenix Mecano. Sie hat uns 40 Millionen Franken plus noch einmal 15 Millionen für eine neue Produktionshalle in Ungarn gekostet. Mit OMP schufen wir nach den Gehäusen, den Elektrotechnischen und Mechanischen Komponenten unseren vierten Geschäftsbereich: Electronics Contract Manufacturing (ECM). Kurz nach der Übernahme schoss der Kurs der Phoenix-Mecano-Aktie auf ein Allzeithoch von über 1'330 Franken. Es herrschte Goldgräberstimmung. Wir waren sicher: Das ist unser Ticket in die Zukunft.

RENÉ SCHÄFFELER Wir haben mit der Phoenix Mecano eine eigenständige und innovative Finanzierungspolitik verfolgt. Ziel war, unsere Unabhängigkeit gegenüber den Banken zu bewahren. Meistens konnten wir Akquisitionen aus dem Cashflow finanzieren. Doch der Preis für OMP überschritt das Machbare – wie 1992 der Kauf von Dewert. Also platzierten wir eine fünfjährige Anleihe über 100 Millionen Franken, die wir mit 4 Prozent verzinsten. Die Anleihe war schnell ausverkauft.

BENEDIKT GOLDKAMP Wir investierten in neue Maschinen und eine neue Produktionshalle in Kecskemét und bauten auch im OMP-Stammhaus in Italien eine neue Produktionshalle und ein neues Verwaltungsgebäude. Doch schon beim Spatenstich war die Euphorie verflogen.

2001 platziert die Phoenix Mecano eine öffentliche Firmenanleihe über 100 Millionen Franken.

RENÉ SCHÄFFELER Kurz nach der Übernahme stellte sich heraus, dass die Lagerbestände der OMP überbewertet waren. Ich hätte wachsamer sein müssen – allein schon wegen meiner mageren Italienischkenntnisse. Ausserdem kannte ich das ERP nicht. Dies führte zu einer Bilanzberichtigung, was ein unschöner «Tolggen» im Reinheft eines Finanzchefs war und ist.

BENEDIKT GOLDKAMP Die Überbewertung der OMP war eine Randnotiz im Vergleich zum Platzen der Dotcom-Blase. Noch vor kurzem war die Nachfrage nach unseren Produkten so gross, dass wir auf Basis von Absichtserklärungen und mündlichen Zusagen unsere Kapazitäten massiv ausbauten

– vor allem in Ungarn. Wir waren zu beschäftigt, das Wachstum zu bewältigen, als dass wir das aufkommende Unwetter registriert hätten. Und dann stürzten die überbewerteten Technologietitel in den Keller. Infineon, Deutsche Telekom, Alcatel – alle unsere Endkunden kamen unter die Räder. Und wir als Zulieferer mit ihnen. Unsere Lager waren voll, unsere Fabriken aufgebaut – nur die Aufträge fehlten.

RENÉ SCHÄFFELER Das Platzen der Dotcom-Blase war auch ein Stück weit Staatsversagen. In der grössten Euphorie, im Sommer 2000, hatte der deutsche Staat für unglaubliche 100 Milliarden Deutsche Mark seine UMTS-Lizenzen an Mobilfunkunternehmen verkauft. UMTS stand für «Universal Mobile Telecommunications System», doch der deutsche Finanzminister Hans Eichel übersetzte UMTS spasseshalber mit «unerwartete Mehreinnahmen zur Tilgung von Staatsschulden». Verheerend war, dass die Lizenznehmer die hohen Kosten an die Kunden weitergaben. UMTS war also teuer und verbreitete sich deshalb nur schleppend.

Von den Analysten zunächst euphorisch gefeiert, ist OMP nach dem Ende der Telecomhausse zum Sorgenkind geworden. Die Auftragsbücher sind leer. (Cash, 16. November 2001)

BENEDIKT GOLDKAMP Wir mussten den Rotstift ansetzen. Allein im zweiten Halbjahr 2001 haben wir weltweit fast 500 Stellen gestrichen.

CHRISTOPH PORDE Die Halle für OMP stand – und neben mir Herr Goldkamp, der zu Besuch in Kecskemét war. 10’000 Quadratmeter ... «Was machen wir denn jetzt mit der Halle?», fragte er.

RENÉ SCHÄFFELER 2002 haben wir das erste Mal in der Geschichte der Phoenix Mecano Verluste geschrieben. Drei Jahre später haben wir OMP liquidiert und 25 Millionen Euro abgeschrieben.

Es war schwierig, weil die Situation schwierig war. Die Zeit war hart und anstrengend. Ich habe oft schlecht geschlafen, aber es war gleichzeitig eine gute Erfahrung, die mir hoffentlich während der nächsten 30 Jahre meines Berufslebens zugutekommen wird. (Benedikt Goldkamp, Interview Tages-Anzeiger, 12. August 2003)

Wie der Phoenix zum Aschenputtel wurde

Benedikt Goldkamp übernimmt einen schwierigen Job.

Der Gewinn bricht um 46 Prozent ein, die Aktie verliert in zwölf Monaten drei Viertel des Werts: Phoenix Mecano liegt in der Asche. Nun hat ein neuer Mann das Zepter übernommen.

RETO GERBER

«Der Konzern steckt in der grössten Krise seiner Geschichte», konstatiert Benedikt Goldkamp, neuer Chef von Phoenix Mecano. Der Sohn des Firmengründers Christian Goldkamp ist seit Ende Oktober im Amt. Sein Vorgänger Peter E. Rüd musste gehen, weil die Neunmonatszahlen lausig sind. Der Umsatz ging im Vergleich zum Vorjahr um sechs Prozent zurück, der Reingewinn sank gar um 46 Prozent.

Goldkamp junior muss handeln. Alle vier Geschäftsbereiche setzen derzeit weniger um als im Jahr 2000.

STURZ VOM GIPFEL

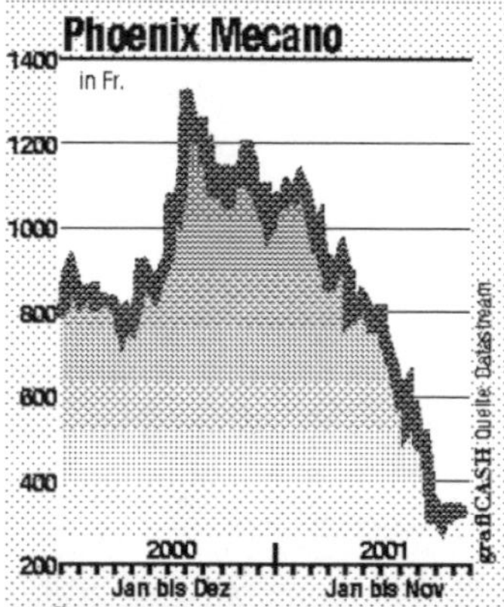

PHÖNIX IN DER ASCHE: In zwölf Monaten ist Phoenix Mecano um rund 1000 Franken gefallen.

Ausschnitte aus dem Magazin Cash, 16. November 2001.

Nasslackieranlage der Officina Meccanica di Precisione (OMP) in Proserpio bei Como, Italien (2002).

10

Drehcodierschalter von Hartmann Codier.

Die nächste Generation

MAXIMILIAN KLEINLE Als ich mich im Herbst 2003 bei der Phoenix Mecano vorgestellt habe, war ich erstaunt, wie jung die Truppe war. Benedikt Goldkamp, Dr. Karlen, René Schäffeler – die waren alle um die 35 Jahre alt. Und ich hatte gedacht, dass ich mit meinen 42 Jahren ein junger Manager sei.

BENEDIKT GOLDKAMP Unter allen Bewerbern stach Maximilian Kleinle heraus. Er strahlte viel Energie und Selbstbewusstsein aus. Und das war für mich entscheidend, denn seine Aufgabe würde keine leichte sein. Seit drei Jahren schrieben wir im Bereich Elektrotechnische Komponenten rote Zahlen. Und die Preise standen aufgrund der Konkurrenz aus China weiter unter Druck.

MAXIMILIAN KLEINLE Benedikt Goldkamp hat das, glaube ich, gefallen, wie ich aufgetreten bin. Ich habe einfach all die Uhrentechnologien auf dem Tisch ausgebreitet, die ich als Geschäftsführer der Uhrentechnik Schwarzwald entwickelt und verkauft hatte. Und dann habe ich die Geschichten dazu erzählt. Ich war Elektroingenieur, aber im Herz Verkäufer. Und das fand Herr Goldkamp gut. Ob mein Auftritt auch Dr. Karlen gefiel, weiss ich nicht. Der hat keine Regung gezeigt.

BENEDIKT GOLDKAMP Zum Bereich Elektrotechnische Komponenten gehörten damals drei Firmen: PTR Messtechnik in Werne, Hartmann Codier in Baiersdorf und Götz-Udo Hartmann in Grävenwiesbach. Diese hatten wiederum ausgelagerte Produktionsstätten in Tunesien, Ostdeutschland oder China. Um aus der Verlustzone herauszukommen und konkurrenzfähig zu bleiben, mussten wir dringend unsere Kräfte bündeln, Synergien nutzen, den Einkauf poolen, die Produktion in Tunesien und China vorantreiben. Und das hiess: Die einzelnen Geschäftsführer mussten zusammenarbeiten. Und dann gehen Sie mal zu einem Herrn Kilian und erklären ihm das. Das war Herr Kleinles Aufgabe.

MAXIMILIAN KLEINLE Da brach eine neue Ära an, das Gefühl hatte ich. Die alten Fürsten waren noch da, aber jetzt rückten die jungen nach. Es würde neue Regeln geben, und das würde nicht jedem passen.

BENEDIKT GOLDKAMP Hartmann Codier war die einzige Firma aus der Sparte Elektrotechnische Komponenten, die schwarze Zahlen schrieb. Das war halt Kilian, der hatte seinen

Laden im Griff. Der grösste Handlungsbedarf lag bei PTR in Werne. Da habe ich Herrn Kleinle als Erstes hingeschickt.

MAXIMILIAN KLEINLE Nach der Anstellung fragte ich, wo ich denn eigentlich mein Büro einrichten solle. Grosses Achselzucken. Irgendwann hiess es, bei Kundisch sei noch was frei, das sei ja in der Nähe von Stuttgart, meiner Heimat. Na gut, war auch egal, denn in dem Büro war ich im Verlauf meiner 20-jährigen beruflichen Laufbahn bei Phoenix Mecano ungefähr drei Stunden.

Als Erstes reiste ich mit Dr. Karlen nach Werne zu PTR; dabei haben wir uns prima ergänzt. Er hat einfach alles erledigt, was mir keinen Spass gemacht hat: Papierzeugs, Regelwerke, Details und so weiter. Dr. Karlen wollte Kontrolle, ich Action. Das passte perfekt.

Schon im Auto rief Dr. Karlen den Geschäftsführer von PTR an, und der schrie direkt: «Wenn der Kleinle kommt, dann gehe ich!» Der fand das doof, dass ich ihm da als Spartenleiter vor die Nase gesetzt worden war. Dr. Karlen hat mich dann in einem Hotel in Werne abgesetzt und gesagt: «Warten Sie erstmal hier! Ich rufe Sie an, wenn Sie kommen können.» Nach zwei Stunden durfte ich mit dem Taxi nachkommen.

Der Geschäftsführer hat uns durchs Werk geführt. Im Vorbeilaufen sah ich einen Raum, in dem sich brandneue Computermonitore stapelten. «Verkaufen Sie hier auch Bildschirme?», fragte ich ihn. Der Geschäftsführer fand das gar nicht lustig. Der fuhr BMW 7er-Klasse, machte sich ein schönes Leben und schrieb nebenbei rote Zahlen.

PTR hatte einen Grossauftrag von Bosch mit einer Losgrösse von jährlich 100’000 Federkontakten am Start. Dafür hatten sie eine eigene Produktion aufgebaut, aber die hatte noch massig Kapazitäten. Also fragte ich den Geschäftsführer, ob Bosch nicht mehr Federkontakte benötigte, schliesslich sei das Elektronische Stabilitätsprogramm (ESP), für das es die Federkontakte brauchte, ja weiterhin am Wachsen. Doch der Geschäftsführer winkte ab. Noch ein grösseres Auftragsvolumen erhöhe nur die Abhängigkeit von der Autoindustrie: Klumpenrisiko! Was war das denn für eine Haltung?

Der Geschäftsführer hat dann gekündigt, und ich musste einspringen – für zwei Jahre, bis ich Peter Scherer einstellte. Und ich verhandelte mit Bosch, bis die einwilligten, eine Million Federkontakte bei uns zu bestellen – pro Jahr! Vier Jahre lang! Unterschrieben! Ich rief direkt Herrn Goldkamp an, und der hätte mich fast durchs Telefon geküsst. Als

Nächstes meldete ich mich bei Dr. Karlen. Der sagte nur: «Okay, schicken Sie mir den Vertrag, und lassen Sie mich das Haar in der Suppe suchen.»

PETER SCHERER 2005 habe ich von Max Kleinle die Geschäftsführung von PTR übernommen. Das Geschäft mit den Federkontakten lief sehr gut. Auf dem Höhepunkt haben wir Bosch mit 44 Millionen Federkontakten beliefert.

MAXIMILIAN KLEINLE Natürlich habe ich als Spartenleiter Elektrotechnische Komponenten auch Herrn Kilian in Baiersdorf besucht. Es war klar, dass es Synergiepotenzial zwischen PTR und Hartmann Codier gab – im Einkauf wie im Plastikspritzguss. Doch der Kilian hat mich wie einen Feind empfangen. Der hatte seinen Leuten vorher auf Zettel geschrieben, was sie mir sagen durften und was nicht. Alte Schule.

BENEDIKT GOLDKAMP Karl Kilian hatte hervorragende Qualitäten. Der kannte in seinem Betrieb jede Schraube und jede Lebensgeschichte. Er war am Morgen der Erste im Betrieb und am Abend der Letzte. Die Schattenseite dieser starken Identifikation war, dass er nur seinen Betrieb sah. Der liess sich nichts sagen. Das war kein Problem, solange niemand bei ihm «reinregieren» wollte. Das bekam auch Herr Kleinle zu spüren. Bei all seinen Verdiensten waren wir alle auch froh, als Herr Kilian 2004 in den verdienten Ruhestand ging.

MAXIMILIAN KLEINLE Am Anfang haben sie mich bei PTR gehasst. Das war schon bei meinem vorherigen Arbeitgeber, der Uhrentechnik Schwarzwald, so gewesen: am Anfang gehasst, zum Schluss gefeiert. Vor allem die Betriebsrätin von PTR hatte mich auf dem Kieker. Schliesslich musste ich ein paar Mitarbeiter entlassen. Das ging bei den roten Zahlen nicht anders. Doch natürlich ist es in Deutschland nicht ganz einfach, betriebsbedingt zu kündigen. Da muss man Sozialpläne ausarbeiten und sich mit den Arbeitnehmervertretern zusammensetzen. Und dafür hatte ich keine Zeit. Das ist mir dann um die Ohren geflogen. Irgendwann rief mich Herr Goldkamp an: «Wir müssen mal reden!» Er hatte von der Betriebsrätin einen 20-seitigen Beschwerdebericht erhalten. Also redete ich erst mit Herrn Goldkamp und dann mit der Betriebsrätin, gemeinsam haben wir eine Lösung gefunden.

* * *

PHILIP BROWN 2005 kam Benedikt nach England, um mit mir gemeinsam einen Grosskunden zu besuchen. Anschliessend sassen wir noch zusammen. Benedikt hatte drei kleine Kinder, ich hatte drei kleine Kinder, er golfte, ich golfte – irgendwann wechselte er ins Geschäftliche, erzählte von den Problemen in den USA. Ob ich da nicht mal nach dem Rechten schauen könne.

BENEDIKT GOLDKAMP Die USA kamen nicht vom Fleck. Ich hatte vor ein paar Jahren unserem Geschäftsführer Richard Ramsey gegenüber den Stammhäusern den Rücken gestärkt. Doch er hatte es verpasst, ein Netzwerk an Distributoren und ein professionelles Marketing aufzubauen. Trotzdem war am Hauptsitz in Frederick ein Apparat mit über 200 Mitarbeitenden entstanden, der meistens rote Zahlen schrieb. Jetzt wollte ich einen Neuanfang. Philip Brown schien mir ein geeigneter Nachfolger, denn er war ein guter Kommunikator und kein Selbstdarsteller wie Ramsey. Allerdings wohnte er mit seiner Familie in England.

PHILIP BROWN Wir lebten in einem Dörfchen namens Shrivenham in einem Tal, das genauso idyllisch war, wie es hiess: «The Vale of White Horse». Meine Kinder waren vier, fünf und sechs Jahre alt. Der Kindergarten, die Schule, unsere Freunde – alles war in unserem Dorf. Es war offensichtlich, dass ich meiner Familie mit einem Umzug nach Amerika keinen Gefallen täte. Ich redete mit meiner Frau. Sie sagte: «Wenn Benedikt dich bittet und dir vertraut und du ihm, dann gehen wir.» Und genau darauf lief es hinaus: auf Vertrauen.

Im September 2005 übernahm ich die Geschäftsführung der Phoenix Mecano Inc. Meine Familie blieb noch in England, damit sich die Kinder auf den Abschied vorbereiten und ihr Schuljahr beenden konnten. Im Juni 2006 zog sie dann nach. Die Eingewöhnung war nicht einfach.

«Meine» neue Firma, die Phoenix Mecano Inc., brauchte tatsächlich eine Frischzellenkur. Wer den Wandel nicht mittragen wollte, musste gehen. Der Laden war eh zu gross. Seit 2007 arbeiteten wir profitabel.

Produktion Phoenix Mecano Inc. in Frederick, Maryland, USA.

Schnittstellenblöcke mit vergoldeten Kontakten von PTR Messtechnik (2008).

1997 übernimmt Phoenix Mecano die Firma Götz-Udo Hartmann im hessischen Grävenwiesbach. Die Firma ist spezialisiert auf Induktivitäten wie Drosseln und Filter, die grösstenteils von der tunesischen Tochtergesellschaft namens Hartu produziert werden.

Offshoring

Tunesien

MARCO FOGLIA Als Direktionsmitglied trug ich die Gesamtverantwortung für die Produktionsstandorte der Gruppe. Durch die Übernahme von Götz-Udo Hartmann 1997 fiel auch deren Fabrik im tunesischen Ben Arous an Phoenix Mecano. In Tunesien waren die Löhne noch niedriger als in Ungarn, und die logistische Anbindung über das Mittelmeer war gut. In 36 Stunden war die Ware in Deutschland. Als sich Anfang der 2000er-Jahre der Preiskampf im Bereich Elektrotechnische Komponenten verschärfte, erhielt ich den Auftrag, die Möglichkeiten einer Ausweitung der Produktion in Tunesien zu prüfen. 2002 flog ich runter, um mit Hilfe eines tunesischen Anwalts mögliche Standorte zu prüfen. Die Verhandlungen liefen schleppend. Immer musste man Tee und noch mehr Tee trinken. Ausserdem war ich das Feilschen nicht gewohnt. Und wenn sich ein Deal anbahnte und ich im Grundbuchamt Akteneinsicht forderte, stellte sich heraus, dass das Grundstück gar nicht dem Verkäufer allein gehörte. Schlussendlich haben wir einem deutschen Textilunternehmer 15 Kilometer von Ben Arous entfernt in Bordj Cedria eine Fabrikhalle abgekauft. Dort produzierten wir Klemmen für PTR und Leiterplatinen für eine Tochtergesellschaft in Ostdeutschland.

MAXIMILIAN KLEINLE Als ich 2003 bei Phoenix Mecano Spartenleiter Elektrotechnische Komponenten wurde, bekam ich es auch mit unserer Produktionsfirma in Tunesien zu tun. Die Hartu in Ben Arous produzierte vor allem Induktivitäten für Götz-Udo Hartmann. Dafür brauchte es viel Kupfer. Und weil Kupfer wertvoll war, wurde es immer wieder geklaut. Überhaupt hatte die Hartu ein Führungsproblem. Also habe ich einen neuen Geschäftsführer gesucht und in Deutschland gefunden: Dr. Hani Oweinah.

MARCO FOGLIA Dr. Oweinah war Palästinenser. Nach dem Sechstagekrieg war er 1967 nach Deutschland geflohen, hat später in Kaiserslautern Maschinenbau studiert und an der TU Darmstadt promoviert. Der war also fachlich gut ausgebildet und sprach zudem Deutsch und Arabisch. Da hatte der Herr Kleinle ein gutes Händchen. Auf jeden Fall hat Dr. Oweinah die Hartu auf Vordermann gebracht. Er hat die Fabrik geführt, als wäre es seine eigene. Der war immer präsent und hat seine Leute mit Güte und wenn nötig mit Strenge geführt. Wer faul war oder klaute, bekam seine Härte zu spüren. Er konnte laut werden – und wie! Da bin ich manchmal erschrocken, wenn ich zu Besuch war. Aber das gehörte zur Kultur da unten, die sprachen halt laut miteinander.

PETER SCHERER Als Geschäftsführer bei PTR musste ich die Kosten senken. Denn die billigen chinesischen Produkte drängten immer stärker auf den Markt. Da konnten wir kaum mithalten. Vor allem war unsere Produktion in Ostdeutschland, bei Phoenix Mecano Electronic, viel zu teuer. Daher war es naheliegend, die Klemmenproduktion von Ostdeutschland nach Tunesien zu verlagern.

MAXIMILIAN KLEINLE In Sünna habe ich fast 50 Leute auf die Strasse gestellt: Massenentlassung. Und vor dem Werk standen schon die Lastwagen, die die Maschinen Richtung Tunesien transportieren sollten. Das war eine konzertierte Aktion. Das Arbeitsamt war informiert, die Sozialpläne waren unterschrieben, nur die Arbeiter wussten von nichts. Wir hatten Geheimhaltung vereinbart, weil ansonsten mit Blockaden oder sogar Vandalismus zu rechnen gewesen wäre.

Es ist nicht so, dass mir das nichts ausgemacht hätte. Aber das Werk war nicht konkurrenzfähig. Es gab keine Perspektive. Ich meine, China war gerade erst am Kommen ... Und dann bin ich halt lieber für ein Ende mit Schrecken als ein Schrecken ohne Ende. Irgendwann kam sogar das Fernsehen vorbei, der MDR. Da habe ich dann den Hinterausgang genommen.

PETER SCHERER Dr. Oweinah, Herr Kleinle und ich planten ein neues Werk in Zaghouan südlich von Tunis, wo der Staat Firmen Steuererleichterungen anbot. Diese neue Fabrik sollte zwei Standorte ersetzen: Bordj Cedria und Sünna. Hani Oweinah wollte beide Standorte gleichzeitig verlagern. Zwei Wochen vor dem geplanten Umzug im Oktober 2006 flog ich deshalb runter, um mir ein Bild von der Lage zu machen. Was ich dort sah, war beunruhigend. Die neuen Arbeitskräfte waren noch nicht eingearbeitet, es gab Spannungsschwankungen im Stromnetz ... Das Risiko einer gleichzeitigen Verlagerung war mir zu gross. Also ordnete ich ein schrittweises Vorgehen an: erst Sünna und dann, wenn das neue Werk in Zaghouan liefe, Bordj Cedria. Es kam aber anders, denn unser Freund Hani Oweinah hat dann doch eigenmächtig seinen Plan einer gleichzeitigen Verlagerung umgesetzt und Bordj Cedria demontiert, während wir Sünna zugemacht haben. Und am Ende passierte genau das, was ich befürchtet

SCHLIESSUNG

Ohne jede Vorwarnung entlassen

Phoenix Mecano Electronic GmbH in Sünna legt Produktionsbereich still / 44 Mitarbeiter betroffen

VON KATJA SCHRAMM

Sandro K.* ist noch immer fassungslos. Wie immer trat er am Montagmorgen seine Arbeit an, um wenige Stunden später als entlassen nach Hause zu gehen. Er ist einer von 44 Mitarbeitern der Firma Phoenix Mecano Electronic GmbH in Sünna, die vor zwei Tagen völlig unvorbereitet ihre Kündigung mit sofortiger Freistellung erhalten haben.

Aus: Phoenix Mecano Electronic macht in Sünna dicht. FOTO: HEIKO MATZ

SÜNNA – „Es war totenstill", erzählt ein Beschäftiger, als die Geschäftsleitung über die sofortige Stilllegung des Betriebes informierte und die Kündigungen austeilte. Keiner habe vorher geahnt, dass so etwas passiert.

Zwischen der Früh- und Mittagsschicht seien die Mitarbeiter zu einer kurzen Betriebsversammlung zusammengerufen worden. „Der Rohstoffeinkauf wäre so teuer." Die Produktionsstätte für Steckverbinder und Anschlussklemmen nicht mehr rentabel.

„Dabei haben wir im letzten Halbjahr unzählige Überstunden geleistet", berichtet ein anderer Mitarbeiter weiter. Samstags, sonntags und an Feiertagen hätten sie gearbeitet. „Und jetzt das." Der Schock über die plötzliche Entlassung ist ihm anzusehen. „Was hier passiert ist, ist menschlich so kalt", sagt eine Mitarbeiterin. „Entsetzlich" nennt es eine andere.

Ratlosigkeit, Leere und Bitterkeit machen sich unter den Arbeitnehmern breit. Sie sind noch einmal in die Firma gekommen. Dass sie an dieser Situation nichts mehr ändern können, wird ihnen mehr und mehr bewusst.

44 Mitarbeiter: entlassen. Von heute auf morgen. Die meisten mit sofortiger Wirkung. Einige wenige kümmern sich in diesen Tagen um die Abwicklung im Produktionsbereich. Viele Maschinen sind bereits abgebaut und in Lkw verladen. Die Produktionsstätte in Sünna soll nach Tunesien verlegt werden, erzählen die Mitarbeiter.

Maximilian Kleinle, Geschäftsführer des Produktionsbereiches in Sünna, war gestern Morgen vor Ort aus „zeitlichen Gründen" zu keiner Stellungnahme gegenüber der *stz* bereit. Aber es werde eine Presseerklärung geben. Die dann auch am Mittag bei der Redaktion einging. Darin heißt es: „Unter dem Druck asiatischer Konkurrenten schließt die Phoenix Mecano Gruppe ihren Fertigungsbetrieb in Sünna." Der Produktionsbereich habe unter dem Wettbewerbsdruck fernöstlicher Hersteller und Verlusten in Millionenhöhe gezwungenermaßen mit dieser Maßnahme reagiert. „Die Unternehmensführung wird die Mitarbeiter zusammen mit den Behörden bei der Stellensuche unterstützen." Von der Schließung in Sünna nicht betroffen sei die Schwestergesellschaft Phoenix Mecano Digital Elektronik GmbH an den Standorten Buttlar und Wutha-Farnroda. „Nach jahrelangen Bemühungen sehen wir keine Zukunft am Standort Sünna", so der Bereichsleiter.

Im Jahre 2001 wurde der Produktbereich Steckverbinder und Anschlussklemmen in Sünna eröffnet. Wenn die Halle im Gewerbegebiet Sünna leer geräumt ist, wird von Phoenix Mecano nichts mehr zu sehen sein. Auch für Bürgermeister Roland Ernst kam die Nachricht wie „aus heiterem Himmel". Gestern morgen habe er zufällig von der Schließung erfahren. „Sehr schlimm daran finde ich, dass so viele Menschen von den Entlassungen betroffen sind." Menschen, die Familie haben. Das sei ein Schock.

13 der 44 Mitarbeiter sind über 50 Jahre alt. Auch Sandro K.* gehört dazu. Er kommt gerade vom Arbeitsamt. Wie es weitergehen wird, weiß er nicht. Die Hoffnung auf weitere Arbeit sei schwindend gering.

**Name von d. Redaktion geändert*

«Was hier passiert ist, ist menschlich so kalt.» (Südthüringer Zeitung, 26. Oktober 2006).

hatte: Die Phoenix Mecano Elcom in Zaghouan kam nicht auf Touren, nicht im November und auch nicht im Dezember. Und ich musste zuschauen, wie sich in Werne das Lager mit Anschlussklemmen leerte.

MAXIMILIAN KLEINLE Das war vielleicht ein schöner Fehlstart! Ich bin permanent nach Tunesien runtergeflogen, um das geradezubiegen. Sogar Weihnachten 2006 – zusammen mit meiner Tochter, mit der ich eigentlich einen Weihnachtsurlaub geplant hatte.

PETER SCHERER Am zweiten Weihnachtstag klingelte mein Telefon. Es war Max Kleinle: «Die Hütte brennt. Sie müssen sofort herkommen!» Die Begeisterung meiner Frau hielt sich in Grenzen. Am 27. Dezember flog ich dann runter. Oweinah, Kleinle und ich machten uns daran, eine Fehlerquelle nach der anderen zu suchen und auszulöschen. Waren die Automaten korrekt eingestellt? Stimmten die Dokumentationen? Wir mussten die Spannungsschwankungen durch Überspannschutz abschwächen, eine Lagerlogistik aufbauen und so einiges mehr. Silvester kam meine Frau nach, sodass wir mit Max Kleinle, dessen Tochter und den Oweinahs wenigstens gemeinsam in das neue Jahr hineinfeiern konnten.

MAXIMILIAN KLEINLE Wir haben auf einem selbst geschweissten Grill Lamm am Spiess gebraten. Es war herrlich! Und im neuen Jahr liefen dann auch die Maschinen an. Am Ende wurde alles gut.

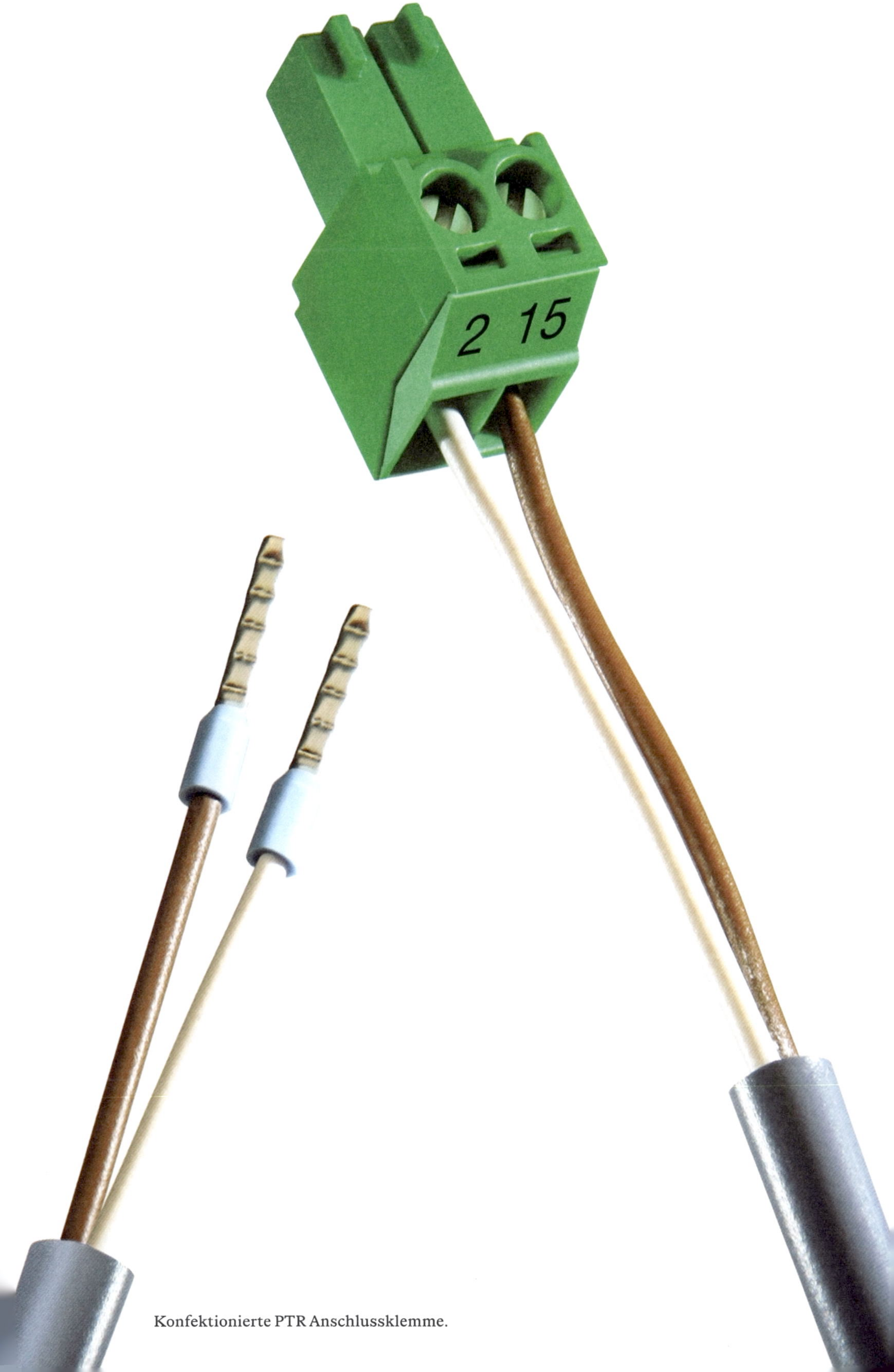

Konfektionierte PTR Anschlussklemme.

Maximilian Kleinle und Dr. Hani Oweinah
bei einem Ausflug in die tunesische Wüste (2005).

SAURABH SHUKLA 1999 hatte ich mein Maschinenbaustudium in Mumbai abgeschlossen. Meine Kommilitonen, meine Schwester, alle sind in die USA ausgewandert. Ich wollte in Indien bleiben. Ich war voller Energie, die ich vorerst noch ins Badmintonspielen steckte. Mein Vater fand jedoch, dass ich diese endlich beruflich nutzen sollte. Also sprach er mit einem Bekannten, Herrn Shrivastava, der Geschäftsführer einer Schweizer Vertriebsgesellschaft war. Da habe ich mich als Management Trainee beworben. Herr Shrivastava fragte mich, was ich denn könne. Ich antwortete, nicht viel, dass ich aber viel Energie hätte, die ich jetzt, da ich kein Badminton mehr spiele, unbedingt in meine Arbeit stecken müsse. Das gefiel ihm. Sein Motto war immer: «Hire will, not skill.» Daran habe ich mich später auch gehalten.

Die Phoenix Mecano India bestand 1999 aus zwölf Mitarbeitenden, und ich war mit 21 Jahren der jüngste. Wir verkauften vor allem Profile von Rose + Krieger an Kunden im Anlagen- und Maschinenbau. Indien stand damals erst an der Schwelle zur Globalisierung. Die einheimische Industrie hatte kaum Erfahrung mit ausländischen Zulieferern – und staunte nicht schlecht über die Preise. Ich wurde anfangs vor allem im Verkauf eingesetzt. Dort lernte ich, gut zuzuhören, die Bedürfnisse unserer Kunden zu verstehen, um am Ende hoffentlich eine Lösung mit Mehrwert zu bieten. Wir konnten bei unseren Preisen in Indien keine Produkte verkaufen, nur Lösungen. Meine Lernkurve war steil.

BENEDIKT GOLDKAMP 2002 bin ich das erste Mal nach Indien gereist. Herr Shrivastava war ein erfahrener Manager, kannte den Westen und hatte die Werte der Phoenix Mecano verinnerlicht: Qualität, Verlässlichkeit und Kundennähe. Das war auch Dr. Metzgers Verdienst. Und dann war da noch der äusserst talentierte Saurabh Shukla.

SAURABH SHUKLA Herr Shrivastava hat mich sehr gefördert, aber noch wichtiger war Dr. Metzger. Ohne ihn wäre meine persönliche Entwicklung und die von Phoenix Mecano India kaum möglich gewesen. Der erste wichtige Schritt bestand darin, dass wir die deutschen Produkte für den indischen Markt anpassten. Unsere Kunden waren mittelständische indische Unternehmen, die sich auf Anlagenbau spezialisiert hatten und die dafür Maschinengestelle und -rahmen brauchten. Ihnen konnten wir dank unseres Lagers und der Montagehalle

Segnung des Neubaus von Phoenix Mecano India in Pune durch einen Hindupriester (2004).

Sonderwünsche erfüllen. Wir punkteten mit Flexibilität und schnellen Lieferzeiten. Das war damals in Indien einzigartig.

2004 hatten wir 40 Angestellte und machten 2,5 Millionen Euro Umsatz. Das war 50-mal mehr als noch vor fünf Jahren, aber natürlich nichts im Verhältnis zum indischen Markt und dem Gesamtumsatz von Phoenix Mecano. Und genau das gab uns Benedikt Goldkamp zu verstehen. Er sah noch viel Luft nach oben – und ich auch. Das Wichtigste war aber: Benedikt Goldkamp vertraute uns. 2004 war eine schwierige Zeit für Phoenix Mecano, und trotzdem gab er grünes Licht für unseren Umzug nach Pune, um den nötigen Raum für Wachstum und eine moderne Lager- und Montagehalle zu schaffen.

BENEDIKT GOLDKAMP Saurabh Shukla, der Sales Manager von Herrn Shrivastava, hat viel in die Aus- und Weiterbildung des Personals investiert. Das war immens wichtig, weil das Ausbildungsniveau und die Kultur in Indien ganz anders waren als bei uns. Gleichzeitig hat er der Firma ihre indische Identität gelassen. Er hat nicht einfach «deutsche Tugenden» in Indien implementiert, sondern seinen eigenen Weg gefunden. Das Prinzip der «unscharfen Führung» sollte auch in den Schwellenländern gelten, auch wenn sich die Stammhäuser in Deutschland damit manchmal schwertaten.

ROLF EISSFELLER Gemeinsam mit meinem Kollegen Frank Dorpmueller, Head of Quality bei Rose, habe ich den Aufbau des Standorts in Indien von Anfang an begleitet – von kleinen Schleifarbeiten 1999 über die ersten Druckgussanlagen 2005 bis hin zum Aufbau eigener Fertigungslinien. Das war ein Prozess, bei dem beide Seiten – Rose und Phoenix Mecano India – viel hinzugelernt haben. Und es war eine Erfolgsgeschichte.

SAURABH SHUKLA Der Umzug nach Pune kam genau zum richtigen Zeitpunkt. In den nächsten Jahren wuchs die Wirtschaft in unserer Region jährlich im zweistelligen Prozentbereich.

2005 erhielten wir von Rose den Auftrag, in Indien einen Zulieferer für Aluminiumgehäuse ausfindig zu machen, der den hohen Anforderungen des Stammhauses genügte. Ein schwieriges Unterfangen, denn wir wussten ja, dass es einen ausgiebigen Lernprozess erforderte, um die Werte von Phoenix Mecano mit unserer Kultur und Denkweise in Einklang zu bringen. Irgendwann fragte ich mich, warum nicht Phoenix Mecano India den Aluminiumdruckguss übernehmen sollte. Immerhin wussten wir, wie das Stammhaus tickte.

Wegweiser in Indien.

Ende 2005 bekamen wir grünes Licht. Wir starteten mit zwei indischen Druckgiessmaschinen und drei Arbeitern pro Maschine. So entstanden die ersten Aluminiumgehäuse für Rose «Made in India» – ein Meilenstein in unserer Geschichte.

Dann, aus dem Nichts, starb Herr Shrivastava mit nur 67 Jahren. Ich war voller Trauer.

BENEDIKT GOLDKAMP Nach dem unerwarteten Tod Herrn Shrivastavas hatten wir in Indien grosse Ziele, aber keinen Kapitän. Zwar hatte Herr Shrivastava bereits damit begonnen, Saurabh Shukla als Nachfolger aufzubauen. Aber der war jetzt gerade mal 28 Jahre alt. Immerhin war Herr Shukla nicht ganz allein. Er hatte ein enges Verhältnis zu Herrn Metzger, der ihm bei Bedarf mit Rat und Tat zur Seite stünde. Und aus eigener Erfahrung wusste ich, dass jugendliche Energie – mit den richtigen Leitplanken – auch eine Stärke sein kann.

Randhir Shrivastava, Geschäftsführer Phoenix Mecano India (2005).

SAURABH SHUKLA Herr Shrivastava starb an einem Samstag. Drei Tage später war Dr. Metzger in Pune. Ich war erleichtert, dass er uns in dieser schweren Stunde beistand. Nach der Trauerfeier unterhielten wir uns über die Zukunft von Phoenix Mecano India. Dr. Metzger bot mir den Posten als Managing Director an. Das war die grösste Ehre, die ich bis dahin je erfahren hatte. In Wirklichkeit wurde ich dann eine Art Junior Managing Director. Denn in den ersten Monaten kam Dr. Metzger monatlich nach Pune. Er war wie eine Vaterfigur für mich. In den kommenden zwei Jahren würde ich viele wichtige Entscheidungen gemeinsam mit Dr. Metzger treffen – nicht, weil er das gefordert hätte, sondern weil ich es wollte. Er hat mir noch nie im Leben einen Befehl erteilt. Dr. Metzger führte, indem er zuhörte und die richtigen Fragen stellte.

Saurabh Shukla, Verkaufsleiter Phoenix Mecano India (2005).

JOACHIM METZGER Saurabh Shukla hat die richtige Balance zwischen dem Lernen von Europa und dem Vertrauen in die eigenen Stärken gefunden – er hat es nie genau so gemacht, wie die Stammhäuser es wollten. Stattdessen ist er immer seinen eigenen Weg gegangen, «The Indian Way», wie er es nannte. Das war es, was Phoenix Mecano erfolgreich gemacht hat: nicht blinde Gefolgschaft, sondern eigenverantwortliches Unternehmertum.

SAURABH SHUKLA Im Vertrieb profitierten wir vom starken Wirtschafswachstum in Indien. Doch in der Produktion fehlte uns das Know-how, um den Aluminiumdruckguss für die globale Produktion von Rose auszubauen. Deshalb waren Rolf Eissfeller und Frank Dorpmueller von Rose regelmässig zu Gast bei mir. Zum Glück! Wir haben viel von ihnen gelernt und an unsere Verhältnisse angepasst. Wir überarbeiteten Zeichnungen, kauften Maschinen und Werkzeuge aus Indien, passten die Auf- und Abwärmprozesse an und automatisierten generell viel weniger, als Rose es wollte. Denn in Indien waren Arbeitskräfte nur ein Zehntel so teuer wie in Deutschland. Da musste man anders rechnen. Natürlich haben wir auch Fehler gemacht – kleinere wie grössere. Aber Dr. Metzger hat immer gesagt, dass Fehler okay seien, solange man daraus lerne. Und wir haben schnell gelernt.

2008 hatten wir gerade in weitere Druckgiessmaschinen und eine Pulverbeschichtungsanlage investiert, als die Finanzkrise ausbrach. Der Umsatz von Rose brach um 50 Prozent ein. Wir hatten rund 600 Mitarbeiter, mussten eine Fabrik zeitweise schliessen, Kurzarbeit anordnen und Leute entlassen. Die Gewerkschaften drohten mit Streik. Und wieder kam Dr. Metzger und holte mit mir gemeinsam die Kastanien aus dem Feuer. Sein Kommentar: «Vernunft walten lassen, reden und überzeugen!» Und das habe ich getan. Ich einigte mich mit der Gewerkschaft auf Kompensationszahlungen und eine Lohnerhöhung. Wir erholten uns schnell. 2010 führten wir die erste Produktionslinie für das Formpressen von Plastikteilen ein.

Als ich 1999 bei Phoenix Mecano India anfing, machten wir 50'000 Dollar Umsatz. 2006, als ich Managing Director wurde, waren es 6 Millionen Dollar, und 2012 20 Millionen – davon die Hälfte als Zulieferer für Rose und die andere Hälfte als Vertrieb für Rose sowie Rose + Krieger.

Singapur

TJ OU Bei der Geschäftsführertagung 2000 in Budapest hatte ich ein Gespräch mit Benedikt Goldkamp. Herr Goldkamp wollte wissen, warum wir in Singapur mit Phoenix Mecano South East Asia das fünfte Jahr in Folge rote Zahlen schrieben. Ich erklärte ihm, dass wir in das zukünftige Wachstum investierten, zum Beispiel mit eigenen Produktions- und Montagebetrieben in Südchina, die zurzeit allerdings noch nicht ausgelastet seien. Hinzu kämen hohe Logistikkosten und natürlich die Asienkrise, die wir gerade erst verdaut hatten. Herr Goldkamp runzelte die Stirn. Als börsenkotiertes Unternehmen müssten wir nicht nur in Wachstum investieren, sondern auch die Rentabilität im Auge behalten, meinte er.

Ich fragte ihn, was er vorschlage. Seine Antwort: «Das müssen Sie selbst herausfinden!»

BENEDIKT GOLDKAMP Wir haben unseren Geschäftsführern Leitplanken gesetzt, aber das Geschäft mussten sie selbst führen. Das war das «Prinzip der unscharfen Führung» meines Vaters. In Deutschland war das einfach, weil sich dort die Geschäftsführer eh nicht gern dreinreden liessen. Aber in Fernost herrschte eine andere Mentalität vor. Da waren Hierarchien wichtiger. Ich habe TJ Ou gefragt, warum er so teure Montageautomaten in Japan gekauft habe, nur um die paar PTR-Klemmen zu produzieren. Seine Antwort: «Das wollte der Herr Rüd so.» Darauf habe ich ihm gesagt, dass «er» die Verantwortung für sein Geschäft trage, nicht Herr Rüd.

TJ OU Zurück in Singapur begann ich mit der Umstrukturierung der Phoenix Mecano South East Asia. Wir haben uns innert Kürze von einem Unternehmen, das sich von der Konzernleitung führen liess, in ein selbstständiges Unternehmen verwandelt. Ich stoppte die Montage in Südchina, schloss die Produktion in Singapur und das Verkaufsbüro in Japan. Die Gesamtbelegschaft wurde um die Hälfte reduziert, und ich kürzte mir selbst für zwei Jahre das Gehalt um 20 Prozent. Ich wollte ein Vorbild sein und vorangehen.

BENEDIKT GOLDKAMP TJ Ou hat sehr schnell verstanden. Innert eines Jahres hat er eine Firma, die ich fast schon abgeschrieben hatte, in ein blühendes Unternehmen verwandelt. Er hat seiner Marktkenntnis vertraut, ausgemistet und sich auf die die Ex-Gehäuse fokussiert. Plötzlich hatten wir eine zusätzliche Wachstumsperspektive in den 2000er-Jahren.

JOACHIM METZGER Herr Ou war der Erste in der Phoenix Mecano-Gruppe, der das Potenzial der explosionsgeschützten Rose-Ex-Gehäuse für die Ölindustrie ausschöpfte.

TJ OU Wir brauchten einen Fixpunkt. Also konzentrierten wir unsere Strategie auf die Rose-Ex-Produkte und die regionale Öl- und Gasindustrie. Damit hatten wir bereits 1998 den ersten Millionenauftrag für Formosa Petrochemical in Taiwan gewonnen. Schritt für Schritt bauten wir die Marke Phoenix Mecano und Rose in den Upstream- und Downstream-Märkten auf. Gemeinsam mit Heiko Felsmann von Rose besuchte ich viele Interessenten, vor allem Anlagenbauer wie Hyundai oder Samsung, die für die grossen Öl- oder Gasfirmen arbeiteten. Ein denkwürdiger Trip führte uns 2004 nach Busan und auf die Insel Geoje in Südkorea.

JOACHIM METZGER Wir hatten eine von Rose qualifizierte Produktionsstätte in Malaysia, Konstrukteure in Singapur, die kundenspezifische Anpassungen vornehmen konnten, und ein Vertriebsnetz mit Kontakten zu den OEMs der Öl- und Gasindustrie. Endlich hatte TJ Ou ein erfolgreiches Geschäftsmodell entwickelt: eine kostengünstige Fertigung, lokales Customizing und regionale Kunden.

TJ OU Ich kam gegen 15.30 Uhr am Flughafen Incheon westlich von Seoul an. Heiko Felsmann, der Vertriebsleiter von Rose, landete zwei Stunden später. Meine koreanischen Vertriebsmitarbeiter, DH Lee und IR Choi, holten uns ab. Als wir Busan erreichten, war es etwa 22 Uhr. Wir waren erschöpft und hungrig. In einem familiengeführten Restaurant wurde uns eine lokale Delikatesse serviert: lebendiger Oktopus. Choi stürzte sich auf das Gericht und schien es zu geniessen, während sich die Tentakel des Oktopus um seine Nase schlängelten. Heiko und ich sahen uns nur an. Der Appetit war uns vergangen. Nach dem Abendessen begann die Suche nach einem Hotel. Wir fanden schliesslich ein altes Gasthaus. Als Dusche fungierte ein Kaltwasserhahn mit Plastikeimer und Schöpfkelle. Da ich aus Südostasien komme, wusste ich, wie man das benutzt. Aber ich fragte mich, wie Heiko damit zurechtkommen würde.

Am nächsten Tag hatten wir vielversprechende Meetings bei Samsung Heavy Industries und Daewoo Shipbuilding & Marine Engineering. Danach machten wir uns abermals auf die Suche nach einem Hotel – dieses Mal auf der Insel Geoje. Dort gab es viel Industrie, aber wenig Gasthäuser. Wir landeten in einem «Love Hotel»: rosarote Laken, Betten in Herzform, Wände und Decke voller Spiegel. Wenigstens gab es eine richtige Dusche.

Explosionsgeschütztes Rose-Ex-Gehäuse (2009).

Solvent Treatment
ON
INTERLOCK
General Fault

Auszeichnung zur erfolgreichsten Verkaufsgesellschaft 2008.
V. l. n. r.: TJ Ou, Managing Director Phoenix Mecano South East Asia,
Oliver Kossmann, Marketingleiter Rose und Dieter Schaadt, Spartenleiter Gehäusetechnik.

Auszeichnung der Phoenix Mecano South East Asia zur besten Verkaufsorganisation von Rose (2005).

TJ OU 2005 wurden wir von Dieter Schaadt, dem Geschäftsführer von Rose, als beste Verkaufsgesellschaft ausgezeichnet. Einziger Wermutstropfen war ein Betrugsfall. DH Lee, mein Country Manager in Südkorea, war ein hervorragender Verkäufer. 2003 gewann er einen neuen Kunden, ein Handelsunternehmen namens Hankook Electronics. Die kauften vor allem Schalter von Hartmann Codier. Nach zwei Jahren machten wir 1 Million Dollar Umsatz mit Hankook, sodass Lee immer grössere Rabatte forderte. Das war normal. Aber ebenso normal war es, dass ich so einen Key Account jetzt endlich mal persönlich kennenlernen wollte. 2005 war ich ohnehin an einer Messe in Südkorea – doch DH Lee wich immer aus und vertröstete mich. Irgendwann wurde ich stutzig und stellte Nachforschungen über Hankook Electronics an. Und siehe da: Die Firma gehörte auf dem Papier Lees Mutter! Lee hatte quasi selbst eine Handelsgesellschaft gegründet, um als Zwischenhändler eine Zusatzprovision abzukassieren. Er ahnte wohl, dass ich Lunte gerochen hatte. Jedenfalls erfuhr ich von Dr. Metzger, dass Lee ohne mein Wissen nach Baiersdorf gereist war, um mit Siegfried Kübler, dem Geschäftsführer von Hartmann Codier, über eine Direktanstellung zu verhandeln. Ich war fassungslos. Vor allem, dass Herr Kübler dem zustimmte. Das Stammhaus missachtete die Abmachungen und zeigte weder Vertrauen noch Respekt vor mir!

Als ich die Beweise in der Hand hielt, sagte ich Dr. Karlen, dass es keine Rolle spiele, was Kübler vorhabe. Ich hatte Lee ohnehin freigestellt und beschlossen, rechtliche Schritte gegen ihn einzuleiten. Schliesslich wurde der Fall aussergerichtlich beigelegt, und Lee musste Phoenix Mecano South East Asia 100'000 Dollar als Entschädigung für den entgangenen Gewinn zahlen. Der Verkauf von Schaltern wurde ihm für einen Zeitraum von zwei Jahren untersagt.

China

KARL KILIAN Das war meine letzte grosse Dienstreise: das Einweihungsfest des Neubaus unserer Produktions- und Vertriebsgesellschaft in Shanghai. Es war ein schöner Schlusspunkt meiner Karriere, die ich als einfacher Feinmechaniker im fränkischen Baiersdorf begonnen hatte und nun als Direktor der Phoenix Mecano auf dem Podium einer neuen Fabrik in China beenden konnte.

KIN WAH PHOON Ich bin bescheiden aufgewachsen. Mein Vater war Schweisser, meine Mutter Schreinerin in Kuala Lumpur in Malaysia. Meine Eltern stammten ursprünglich aus China. Das Zimmer habe ich mir mit meinen drei Geschwistern geteilt. Wir mussten viel zu Hause mithelfen. Alle Kinder haben es später an die Uni geschafft. Ich habe in Kuala Lumpur Maschinenbau studiert und den MBA gemacht. 2001 zog ich für einen gut dotierten Job nach Hongkong. Dort erhielt ich 2004 einen Anruf von einem Headhunter.

BENEDIKT GOLDKAMP Prof. Zhou war unser Geschäftsführer der ersten Stunde in Shanghai. Kilian hatte ihn eingestellt und damit ein gutes Händchen bewiesen. Allerdings war Kilian nicht umsonst berüchtigt als knallharter Sparer, was sich auch beim Gehalt von Prof. Zhou gezeigt hat. In meiner Naivität fand ich: Der Prof. Zhou hat so viel geleistet und wenig verdient, dem schenken wir zu seiner Pensionierung einen Bonus von 250'000 Franken.

KIN WAH PHOON Nach dem Gespräch mit dem Headhunter erhielt ich im April 2004 eine Einladung nach Shanghai. In der Lobby des JC Mandarin Hotel empfingen mich Benedikt Goldkamp und Dr. Metzger. Das Gespräch dauerte rund eineinhalb Stunden. Das Wichtigste für mich war die Wachstumsperspektive. Mit 38 Mitarbeitenden war die Mecano Components eine für chinesische Verhältnisse sehr kleine Firma, die ich aber zum zentralen Hub in China weiterentwickeln sollte. Zu dieser Zeit waren Rose-Gehäuse mit Abstand das erfolgreichste Produkt von Mecano Components, während sich die elektrotechnischen Komponenten auf dem chinesischen Markt schwertaten.

Am 2. August 2004, an meinem 35. Geburtstag, hatte ich meinen ersten Arbeitstag. Sogar Dr. Metzger war anwesend. Mittags führte er mich ins Sitzungszimmer, in dem das ganze Team an einem gedeckten Tisch sass. Dr. Metzger hielt eine kleine Rede, danach feierten wir gemeinsam meinen Geburtstag mit einem Business Lunch vom Catering. Das war ein vielversprechender Start!

BENEDIKT GOLDKAMP Das Dumme war nur, dass Prof. Zhou unseren Abschiedsbonus von 250'000 Franken in seine eigene Firma investierte, mit der er uns Konkurrenz machen wollte. Er kannte alle Produkte, alle Kunden, alle Preise – und er war Chinese.

KIN WAH PHOON An meinem ersten Arbeitstag traf ich Prof. Zhou kurz im Büro und tauschte ein paar Höflichkei-

2004 übernimmt Kin Wah Phoon die Geschäftsführung der Mecano Components in Shanghai.

ten aus. Danach erfuhr ich, dass er still und heimlich seine eigene Firma aufgebaut hatte. Natürlich hatten wir Patente, aber die sind in China nicht gut geschützt. Prof. Zhou hatte einfach ein paar Spezifikationen geändert, und das reichte schon. Äusserlich sahen seine Produkte wie Kopien aus, was sie ja auch waren. Doch sie kosteten nur halb so viel wie unsere Gehäuse. Wir haben halt nach deutschen Qualitätsstandards produziert und konnten unseren Kunden eine klare Dokumentation bereitstellen und eine viel grössere Auswahl an Produkten und Ausführungen. All das hatte seinen Preis.

JOACHIM METZGER Der Preiskampf mit Prof. Zhous Firma frass Phoon auf. Er brauchte meine Unterstützung, vor allem moralisch.

KIN WAH PHOON Dr. Metzger hat mich in der Anfangszeit sehr unterstützt. Er ermutigte mich, nicht aufzugeben. «Nur Geduld», sagte er. Irgendwann werde sich die Qualität durchsetzen. Er war wie ein zweiter Vater für mich. Ich habe viel Zeit in die Kundenbeziehungen gesteckt. Denn in China kann man nur erfolgreich sein, wenn man ein Vertrauensverhältnis zu den Kunden aufbaut. Und das geht am besten, wenn man mit ihnen nach der Arbeit essen geht und sich unterhält wie unter Freunden. Wenn die Masken fallen, entsteht Vertrauen.

Ich erinnere mich noch genau, wie ich in meinem ersten Jahr bei Mecano Components im Winter nach Qiqihar in den Nordosten Chinas gereist bin. Dort befand sich ein ehemaliger Grosskunde, die Qiqihar Machine Tools, der zu diesem Zeitpunkt bereits in Kontakt mit Prof. Zhous neuer Firma stand. An diesem Wintertag fegte bei minus 30 Grad ein Schneesturm durch die Stadt. Ich traf den Einkäufer, wir redeten und gingen danach essen. Am nächsten Tag flog ich zurück nach Shanghai mit einem Auftrag über umgerechnet 3'500 Dollar. Das war nichts, aber es war ein Anfang. Ein paar Jahre später hat dieselbe Firma bei uns Rose-Gehäuse im Wert von 600'000 Dollar pro Jahr bestellt – weil sie einfach besser waren als Zhous Billiggehäuse.

Irgendwann hatte ich fast alle Kunden zurückgewonnen. Als ich anfing, machte die Mecano Components 2,2 Millionen Dollar Umsatz, 2009 waren es 18 Millionen Dollar. Die Hälfte entfiel auf Rose-Produkte, weitere rund 20 Prozent auf Hartmann Codier und PTR und schliesslich noch ein wenig auf Bopla und Dewert.

Eröffnung des Neubaus für Produktion und Vertrieb der Mecano Components in Shanghai (2004).
V. l. n. r.: Benedikt Goldkamp, Karl Kilian, Joachim Metzger, ein Vertreter der Stadt Nanxiang, Prof. Zhou.

Der 2004 erstellte Neubau der Mecano Components in Shanghai.

MECANO
A Phoenix Mecano Company
1001号
嘉前路
RK ROSE+KRIEGER
6-21-69176590

Verkaufsabteilung der Mecano Components in Shanghai.

2012

Aus zwei mach eins: Die DewertOkin-Story (Teil 1)

15. September 2008: Die US-amerikanische Investmentbank Lehman Brothers meldet Insolvenz an. Das Ereignis markiert den Höhepunkt der Finanz- oder Subprimekrise.

DR. JOSEF GROSS Wenn Lehman Brothers 2008 nicht untergegangen wäre, gäbe es DewertOkin heute nicht. Bis zu diesem Zeitpunkt waren Dewert und Okin erbitterte Konkurrenten gewesen, doch die Finanzkrise hat die Spielregeln komplett verändert.

Ich stiess Ende 2007 als Berater von Roland Berger zu Okin. Meine Aufgabe war es, die Firma für eine Refinanzierung fit zu machen, denn sie war zu diesem Zeitpunkt bei den Banken mit rund 70 Millionen Euro verschuldet. Das Businesskonzept an sich war gut, und elektrisch verstellbare Komfortmöbel und Komfortbetten waren ein Zukunftsmarkt, schliesslich wurden die Menschen immer älter. Nur war der Preiskampf mit Dewert ruinös – und es fehlte zudem an Eigenkapital.

2008 übernahm ich interimistisch die Geschäftsführung von Okin. Die Gespräche mit den Gläubigerbanken und neuen Finanzierungspartnern liefen wegen der schwelenden Finanzkrise zäh. Dennoch standen wir Anfang September 2008 vor dem Durchbruch: Die Altbanken akzeptierten einen Schuldenschnitt, die Verträge für die Neufinanzierung mit einer amerikanischen Bank lagen zur Unterschrift bereit. Doch dann brach uns der Bankrott von Lehman Brothers das Genick. Alle Partner sprangen ab. Am 21. Januar 2009 musste ich beim Amtsgericht Köln den Insolvenzantrag stellen.

RENÉ SCHÄFFELER Der Insolvenzverwalter war ein Fuchs: Hans-Gerd Jauch. Er hat später noch ganz grosse Unternehmen wie Arcandor, Primondo und Quelle abgewickelt. Bei einer Insolvenz drängt die Zeit; der Verkauf oder Teilverkauf der Firma ist vorteilhafter als der Konkurs. Nur verliert die insolvente Firma mit jedem Tag ohne neuen Besitzer weiter Geld und Wert. Der Insolvenzverwalter muss also abwägen: abwickeln oder einen Käufer suchen und weiter rote Zahlen schreiben.

DR. JOSEF GROSS Ich bin kein Verlierertyp. Ein sinkendes Schiff zu verlassen, widerspricht meinem Wesen. Deshalb hatte ich mich schon vor der Insolvenz auf die Suche nach einem «weissen Ritter» gemacht, der Okin übernehmen könnte. Es war naheliegend, als Erstes bei der Konkurrenz anzuklopfen: Phoenix Mecano stand mit ihrer Tochterfirma Dewert ganz oben auf meiner Liste.

RALF BOKÄMPER 2009 war ich seit elf Jahren Geschäftsführer bei Dewert. Wir hatten uns mit Okin einen harten Kampf geliefert – auf juristischer und auf kommerzieller Ebene. Jetzt war der Kampf entschieden. Und wir waren die Gewinner. Ich hätte Okin Konkurs gehen lassen und aus der Konkursmasse ein paar Schutzrechte auf Produkte gekauft. Wir waren ja mit Dewert gut unterwegs – nur in den USA und in Asien mussten wir aufholen, weshalb ich bereits mit dem taiwanesischen Antriebshersteller T-Motion eine Partnerschaft aufgegleist hatte. Die Firma befand sich noch im Aufbau, verfügte jedoch sowohl in China als auch in den USA über ein hervorragendes Kunden- und Lieferantennetzwerk. Das wäre für mich die ideale Ergänzung gewesen, aber Benedikt Goldkamp hatte andere Pläne.

RENÉ SCHÄFFELER Die Fusion von Dewert und Okin zu DewertOkin war Benis Baby. Er sah die Insolvenz von Okin als Chance und nicht als Sieg. Im Gegenteil, er erkannte die Stärken «beider» Firmen: Okin war führend für Antriebe im Komfortbereich und produzierte bereits in China; Dewert war hingegen herausragend im medizinischen Anwendungsbereich, vor allem in Europa. Doch Dewert und Okin – das waren zwei völlig unterschiedliche Kulturen. Um das zusammenzubringen, brauchte es nüchterne Strategen.

MAXIMILIAN KLEINLE Ich wusste nichts von Verhandlungen mit Okin und kannte mich in dieser Sparte auch gar nicht aus. Ich leitete immer noch den Bereich Elektrotechnische Komponenten für Phoenix Mecano, als mich Anfang 2009

Benedikt Goldkamp anrief und mir von der bevorstehenden Übernahme von Okin und einer möglichen späteren Fusion von Dewert und Okin erzählte. Ob ich das machen könnte. Ich fragte, warum er nicht Herrn Bokämper von Dewert nähme, der würde sich viel besser mit der Materie auskennen als ich. Er brauche, so breitete mir Herr Goldkamp aus, «neutrale» und unverbrauchte Leute – genau solche wie mich.

BENEDIKT GOLDKAMP Man sagt ja, dass die schwierigen Kinder von den Eltern am meisten geliebt werden. Dewert war so ein schwieriges Kind. Es hatte enormes Potenzial, musste aber ständig gegen Widrigkeiten kämpfen, war permanent in Streitigkeiten verstrickt – gab aber nie auf. Ralf Bokämper war der Kämpfer, den es dafür brauchte. Er machte Dewert schon Anfang der 2000er-Jahre wieder profitabel. Was ich mit dem alles erlebt habe! Einmal mussten wir nach Japan zu Verhandlungen mit dem Grosskunden FranceBed. Bei dessen Pflegebetten hatten sich plötzlich unsere Dewert-Doppelantriebe von allein in Gang gesetzt – furchtbar! Aber Bokämper hat das geradegebogen und wurde sogar zum persönlichen Freund der Besitzerfamilie.

RALF BOKÄMPER Die Führung von Okin bestand aus Berger-Beratern. Das war nicht meine Welt. Ich wollte keine fusionierte Firma mit denen führen. Und wie sollte ich das meiner Mannschaft erklären? Wir hatten so lange einen zermürbenden Kampf mit Okin geführt – und jetzt waren die insolvent, und wir sollten ein Unentschieden akzeptieren? Das passte mir nicht, und das habe ich Benedikt Goldkamp auch gesagt. Wenn ihr das so machen wollt, bin ich raus!

DR. JOSEF GROSS Ich traf Benedikt Goldkamp, um über eine Übernahme nach der Insolvenz zu verhandeln. Er machte mir klar, dass Phoenix Mecano einen «Merger» anstrebte, also die Gründung einer neuen Firma, die das Beste aus beiden Welten – Dewert und Okin – zusammenbringen sollte. 90 Prozent der Okin-Belegschaft sollten ihren Job behalten. Allerdings hatte Herr Goldkamp kein Interesse an der ganzen Okin, sondern er wollte einen «Asset Deal», also nur unseren Geschäftsbereich für Komfortmöbel und -betten kaufen. Denn im medizinischen Sektor hatte Dewert die Nase vorn. Nach 14 Tagen war das Geschäft besiegelt. Einen schnelleren «Asset Deal» hatte der Insolvenzverwalter noch nie erlebt.

Per 5. Februar 2009 erwarb die Phoenix Mecano-Gruppe im Rahmen eines «Asset Deal» die Bereiche Antriebslösung für Komfortmöbel und Büromöbel aus der insolventen OKIN Antriebstechnik GmbH, Deutschland (...). Die übernommenen Geschäftsbereiche erzielten 2008 einen konsolidierten Umsatz von rund 70 Millionen EUR. Die vorläufigen Anschaffungskosten der beiden Akquisitionen (...) belaufen sich auf 20,3 Millionen EUR. (Geschäftsbericht der Phoenix Mecano AG, 2008)

DR. JOSEF GROSS Ich war immer noch Angestellter von Roland Berger, als die Übernahme durch Phoenix Mecano besiegelt wurde. «Und, was machen Sie jetzt?», fragte mich Herr Goldkamp. Dann wurde er deutlicher: «Wollen Sie nicht mal was Langfristiges aufbauen?» Ich kannte Okin gut, und ich sah auch das Potenzial einer zukünftigen Firma DewertOkin. Herr Goldkamp fuhr fort: «Ich könnte für diesen ‹Merger› wieder eine Horde Berger- oder McKinsey-Berater an Bord holen – oder aber: Sie machen das zusammen mit Herrn Kleinle!»

BENEDIKT GOLDKAMP Ich wollte ein Gleichgewicht der Mächte. Was ich hingegen nicht wollte: diese Siegermentalität, die die Dewert-Führung ausstrahlte. Das entsprach auch nicht meiner Einschätzung. Okin war nicht die schlechtere Firma. Nur war sie stark durch Banken fremdfinanziert, was ihr in der Finanzkrise zum Verhängnis wurde. Da zeigte sich eben die Stärke von Phoenix Mecano: die weitgehende finanzielle Unabhängigkeit von Banken.

MAXIMILIAN KLEINLE Ich verstand, dass Ralf Bokämper da nicht mitmachen wollte. Dewert hatte sich durchgesetzt, und Okin schien jetzt fast die Spielregeln zu bestimmen. Das war eine verkehrte Welt, ein «Reverse Takeover».

BENEDIKT GOLDKAMP Ralf Bokämper war ein ausgezeichneter Geschäftsführer, der es verstand, eine Mannschaft zu formen und zu führen. Seine Akzeptanz bei den Mitarbeitenden war sehr hoch, weil er im Herzen ein Arbeiter war, gelernter Maschinenschlosser, danach Fachhochschule und Studium. Er war mit allen Wassern gewaschen, kannte die technischen Details und hatte ein untrügliches Bauchgefühl dafür, was funktionierte und was nicht. So einen Mann will man nicht verlieren. Und bald würde bei Bopla der Geschäftsführer in Rente gehen. Ich machte mich auf den Weg nach Kirchlengern.

RALF BOKÄMPER Plötzlich stand Benedikt Goldkamp bei uns in Kirchlengern vor der Tür. Er wusste, dass ich weg wollte von Dewert. Dann sagte er zu mir, dass Dieter Meyn frühzeitig in Pension ginge – und ich seine Wunschlösung für die Nachfolge sei.

Ich kannte Bopla und Dieter Meyn gut. Sie waren nur sechs Kilometer von Dewert entfernt auf der anderen Seite von Bünde, und wir arbeiteten logistisch zusammen, weil wir beide in Ungarn produzierten. Bopla weckte keine überspannten Fantasien bei der Gruppenführung und stand deshalb weniger im Fokus. Es war gemeinsam mit Rose das älteste Stammhaus der Phoenix Mecano und verkörperte noch den alten, mittelständischen Geist. Konstanter Ertrag und stetes organisches Wachstum waren die Maximen. Benedikt sagte, Bopla sei die «Perle» von Phoenix Mecano, im übertragenen Sinne wie der alte Porsche seines Vaters – den sollte ich bitte gut pflegen und nicht gegen die Wand fahren.

Für mich war Bopla eine Rückkehr zu meinen Wurzeln. Ich hatte meine berufliche Karriere bei Harting begonnen, einem supererfolgreichen Familienunternehmen, das trotz Wachstum im Geist mittelständisch geblieben war. Die Vision von DewertOkin war weit weg von diesem Geist – doch bei Bopla war er noch hellwach.

BENEDIKT GOLDKAMP Bopla und Bokämper, das passt so gut, dass es immer wieder Leute gibt, die denken, dass das «Bo» von «Bopla» sich von «Bokämper» ableitet. Wenn ich gesagt habe, dass Ralf Bokämper nicht der richtige Mann für die Mission DewertOkin sei, dann ist es ebenso richtig, dass Leute wie er erst das Fundament für solche Visionen schaffen – und zwar durch ihre Selbstständigkeit und Fähigkeit, konstant Erträge zu erwirtschaften. In einer Familie wie Phoenix Mecano, die über beschränkte Mittel verfügt, verträgt es nur wenige «schwierige» Kinder. Sind es zu viele, kann die Gemeinschaft daran zerbrechen.

DR. JOSEF GROSS Zunächst liefen Dewert und Okin gesondert weiter. Das Wichtigste war in diesem Moment, dass ich das Vertrauen der Zulieferer und Kunden von Okin zurückgewann. Die hatten durch die Insolvenz viel Geld verloren, und Phoenix Mecano musste grundsätzlich keine Altlasten der Okin begleichen. Dennoch galt es, jetzt zusammen mit René Schäffeler abzuwägen, wo es im Hinblick auf eine gute Geschäftsbeziehung Sinn ergab, den Lieferanten finanziell entgegenzukommen – wir brauchten sie ja! Das Gute war, dass ich den Lieferanten nun – mit Phoenix Mecano im Rücken und der Vision von DewertOkin vor Augen – nicht nur Sicherheit, sondern auch eine Wachstumsperspektive aufzeigen konnte.

MAXIMILIAN KLEINLE Mann, haben die mich gehasst bei Dewert! Die haben mich hinter vorgehaltener Hand «Okianer» geschimpft. Ganz falsch lagen sie damit nicht. Ich stand der Unternehmenskultur von Okin sicher näher als der von Dewert. Die «Okianer» schauten mehr auf Zahlen, waren lockerer, agiler. Dewert empfand ich als old school, da wurde auch noch viel Wert aufs Protokoll gelegt. Aber klar: Technologisch war Dewert weiter als Okin. Allerdings war das halt auch ein Problem, denn die Technologie war viel zu kompliziert, um sie zum Beispiel günstig in China produzieren zu lassen. Damals konnte sich Dewert das leisten, weil man im medizinischen Bereich höhere Preise abrufen konnte.

BENEDIKT GOLDKAMP Ich kenne in der Wirtschaft kaum ein besseres Beispiel für eine erfolgreiche Doppelspitze: Dr. Gross und Maximilian Kleinle haben sich auf eine sehr fruchtbare Weise ergänzt und wechselseitig herausgefordert.

MAXIMILIAN KLEINLE Mein wichtigster Ansprechpartner war jetzt Josef Gross. Er war ein Superhirn, analytisch geschult und vor allem nicht so furchtbar emotional wie einige der Kollegen bei Dewert. Der tickte ähnlich wie ich, auch wenn er ganz andere Talente hatte. Das war auch für mich persönlich ein Glücksfall. Ich habe viel gelernt von Josef Gross.

DR. JOSEF GROSS Die Chemie stimmte. Zu dritt sagten wir: Da kann was Grosses entstehen. Kleinle war ein super Verkäufer, ich hatte meine Stärken im Operativen, Benedikt war der Stratege und Financier.

MAXIMILIAN KLEINLE Gross und ich waren das Dreamteam mit dem Namen «Kleinle und Gross» oder «Gross und Kleinle». Neben dem Tagesgeschäft begannen wir, Doppelspurigkeiten auszumerzen. Das ging los mit der Bereinigung der Portfolios: Okin sollte sich auf Antriebe für Komfortmöbel konzentrieren, Dewert auf den medizinischen Bereich. Weiter ging es mit der Produktion: Da beide Firmen Standorte in Ungarn hatten, zogen wir das Werk von Okin nach Kecskemét zu Dewert um. In China war es umgekehrt: Okin produzierte bereits in Südchina, weshalb wir einen Teil der Montage von Dewert ebenfalls nach Jiaxing verlagerten.

BENEDIKT GOLDKAMP Okin hatte eine «Perle» in der Konkursmasse: einen Joint-Venture-Vertrag mit einem Chinesen namens Jack Tang. Dieser führte im chinesischen Jiaxing die

Okin Refined Electric Technology, die Okin-Antriebe für den US-Markt herstellte. Okin war also dort, wo ich schon lange hinwollte – in China.

DR. JOSEF GROSS Der Joint-Venture-Vertrag zwischen Okin und Jack Tang war für Phoenix Mecano Gold wert, zumal er einen Vorvertrag beinhaltete, der Okin das Recht gab, auch die restlichen Anteile an der Okin Refined zu kaufen. Das Problem war nur: Okin war insolvent, sodass die Gefahr bestand, dass Jack Tang die Okin Refined übernahm. Er hatte die Spezifikationen, die Fabrik, die Arbeiter ... Wenn Tang abgesprungen wäre, hätte Phoenix Mecano nicht nur einen Produktionsstandort in China verloren, sondern auch einen starken Wettbewerber dazugewonnen – ein Horrorszenario. Deshalb war noch während der Insolvenz eine meiner wichtigsten Aufgaben, Jack Tang bei Laune zu halten. Ich war in ständigem Kontakt mit ihm: «Jack, vertraue mir, ich finde einen neuen Partner! Wir werden noch schneller wachsen! Hör bloss nicht auf zu produzieren! Mach weiter!»

BENEDIKT GOLDKAMP Und so war das Erste, was Dr. Gross und ich nach der Übernahme machten, einen Flug zu buchen: Wir flogen nach Jiaxing, um die Okin Refined zu besuchen und Jack Tang zu treffen. Die Fabrik war einfach. 150 Arbeiterinnen und Arbeiter in einer 6'000 Quadratmeter grossen Halle, die im Winter zu kalt und im Sommer zu heiss war. In den Gesprächen zeigte sich Jack Tang bereit, seine Anteile an der Okin Refined zu verkaufen. Er hatte ohnehin bereits nebenbei ein eigenes Unternehmen aufgebaut, wie es die Chinesen so gerne tun: eine Bettenfabrik namens Keeson Technology. Dieses Unternehmen wuchs rasch und brauchte jetzt nicht nur seine volle Aufmerksamkeit – sondern auch sein ganzes Geld.

RENÉ SCHÄFFELER Ich habe die Verkaufsverhandlungen mit Jack Tang mit geführt. Tang war ein hervorragender Geschäftsmann, und er wusste, wie viel uns dieser Standort wert war. Das nutzte er aus. So günstig die Übernahme von Okin war, so teuer war die Okin Refined in China; zumal Jack Tang sich eine Minderheitsbeteiligung sicherte, die er später noch viel teurer verkaufen konnte.

DR. JOSEF GROSS Das i-Tüpfelchen war, dass wir später Jack Tangs Keeson Technology mit unseren Antrieben beliefern konnten. Heute gehört seine Firma zu den Weltmarktführern für Komfortbetten.

Ralf Bokämper mit den Inhabern (Vater und Sohn) eines führenden Herstellers medizinischer Betten, die Seahonence Inc. aus Osaka (2009).

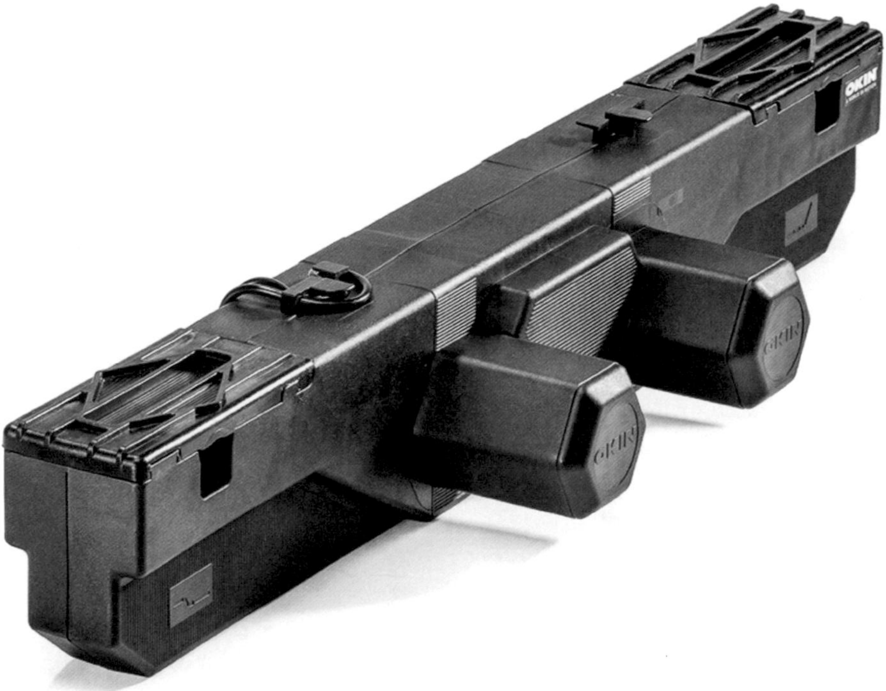

Okin-Doppelantrieb OKIMAT (2009).

Dewert-Einzelantrieb MEGAMAT (2009).

Benedikt Goldkamp, fotografiert von Ralf Bokämper, nach einem Werkbesuch mit dem Topkunden FranceBed aus Tokyo in Kecskemét (2010).

Sonnenaufgang, Sonnenuntergang

> **Der Stromerzeugung durch Solarenergie wird in den nächsten Jahren wachsende Bedeutung zukommen. Durch den Anfang 2008 erfolgten Kauf der Datatel GmbH ergänzten wir unser bestehendes Know-how im Transformatorenbau sowie in der Fertigung von Hochfrequenzdrosseln und schafften den Markteintritt in den Bereich Photovoltaik. Das schnell wachsende Unternehmen stellt spezielle Ringkerntransformatoren her, die in Solarstromwechselrichtern zum Einsatz kommen. Mit der bereits bestehenden Fertigungsinfrastruktur in Ungarn können wir das Kundenbedürfnis nach zusätzlichen Kapazitäten schnell erfüllen. (Geschäftsbericht der Phoenix Mecano AG, 2007)**

KARL-HEINZ GOOS 2008 habe ich endlich auch eine Photovoltaikanlage auf dem Dach meines Hauses installiert – mit einem Wechselrichter von SMA, meinem Hauptkunden. Die Einspeisevergütung betrug 46 Cent pro Kilowattstunde, gesetzlich garantiert auf 20 Jahre. Die Anlage warf rund 350 Euro im Monat ab. Nach knapp zehn Jahren hatte sie sich amortisiert – seitdem ist sie eine Cashcow.

ROCHUS KOBLER Im Herbst 2010 hatte ich meine erste wichtige Dienstreise als neuer Chief Operating Officer von Phoenix Mecano. Gemeinsam mit Benedikt flog ich nach Kecskemét, wo wir mit Karl-Heinz Goos von Datatel und unseren Geschäftsführern in Ungarn, Christoph Porde und Zoltan Nagy, den nächsten Grossauftrag von SMA besprechen wollten. Herr Porde hatte ein Jahr zuvor für SMA eine nigelnagelneue Fabrik aufgebaut, in der wir induktive Bauelemente für Wechselrichter produzierten. Nun hatte Herr Goos durchsickern lassen, dass SMA für das kommende Geschäftsjahr mit einem Auftragsvolumen von 126 Millionen Euro rechne. Das war ein Viertel unseres Konzernumsatzes.

KARL-HEINZ GOOS 2007 sass ich im Hauptsitz von SMA im hessischen Niestetal und schaute auf eine steile Umsatzkurve. Die ging 2007 mit 20 Prozent Steigung los und lag 2011 bei 90 Prozent. «Können Sie da mithalten?», fragte mich der Chefeinkäufer von SMA. Ich war verwirrt und konnte das nicht richtig nachvollziehen. Ich dachte, das sei der übliche Trick: Die versprechen grosse Umsätze, damit sie die Preise bei mir als Zulieferer drücken können. «Können Sie da mithalten?», wiederholte der Mitarbeiter der SMA.

Wechselrichter zerhacken den Gleichstrom, den eine Photovoltaikanlage liefert, in Wechselstrom, mit dem das Stromnetz funktioniert. Sie sind also die Voraussetzung dafür, dass man Solarstrom überhaupt nutzen kann. Durch die staatlich geförderte Einspeisevergütung schoss die Nachfrage nach Solaranlagen und Wechselrichtern in Deutschland in die Höhe. Datatel war zusammen mit einer polnischen Firma der einzige Zulieferer für Transformatoren und Drosseln bei SMA. Deshalb hatte SMA immer ein wachsames Auge auf uns. Ich selbst war der SMA dankbar, denn als Datatel noch mir gehörte und 2006 das Geld ausging, kaufte sie mir den gesamten Lagerbestand im Voraus für 100'000 Euro ab, damit ich wieder liquide war.

2007 war das erste Geschäftsjahr, in dem ich schwarze Zahlen schrieb. Rund 25 Mitarbeiterinnen und Mitarbeiter waren bei mir in Langenhagen bei Hannover beschäftigt, davon ein einziger Entwickler, der gleichzeitig Betriebsleiter war. Wir hatten schon die Büros verkleinert, um zusätzliche Fläche für die Produktion freizumachen. Unsere Kapazitäten waren also jetzt schon am Anschlag, und deshalb machte SMA Druck. Es war also tatsächlich eine ernsthafte Frage, ob und wie wir dieses Wachstum bewerkstelligen könnten. Allein bestimmt nicht – das war klar. Ich bat SMA um etwas Bedenkzeit.

Mein Plan war, einen starken Partner zu suchen, der über mehr finanzielle und personelle Möglichkeiten verfügte als ich. Denn ich brauchte Geld und gute Leute – der Arbeitsmarkt war infolge des Solarbooms ausgetrocknet. Als Erstes erinnerte ich mich an meine ehemaligen Kollegen bei Götz-Udo Hartmann in Grävenwiesbach, alte Haudegen mit viel Erfahrung in der Herstellung von Induktivitäten. Denen würde ich nicht erst das ohmsche Gesetz erklären müssen.

BENEDIKT GOLDKAMP Im Herbst 2007 erhielt ich einen Anruf von Karl-Heinz Goos. Der hatte früher bei Götz-Udo Hartmann gearbeitet, bevor er 2003 zu Datatel gewechselt war und sich dort selbstständig gemacht hatte. Herr Goos schilderte mir seine Situation und fragte, ob ich mir eine Kooperation vorstellen könne. Ich schlug vor, dass er sich bei Hartmann mit Maximilian Kleinle treffen solle, unserem Spartenleiter Elektrotechnische Komponenten.

KARL-HEINZ GOOS Also habe ich mich auf den Weg nach Grävenwiesbach gemacht, wo ich Herrn Kleinle den

«Business Case» mit SMA präsentierte. Selbstverständlich zeigte ich ihm auch die von SMA prognostizierten Umsatzerwartungen. Schon auf der Heimfahrt klingelte das Telefon. Es war Dr. Karlen, der COO von Phoenix Mecano.

BENEDIKT GOLDKAMP Datatel entsprach genau unserem Profil: ein Komponentenhersteller, der einen starken Wachstumsmarkt belieferte. Eine Kooperation schien vielversprechend.

KARL-HEINZ GOOS Im Januar 2008 kam die Schweizer Delegation bei uns vorgefahren – in zwei Taxis. Goldkamp, Schäffeler, Karlen, Kleinle ... Ich erinnere mich nicht mehr genau, wer alles dabei war. Aber ich weiss, was dabei herauskam – ein Vorvertrag für den Kauf der Datatel durch die Phoenix Mecano. Und ich sollte Geschäftsführer bleiben, nicht nur von Datatel, sondern auch von Götz-Udo Hartmann, die ebenfalls für Datatel Produkte entwickeln würde. Allerdings gab es im Vorvertrag einen Vorbehalt: SMA musste ihr Okay geben und die Datatel weiterhin als «Preferred Partner» berücksichtigen.

BENEDIKT GOLDKAMP Im Februar 2008 hatten wir eine Präsentation bei SMA. Man wollte sich unserer finanziellen, personellen und produktionellen Ressourcen sicher sein. Wir hatten Grösse, wir hatten Know-how, und wir hatten Kecskemét. Nachdem SMA den Deal abgesegnet hatte, übernahmen wir die Datatel rückwirkend zum 1. Januar 2008. Bereits im ersten Geschäftsjahr konnten wir den Umsatz auf 15 Millionen Euro verdoppeln – und so ging es weiter.

KARL-HEINZ GOOS Mein Laptop war direkt mit der IT des Einkaufs von SMA verbunden. Auf der ersten Seite meines Browsers erschien immer der Forecast, die Auftragsprognosen von SMA. Garantiert waren diese Prognosen nicht, garantieren mussten immer nur wir Zulieferer. So lief das Spiel. Allerdings wurden die Prognosen in den ersten Jahren nicht nur eingehalten, sondern sogar übertroffen. Mitte 2009 produzierten wir immer noch in Langenhagen und Grävenwiesbach – im Drei-Schicht-Betrieb. Dann erhielt ich den Forecast für 2010 – 80 Millionen Euro. Ich wollte zuerst eine Produktionshalle in Hannover aufbauen, doch dann kam Christoph Porde und überzeugte uns, dass sie das günstiger und besser in Kecskemét machen könnten.

CHRISTOPH PORDE 2009 habe ich vier Hallen zusätzlich angemietet und eine halbautomatisierte Produktion für Ringkerntransformatoren eingeführt. Gleichzeitig stellte Zoltan Nagy rund 400 neue Mitarbeiter ein. Anfang 2010 lief die Produktion an.

KARL-HEINZ GOOS Zur Eröffnungsfeier kam sogar eine Delegation von SMA. Alles schien bestens.

BENEDIKT GOLDKAMP Datatel war eine derartige Erfolgsgeschichte, dass wir weiter an Fertigungstiefe gewinnen wollten. Im Mai 2010 kauften wir die Firma Lohse. Die belieferte Datatel und Götz-Udo Hartmann mit Ringband- und Schnittbandkernen. 17 Millionen Euro waren ein stolzer Preis für eine Firma mit 27 Mitarbeitenden und 11 Millionen Euro Umsatz. Aber entscheidend war der strategische Wert. 2010 machten wir mit Datatel und Hartmann 18 Millionen Euro Gewinn. Durch unseren Einstieg in die Solarindustrie erreichten wir in diesem Jahr Rekordmarken in puncto Umsatz und Betriebsergebnis. Unsere Aktie legte um 50 Prozent zu.

Bestes Resultat der Unternehmensgeschichte erzielt. Weitere Fortschritte im laufenden Geschäftsjahr erwartet. (Geschäftsbericht der Phoenix Mecano AG, 2010)

ROCHUS KOBLER Ich erinnere mich an eine Weihnachtskarte meines ehemaligen Professors und Doktorvaters von der Hochschule St. Gallen (HSG), Prof. Roman Boutellier. Sein Spezialgebiet war Technologiemanagement. Er schickte mir eine Frage, die mir zu denken geben sollte: Ist das Solargeschäft kein subventionierter Hype?

RENÉ SCHÄFFELER Ich sah den rasanten Ausbau unserer Engagements in der Solarindustrie kritisch. Schliesslich hatten wir mit OMP schon einmal erlebt, wie schnell sich in staatlich subventionierten und regulierten Märkten das Blatt wenden konnte.

ROCHUS KOBLER Als der Solarboom mit der rot-grünen Regierung in Deutschland Anfang der 2000er-Jahre begann, wurde die Einspeisung von Solarstrom mit bis zu 50 Cent pro Kilowattstunde vergütet. Doch was passiert, wenn eine weniger grüne Regierung die Subventionen kürzt? Im ersten CDU-Kabinett von Angela Merkel war das kein Thema, doch nach der Finanzkrise 2008 mehrten sich die Anzeichen, dass die Zuschüsse zusammengestrichen werden könnten. Im ersten Moment heizte das den Solarmarkt erst recht an. Denn jetzt wollten alle in Deutschland noch schnell eine Solaranlage zu den alten Bedingungen bauen. Die Verkäufe von unserem Grosskunden SMA erreichten Rekordwerte, aber nicht aus nachhaltigen Gründen, sondern – im Gegenteil – wegen der drohenden Vorzeichen. So nahm sich die Situation aus, als ich im September 2010 COO von Phoenix Mecano wurde. Ein Jahr später beschloss der Deutsche Bundestag eine massive Kürzung der Vergütung.

KARL-HEINZ GOOS Im Oktober 2010 trafen Goldkamp, Kobler, Schäffeler, Porde und ich uns in Kecskemét, um das nächste Jahr zu besprechen. Nach dem dritten Quartal 2010 standen wir bereits bei 65 Millionen Euro Umsatz. Jeden Tag verliessen mehrere Sattelschlepper Kecskemét Richtung Niestetal. Der Forecast für die nächsten zwölf Monate lag bei 126 Millionen Euro. 126 Millionen Euro! Wir hatten in den letzten Jahren zahlreiche Zugeständnisse an SMA gemacht und eine Just-in-Time-Lieferung eingeführt: Innerhalb einer Stunde mussten wir aus den Werken in Deutschland liefern, innerhalb eines Tages aus Ungarn. Alle möglichen Szenarien waren abgesichert, bis hin zu Fernfahrerstreiks in Italien. Und wir mussten enorm in Vorleistung gehen. Wir benötigten beispielsweise Spezialstahl aus Südkorea. Der war nicht nur teuer, sondern brauchte auch sechs Wochen, bis er bei uns eintraf. Aber das war halt das Spiel, das wir spielten. Also taten wir alles, um auch den kommenden Grossauftrag akkurat zu erfüllen. Schäffeler reiste ab, ich blieb noch eine Nacht, um mit Porde ein paar Details in der Produktion zu besprechen.

Am nächsten Morgen überflog ich wie immer schnell den Forecast – 35 Millionen Euro. 35 Millionen Euro?!

SMA kauft polnische DTW: Die SMA Solar Technology AG hat heute in Krakau einen Vertrag über den Kauf der DTW, einem führenden Hersteller von elektromagnetischen Bauteilen mit Sitz in Polen, unterschrieben. Die Transaktion sieht die üblichen Vorbehalte vor und soll im Juli 2011 abgeschlossen werden. SMA sichert mit der Akquisition ihres langjährigen Zulieferers die Technologieführerschaft im Bereich der Solar-Wechselrichter ab. (EcoReporter, 14. Juni 2011)

KARL-HEINZ GOOS SMA hatte still und heimlich die Übernahme ihres Lieferanten in Polen aufgegleist. 33 Millionen Euro haben sie bezahlt. Jetzt brauchten sie uns nicht mehr. Ich wollte den Rechtsweg einleiten, doch die Gruppe widersprach.

RENÉ SCHÄFFELER SMA war ein Vorzeigeunternehmen, Arbeitgeber des Jahres und so. Vor dem Haupteingang waren Bassins mit Seerosen, gegenüber schwebte auf dünnen Pfeilern die vollverglaste «Solar Academy». Es war alles vom Feinsten. 2011 war ich oft dort – leider. Gemeinsam mit Karl-Heinz Goos führte ich harte Verhandlungen über etwaige Abnahmeverpflichtungen. Aber SMA hatte gute Anwälte. Die wussten schon, wie sie sich da herausreden konnten.

CHRISTOPH PORDE 2011 hatten wir über 1'400 Mitarbeiterinnen und Mitarbeiter – ein Rekordwert. Davon mussten uns durch den Einbruch im Solargeschäft etwa 400 wieder verlassen. Zum Glück verstanden die Gewerkschaften und Behörden, dass wir aus wirtschaftlichen Gründen zu den Entlassungen gezwungen waren.

ROCHUS KOBLER In den Hallen in Kecskemét herrschte eine gespenstische Atmosphäre. Die fast neuen Kuka-Roboter standen reglos da. Ich glaube, wir mussten 14 Millionen Euro abschreiben. Wir hatten jetzt einige Firmen im Portfolio, die induktive Bauelemente und Transformatoren herstellten. Götz-Udo Hartmann, Datatel, Lohse, Platthaus – da kam viel Know-how zusammen. Doch die Frage war, wie man dieses nun ohne die Solarbranche gewinnbringend nutzen konnte.

Enttäuschend verlief die Marktentwicklung der Photovoltaikbranche, dem Boom-Markt der vergangenen Jahre. Sinkende Volumen und hoher Preisdruck aufgrund zusammengestrichener staatlicher Förderprogramme prägten das Bild. Sie machten aus Sicht der Phoenix Mecano-Gruppe eine Neubeurteilung der Marktaussichten für unsere Solarwechselrichterkomponenten der Sparte ELCOM/EMS erforderlich. (Geschäftsbericht der Phoenix Mecano AG, 2011)

Werksgelände von Phoenix Mecano Kecskemét.

Photovoltaik-Wechselrichter der SMA Solar Technology AG (2008).

SMA

Ringkerntransformator von Datatel (2008).

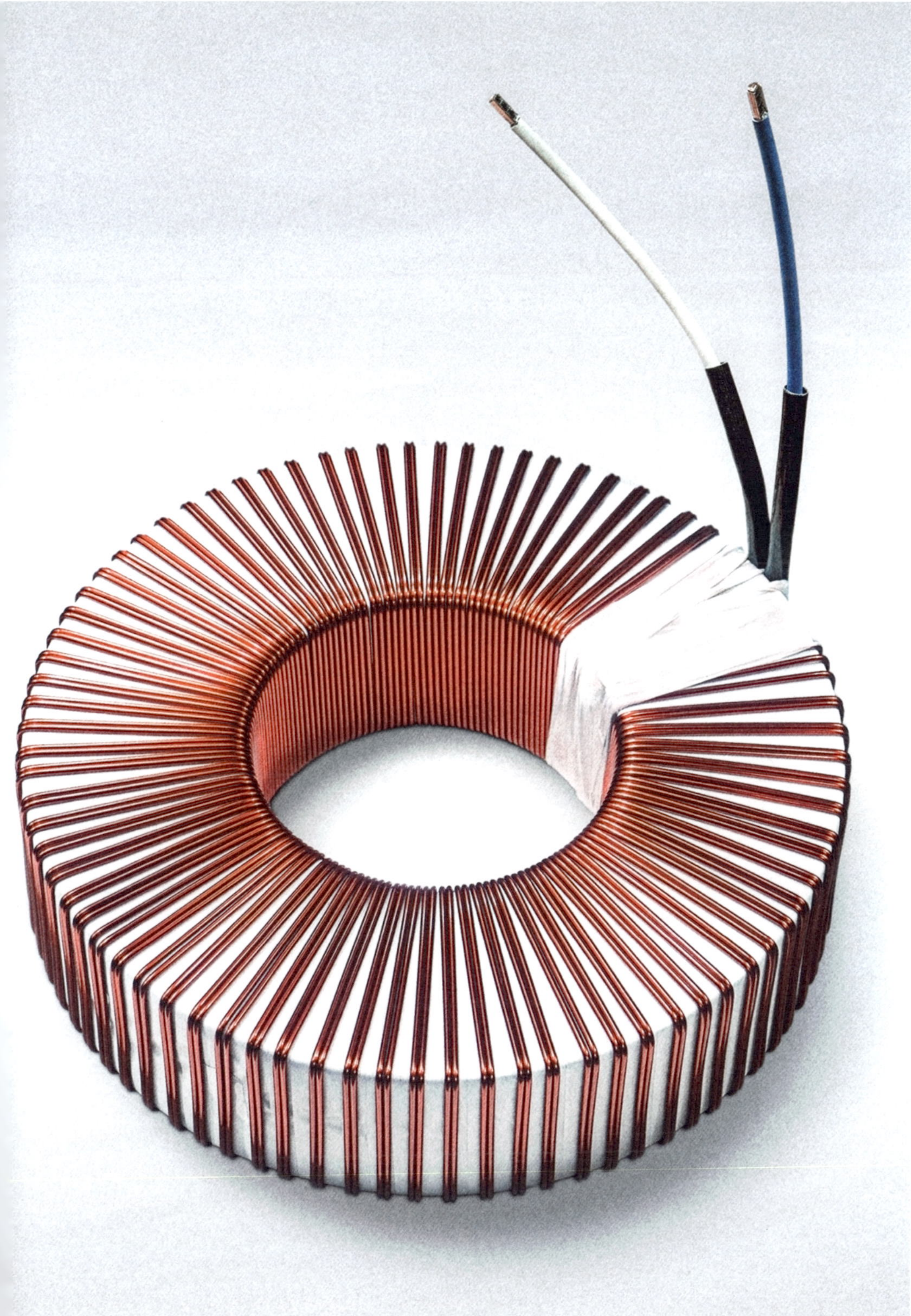

Produktion der Datatel-Ringkerntransformatoren in Ungarn (2009).

EXIT
EXIT
EUR
EUR
EUR
EUR

Der Kaufmännische Geschäftsführer der Phoenix Mecano Kecskemét, Zoltan Nagy, unterschreibt einen Sponsoringvertrag mit dem amtierenden ungarischen Pokalsieger Kecskeméti TE (2011).

Wie weiter? Vor den geschlossenen Toren der Phoenix Mecano Elcom in Zaghouan versammeln sich Anfang Februar 2011 tunesische Mitarbeitende.

Arabischer Frühling

Tunisia's Ben Ali flees amid unrest – The unrest in the country began on December 17, after a 26-year-old unemployed man set himself on fire in an attempt to commit suicide. Mohammed Bousazizi's act of desperation set off the public's growing frustration with rising inflation and unemployment, and prompted a wave of protests across the country. (Al Jazeera, 15. Januar 2011)

MAXIMILIAN KLEINLE Mitte Januar 2011 erhielt ich einen Anruf von Hani Oweinah. Wir hatten uns mittlerweile aus den Augen verloren, weil ich seit Anfang 2009 mit Dewert und Okin beschäftigt war und nicht mehr mit der Sparte Elektrotechnische Komponenten. Aber wir waren immer noch Freunde. Und jetzt rief er mich an, weil er um sein Leben bangte. In Tunesien herrschte Revolution, der Diktator Ben Ali hatte sich nach Saudi-Arabien abgesetzt. Die Mächtigen von einst waren jetzt die Gejagten. Und dazu gehörte auch mein Freund Hani Oweinah. Seinen VW Touareg hatten sie bereits abgefackelt.

PETER SCHERER Hani Oweinah war verhasst, ja, aber nicht bei allen. Wer unpünktlich war, klaute, Unruhe stiftete oder sein Vertrauen missbrauchte, bekam seine Härte zu spüren. Angriffe auf die Phoenix Mecano Elcom oder die Phoenix Mecano Hartu nahm er persönlich. Als Patron alter Schule identifizierte er sich zu 100 Prozent mit «seinen» beiden Unternehmen. Deshalb verschanzte er sich während des Aufruhrs zeitweise in den Fabriken, um diese gegen die Aufständischen zu verteidigen. Klar, rückblickend ist man immer schlauer. Aber aus der Zeit heraus würde ich sagen, dass Hani Oweinah die Hartu und die Elcom so geführt hat, wie Firmen während der Ben-Ali-Diktatur in Tunesien halt geführt wurden.

ROCHUS KOBLER Der Arabische Frühling war meine Feuertaufe. Ich war erst seit ein paar Wochen COO bei Phoenix Mecano, als mich immer mehr Nachrichten unseres Geschäftsführers in Tunesien, Dr. Oweinah, erreichten. Es kam zu Streiks, zu Unruhen, die Werke in Ben Arous und Zaghouan mussten schliessen. Anfang 2011 eskalierte die Situation dann so sehr, dass wir Angst um Hani Oweinah bekamen, aber auch um unsere Fabriken. Dass die Stimmung dort so hasserfüllt war, war mir zuvor nicht bewusst. Das Chaos breitete sich immer weiter aus, und dann rief mich Maximilian Kleinle an. «Ich muss da runter, ich muss meinen Freund Hani da rausholen!»

Dr. Hani Oweinah, Geschäftsführer von Phoenix Mecano Elcom und Phoenix Mecano Hartu in Tunesien.

MAXIMILIAN KLEINLE Rochus Kobler sagte: «Sie fliegen nirgendwohin, das ist viel zu gefährlich!» Meine Antwort: «Dann habe ich ab morgen Urlaub!» Für mich war das eine Ehrensache. Man stiehlt sich nicht davon, wenn ein Weggefährte in Gefahr ist. Das Problem war nur, dass alle Linienflüge nach Tunis gestrichen waren. Trotzdem war ich zwei Tage später unten. In ganz Tunis gab es nur noch ein offenes Hotel, das gleich von zwei Dutzend Soldaten und zwei Panzern bewacht wurde. Dort habe ich eingecheckt und bin dann sofort nach Ben Arous zur Hartu rüber. Ich kannte einige der Gewerkschafter. Und die hatten höllischen Respekt vor mir, dass ich mich da allein vor sie hingestellt und mit ihnen geredet habe. Nach ein paar Tagen hatte sich die Lage etwas entspannt. Leider war inzwischen aber auch mir klargeworden, dass Hani als Geschäftsführer nicht mehr zu halten war. Es musste jetzt jemand von unserer Gruppe runter, sich mit den Gewerkschaften an einen Tisch setzen und schauen, wie es weitergeht.

ROCHUS KOBLER Dr. Oweinah war als Verhandlungspartner ausgeschlossen. Er war für die Gewerkschafter ein Repräsentant des verhassten Ben-Ali-Systems. Eigentlich wollte ich mit Peter Scherer runterfliegen, aber der war gerade geschäftlich in der Türkei. Also machte ich mich allein auf den Weg. Über die Handelskammer heuerte ich einen tunesischen Berater an, Dr. Benzardi, damit ich einen Einheimischen zur Seite hatte.

Im Flugzeug nach Tunis war ich der einzige Passagier. Dr. Benzardi holte mich vom Flughafen ab, danach fuhren wir zur Hartu nach Ben Arous. Dort war die Lage wegen der Nähe zu Tunis besonders angespannt, und dort waren auch die meisten Gewerkschafter. Überall standen Soldaten mit Maschinengewehren im Anschlag. Es war wie in einem Bürgerkriegsland. Je näher wir der Fabrik kamen, desto mehr Leute waren auf der Strasse. Irgendwann steckten wir fest. Es ging nicht weiter. Da habe ich realisiert: Wir stehen vor dem Werksgelände der Hartu. Ich stieg aus und sah mich einer wütenden Menschenmasse gegenüber. Die Tore der Fabrik waren geschlossen. Ich sagte Dr. Benzardi, er solle das Megafon nehmen und sagen, dass ich hier sei, um eine Lösung zu finden, um über bessere Löhne und Arbeitsbedingungen zu verhandeln und um die Fabriken wieder zu öffnen, hier und in Zaghouan. Und die Leute hörten tatsächlich zu!

PETER SCHERER Ich war Anfang Februar in Ankara bei einem wichtigen Kunden und konnte nicht weg. Am 9. Februar 2011 bin ich dann Herrn Kobler nach Tunesien hinterhergereist. Ich war damals Geschäftsführer von PTR und Hartmann Codier. Daher ging es mir – neben allem Menschlichen und Politischen – auch noch um das Betriebliche. So langsam leerten sich nämlich mal wieder unsere Lager. Ich wollte, dass die Elcom in Zaghouan endlich wieder produzierte, und das wollten übrigens auch viele Mitarbeitende. In Tunesien haben die Gewerkschaften nämlich nicht so dicke Streikkassen wie in Deutschland. Das hiess: keine Arbeit, keinen Lohn. Deshalb standen vor unseren Werktoren in Zaghouan und Ben Arous Hunderte von Mitarbeiterinnen und Mitarbeitern, die keinen Aufstand, sondern Arbeit wollten – natürlich zu einem besseren Lohn. Das mussten wir jetzt verhandeln.

MAXIMILIAN KLEINLE Ich erzähle jetzt mal die Eselsgeschichte. Die kannte jeder in Ben Arous: Bei der Hartu wurde früher ständig geklaut – Kupfer, Computer, alles. Auch deshalb hatte ich Hani eingestellt. Das Werk war zwar von einer hohen Mauer umgeben, dennoch kamen eines Nachts Räuber samt Transportesel. Ein paar dieser Männer kletterten über die Mauer, die anderen warteten draussen und beluden den Karren, der an den Esel gespannt war, mit dem Kupfer, das über die Mauer geflogen kam. Doch sie wurden von einem Wachmann erwischt und mussten Hals über Kopf das Weite suchen. Den Esel liessen sie zurück. Die Polizei kam und liess den Esel frei. Und was macht ein Esel, der freigelassen wird? Er läuft nach Hause. Noch am selben Tag war die Bande überführt.

Das ist zwar eine lustige kleine Anekdote, aber Diebstahl war wirklich ein Problem – Diebstahl und Gewerkschaften. Und gegen beide ist Hani mit Härte vorgegangen. Er hat zum Beispiel drei berüchtigte Türsteher aus einer Disko in Tunis als Wächter angeheuert. Die waren im Schichtbetrieb rund um die Uhr präsent. Irgendwann hat er sogar die Tochter oder Nichte des Polizeipräsidenten eingestellt. Das hatte sicher auch nicht nur etwas mit ihren beruflichen Qualifikationen zu tun. Hani arrangierte sich mit der Diktatur und wurde dabei selbst ein bisschen zum Diktator. Deshalb wandte sich die Revolution gegen ihn – und somit gegen uns.

ROCHUS KOBLER Tagsüber habe ich dann vor allem zugehört, geredet und verhandelt. Ich traf Mitarbeitende, Gewerkschafter, Lokalpolitiker, Anwälte ... Immer mit Dr. Benzardi an meiner Seite, der auch als Übersetzer fungierte. Bei diesen Gesprächen kamen uns Geschichten zu Ohren, von denen ich sagen muss: Das war weit weg von unseren Standards, und zwar im rechtlichen wie im ethischen Sinn. Und die Revolution spülte jetzt die Missstände auf den Verhandlungstisch.

Abends bin ich jeweils erschöpft nach Tunis ins Hotel Acropole au Lac zurückgekehrt. Vor solchen Fahrten habe ich immer meine Assistentin, Frau Fadi, angerufen und ihr gesagt: «Wenn ich in 45 Minuten nicht zurückrufe, dann informiere umgehend unseren Anwalt in Tunis!»

Im Acropole war ich der einzige Gast. Dort traf ich dann Dr. Oweinah und schilderte ihm die Lage aus unserer Sicht als Schweizer Firma. Ich habe ihm auch unsere Dankbarkeit für alles ausgedrückt, was er innert acht Jahren in Tunesien für uns aufgebaut hatte. Deshalb stellte ich ihm auch in Aussicht, dass wir uns dafür finanziell erkenntlich zeigen würden. Schliesslich kam ich auf den Punkt: «Es ist Zeit für Sie zu gehen, Dr. Oweinah, zu Ihrer eigenen Sicherheit!» – Dr. Oweinah ist ausgerastet, und ich durfte nun selbst erfahren, wie cholerisch er sein konnte. «Lieber sterbe ich, als die Firma zu verlassen!», schrie er.

PETER SCHERER Als ich in Tunesien ankam, hatte sich der Brennpunkt nach Zaghouan verlagert. Dort traf ich auf Dr. Benzardi und Herrn Vieth, einen Mitarbeiter von mir bei PTR, der interimistisch die Geschäftsführung der Elcom übernehmen sollte. Herr Kobler war bereits wieder abgereist. In den Verhandlungen mit den Gewerkschaften einigten wir uns schliesslich auf 15 Prozent mehr Lohn.

Natürlich habe ich auch Hani Oweinah getroffen. Die Firma und die Arbeiterinnen und Arbeiter in Tunesien waren für ihn wie eine Familie gewesen. Und der Rausschmiss hatte ihm das Herz gebrochen. Im September 2011 gründete er seine eigene Firma in Tunesien, die zur verlängerten Werkbank der Phoenix Mecano Elcom wurde. Viele Jahre blieben wir noch miteinander in Kontakt. Kurz vor seinem Tod hatte ich Hani zur Phoenix Mecano Elcom eingeladen, das war sein Wunsch gewesen. Er wurde mit grossem Jubel empfangen.

Besondere Herausforderungen entstanden für unser Unternehmen durch die erfolgreiche Demokratiebewegung Anfang 2011 in Tunesien. Nach einigen Wochen der Unsicherheit stabilisierte sich die Situation so weit, dass eine geordnete Produktions- und Logistikabwicklung sichergestellt werden konnte. Durch angepasste Lagerhaltung und den Aufbau alternativer qualifizierter Produktionsstandorte stellt die Gruppe eine den steigenden geopolitischen Risiken angepasste Produktions- und Supply-Chain-Infrastruktur für die Zukunft sicher. (Geschäftsbericht der Phoenix Mecano AG, 2011)

Durch die Gewerkschaft Union Générale Tunisienne du Travail organisierte Demonstration am 21. Januar 2011.

RCD
DÉGAGE
لا ... لبقايا

Ohne Arbeit, kein Lohn. Mitarbeitende der Phoenix Mecano Elcom
warten darauf, dass die Fabrik wieder den Betrieb aufnimmt.

Ein tunesischer Berater, Dr. Benzardi, informiert die streikende Belegschaft der Phoenix Mecano Elcom in Zaghouan über die Verhandlungsergebnisse mit den Gewerkschaften.

Table 01
Table 02

Rechts von Dr. Benzardi im blauen Hemd steht der Logistikleiter der PTR Messtechnik, Karl Vieth. Er wird anstelle von Dr. Hani Oweinah interimistisch die Geschäftsführung von Phoenix Mecano Elcom übernehmen. Im Hintergrund steht mit roter Krawatte Peter Scherer, Geschäftsführer von PTR Messtechnik und Hartmann Codier (2011).

4.

Fokus und Wachstum 2012–2025

Die Geschäftsleitung von Phoenix Mecano 2012:
René Schäffeler (CFO), Benedikt Goldkamp (CEO) und Rochus Kobler (COO)

Ein Fall für drei

ROCHUS KOBLER Im Sommer 2010 kontaktierte mich ein Headhunter. Phoenix Mecano suche einen COO. Die Firma kannte ich nur vom Namen her von einem ehemaligen Arbeitskollegen bei McKinsey: Benedikt Goldkamp. Zu diesem Zeitpunkt hatte ich bereits einen unterschriftsreifen Arbeitsvertrag in der Tasche. Allerdings geisterte in meinem Hinterkopf immer noch der Traum, eine eigene Firma zu gründen. Da war diese kleine Wellenlötanlage im Mittelland, die zum Verkauf stand. Nur fehlte mir das Geld. Herr Goldkamp hatte jedoch Geld, das wusste ich. Also dachte ich mir, dass so ein Bewerbungsgespräch zum besseren Kennenlernen nicht schaden könne.

BENEDIKT GOLDKAMP Nachdem Dr. Karlen Ende 2008 ausgeschieden war, musste ich mich um die strategische wie operative Führung einschliesslich der M&A-Aktivitäten kümmern. Das war auf die Dauer zu viel. Nach eineinhalb Jahren war es höchste Zeit, mir Unterstützung zu holen.

ROCHUS KOBLER Herr Goldkamp und der Headhunter empfingen mich zum Interview in Kloten. Im Sitzungszimmer roch es noch etwas nach chinesischem Fast Food. Ich war wohl der letzte Kandidat des Tages. Doch von Beginn an stimmte die Chemie zwischen uns. Ausserdem faszinierte mich diese Firma: Die Phoenix Mecano AG stellte ja selbst gar nichts her. Sie führte nur Tochterfirmen, die allerdings relativ autark waren, also gar nicht gross geführt werden mussten. Und dann gab es da noch diese Vielzahl von Stammhäusern, Produktions- und Vertriebsgesellschaften. War die Phoenix Mecano eine Art Beteiligungsgesellschaft? Oder ein Konzern? Spannend!

Noch am selben Abend fuhr ich mit meiner Tochter an den Ägerisee, als mich der Headhunter anrief: «Benedikt Goldkamp möchte Sie noch einmal treffen.» Das freute mich zwar sehr, allerdings hatte meine Frau mit der Familie einen sechswöchigen Roadtrip durch die USA organisiert, der in vier Tagen losgehen sollte. Das sagte ich ihm, woraufhin er auflegte, um zwei Minuten später wieder anzurufen: «Am Donnerstagabend um 19 Uhr bei Herrn Goldkamp zu Hause in Augwil. Ich schicke Ihnen die Koordinaten.»

BENEDIKT GOLDKAMP Rochus hatte wie ich einen klassischen akademischen Werdegang mit ETH, HSG, McKinsey uns so weiter. Solche Leute kannte ich viele. Das Besondere an

Rochus war, dass er trotzdem bescheiden wirkte. Er war mir ausgesprochen sympathisch, und das war mir sehr wichtig, denn ich würde mit diesem COO eng zusammenarbeiten. Die Phoenix Mecano ist eine sehr kleine Firma – und eine grosse Gruppe.

ROCHUS KOBLER Ich klingelte. Die Tür öffnete mir ein strahlender Benedikt Goldkamp: unrasiert, in Bermudashorts, Flipflops und Polohemd – und ich war in Anzug, Hemd und Krawatte. Na prima! Noch an der Tür bot mir Herr Goldkamp das Du an. Wir sassen am Pool, redeten, verscheuchten Wespen und tranken Bier dazu. Als ich wieder ging, sagte Beni: «Okay, ich sage allen Bewerbern ab, du sagst allen anderen Firmen ab!»

BENEDIKT GOLDKAMP Ich muss nicht mit jedem per Du sein. Aber mit Rochus war das von Anfang an freundschaftlich. Wir haben uns über Phoenix Mecano unterhalten, über die Zeiten bei McKinsey, aber vor allem über unser Leben als Manager, Väter, Ehemänner. Er war ein guter Zuhörer.

ROCHUS KOBLER Der Roadtrip durch die USA wurde zu einer Reise, wie ich sie danach nie mehr erlebt habe. Ich fühlte mich wie in einem Vakuum, hatte keine berufliche Verantwortung und trotzdem wunderbare Perspektiven. Ich musste nur noch an meine Familie und mich denken – und an die Bordeaux-Subskription.

RENÉ SCHÄFFELER An einem seiner ersten Arbeitstage besuchte uns Rochus in Stein am Rhein. Wir zwei würden von jetzt an mit Herrn Goldkamp die Geschäftsleitung von Phoenix Mecano bilden. Ich fand Rochus auf Anhieb sympathisch. Das war ein wegweisender personeller Entscheid damals, weil Rochus die Unternehmenskultur der Phoenix Mecano weitergebracht hat. Er brachte neuen Schwung ins Unternehmen.

ROCHUS KOBLER Der Anfang war nicht einfach. Ich war jung, ein kleiner Schweizer und hatte – wie Beni – eine Vergangenheit bei McKinsey. Die Geschäftsführer der Stammhäuser dachten im ersten Moment bestimmt, dass ich jetzt der neue «Adjutant» von Benedikt Goldkamp sei.

RENÉ SCHÄFFELER Rochus musste sich seinen Platz erobern. Das galt und gilt aber für jeden, der hier etwas bewirken will. Ein erster Meilenstein war für mich die Geschäftsführertagung 2011. Die hat Rochus genutzt, um zu zeigen: Ich bin nicht nur hier, um nach euren oder Herrn Goldkamps Spielregeln zu tanzen, sondern ich stelle auch selbst ein paar Spielregeln auf.

GABRIELE WILLHARMS 2011 organisierte ich meine 18. Geschäftsführertagung. Wieder waren um die 50 Geschäftsführer aus Europa, Nordamerika, Singapur, Indien und China eingeladen. Ein Detailposten bestand in der Bereitstellung einer akkuraten Übersetzung, da die Referate zweisprachig – in Englisch und Deutsch – sein würden. Also hatte ich wie immer Dolmetscher engagiert und am Eingang des Auditoriums einen Tisch mit Headsets für die Simultanübersetzung eingerichtet. Als Rochus Kobler das sah, hörte ich, wie er zu seiner Assistentin sagte: «Das brauchen wir doch nicht!» Ich fand, wenn man zum ersten Mal bei so einer Tagung dabei ist, sollte man sich zunächst die Abläufe anschauen und anschliessend im Debriefing über Änderungen sprechen. Die Headsets wurden jedenfalls auch an dieser Tagung benutzt.

ROCHUS KOBLER Frau Willharms erzählte mir, wie das an den Geschäftsführertagungen früher ablief, dass da vor allem Zahlen präsentiert wurden und Benedikt Goldkamp oder andere aus der Gruppenleitung noch Vorträge hielten. Doch ich wollte nicht nur Propheten im eigenen Land, also holte ich externe Referenten hinzu. Zudem wollte ich über Inhalte reden statt nur über Zahlen. Ich wollte einen Geist des Austauschs etablieren, eine Kultur des gemeinsamen Lernens, die alle Stammhäuser, Produktions- und Vertriebsgesellschaften miteinander vereint. Ich nannte das eine «Journey towards Operational Excellence», kurz J2OX. Das wurde zur Chiffre für das kontinuierliche Lernen in dieser Organisation. Viele Geschäftsführer dachten: Der Kobler wird schon sehen, wohin heisse Luft bei uns führt. Unsicher blickte ich zu Beni rüber. Der hatte ein Lächeln im Gesicht, das sagte: Sehr gut, jetzt keine Schwäche zeigen und durchziehen, dann schaffen wir das!

BENEDIKT GOLDKAMP Das waren wichtige Themen. Sie waren nicht total neu, doch solche Lernprozesse muss man immer wieder mit viel Energie anstossen, gerade in einem dezentral geführten Unternehmen. J2OX war eben mehr als nur ein Vortrag. Jeder Geschäftsführer war aufgefordert, seinen eigenen Weg zu finden, um die formulierten Ziele zu erreichen. Ich erinnere mich an einen Besuch in Singapur. TJ Ou liess all seine Abteilungsleiter kommen, damit die ihre Massnahmen für die J2OX präsentierten. Bei einem fehlten noch 20 Prozent zur Zielerreichung. Ich fragte ihn, wie er diese 20 Prozent zu erreichen gedenke. Seine Antwort: «Work harder!»

ROCHUS KOBLER Ich hatte das Gefühl, dass die Geschäftsführertagungen früher einer Ponyshow glichen. Jeder Geschäftsführer liess sein rosarotes Pony laufen, und alle applaudierten. Es herrschte ein Nichtangriffspakt: Wenn du meine Zahlen nicht angreifst, dann greife ich deine nicht an. Solche Kinderspiele wollte ich nicht.

2015 lud ich zum Beispiel einen Psychologen ein; der hat anhand eines Spiels unser Entscheidungsverhalten untersucht. Dabei kam heraus, dass die meisten von uns ihre Aufgaben exzellent lösten, aber langsam. Sie lösten wenige Aufgaben, die aber perfekt. Fazit: Wir waren Perfektionisten und hatten Angst vor Fehlern. Das mag im Fall von explosionsgeschützten Gehäusen die richtige Haltung sein, doch bei den anderen 99 Prozent unserer Produkte führt zu viel Perfektionismus zu Ineffizienz.

RENÉ SCHÄFFELER Mit Rochus ging es plötzlich um Inhalte. Einmal mussten wir zum Beispiel nach den Regeln des Lean Management ein Trottinett bauen. Rochus förderte neue Denkweisen. Es war so, als hätte jemand in den Tagungsräumen das Fenster geöffnet.

ROCHUS KOBLER René agiert oft im Hintergrund und sagt nicht viel. Und René ist manchmal ein Bremser, aber im besten Sinne. Ohne ihn wäre ich schon öfter aus der Kurve geflogen. Er hat mich häufig auf den Boden der Tatsachen zurückgeholt, und er musste auch schon Fehlentscheide ausbaden, die ich ihm eingebrockt hatte. Ich würde jedenfalls keine Entscheidung fällen, ohne Renés Meinung gehört zu haben.

BENEDIKT GOLDKAMP René ist unsere Festplatte, unser Wissen und Gewissen. Er stellt alles infrage – nicht nur finanziell, sondern auch ethisch und menschlich. Passt das zu uns? Oder passt der oder die zu uns? Rochus ist der Macher und mein wichtigster Sparringspartner. Er muss die PS auf die Strasse bringen. Das gelingt ihm mit Fleiss, Akribie und seinem empathischen Wesen, mit dem er die Menschen erreicht.

RENÉ SCHÄFFELER Beni ist der Stratege, der die Richtung bestimmt, in die wir laufen. Das kann er hervorragend, weil er trotz der Flughöhe über ein unglaubliches Detailwissen zu allen unseren Themen verfügt und bei der Klemmenproduktion genauso mitreden kann wie bei der Versteuerung immaterieller Werte. Und wenn nötig kann er auch jederzeit mit anpacken.

ROCHUS KOBLER Diese Konstellation hat sich auch nicht gross verändert, als ich 2016 CEO wurde. Beni war vorher ein strategischer CEO und jetzt ein exekutiver Verwaltungsratspräsident. Ich habe ihm die Investorenkommunikation abgenommen, und er ist etwas wählerischer geworden. Beni kommt nur noch an Sitzungen, wenn er etwas bewirken kann. Für René und mich ist er aber weiterhin da – 24/7, wenn es darauf ankommt.

RENÉ SCHÄFFELER Trotz der engen Zusammenarbeit waren Benedikt Goldkamp und ich immer per Sie; was nicht hiess, dass wir kein gutes Vertrauensverhältnis pflegten. Es herrschte allgemein bei uns eine Sie-Kultur, die noch von Dr. Goldkamp geprägt worden war.

ROCHUS KOBLER Ich hatte mich immer gewundert, dass Beni und René Schäffeler nicht per Du waren. Die arbeiteten doch schon so lange zusammen. Und mir hatte Beni das ja schon vor meinem ersten Arbeitstag angeboten. Für mich war das normal, weil ich mich in der Du-Kultur zu Hause fühle. Auch mit René ging mir das nicht anders.

RENÉ SCHÄFFELER Benedikt Goldkamp war mit wenigen Mitarbeitenden per Du, eigentlich nur mit Rochus.

ROCHUS KOBLER Kompliziert war es mit dem Du und Sie, weil wir oft zu dritt diskutierten und auf Achse waren. 2018 etwa, als wir in Deutschland mit dem Auto unterwegs waren. René ist gefahren, neben ihm Beni, ich als Kleinster hinten. Wir diskutierten.

RENÉ SCHÄFFELER Ich glaube, zwischen Benedikt Goldkamp und mir herrschte lange Zeit Unsicherheit darüber, wer jetzt wem das Du anbieten müsste. Formale Etiketten waren bei Phoenix Mecano wichtig. Nun gab es aber unterschiedliche Regeln, wer wem das Du anbieten durfte: der Ältere dem Jüngeren, aber auch der Ranghöhere dem Rangniedrigeren. Dummerweise war ich älter, er aber ranghöher. So entstand eine Pattsituation.

ROCHUS KOBLER Während der Diskussion im Auto ist Beni zweimal hintereinander mit dem Du und dem Sie durcheinandergekommen. Da wandte er sich entnervt an René und sagte: «So, Herr Schäffeler, das ist mir jetzt langsam zu kompliziert mit dem Sie und dem Du. Ich bin der Beni.» Das war rund 20 Jahre, nachdem sich die beiden kennengelernt hatten. René erschrak sich so sehr, dass er fast einen Unfall gebaut hätte.

Drehcodierschalter von Hartmann Codier (2012).

Raus aus der Sonne: Measuring Technology

No craftsman thinks some days and works others. The craftsman's mind is going constantly, in tandem with her hands. Yet large organizations try to separate the work of minds and hands. In so doing, they often sever the vital feedback link between the two. (Prof. Henry Mintzberg, Crafting Strategy, 1987)

ROCHUS KOBLER Nach dem Ausstieg aus dem Solargeschäft hatten wir ein Sammelsurium an Firmen, die wir auf die Solarindustrie ausgerichtet oder sogar extra für diese gekauft hatten. Götz-Udo Hartmann, Datatel, Lohse, Platthaus, Hartu etc. Was sollte aus denen nun werden? Daneben führten wir in der Sparte ELCOM/EMS Unternehmen wie Hartmann Electronic und Wiener Plein & Baus, die Backplanes und Netzteile für Hochleistungscomputer in Extrembedingungen herstellten. Das war zum Teil noch ein Erbe aus dem gescheiterten Geschäft mit der Telekomindustrie. Und schliesslich gab es noch das alte Komponentengeschäft mit Anschlussklemmen und Federkontakten von PTR und Hartmann Codier, das unter hohem Kostendruck stand und noch mit den Nachwehen des Arabischen Frühlings zu kämpfen hatte. Die Frage war: Wie sollte man all diese Puzzleteile zusammenfügen, ergänzen oder entsorgen, sodass am Ende ein stimmiges Bild entstünde? Diese Frage sollte uns die nächsten zwölf Jahre beschäftigen.

KARL-HEINZ GOOS Nach dem Arabischen Frühling 2011 setzte uns der Grosskunde Vaillant Druck; er verlangte Liefersicherheit und einen alternativen Produktionsstandort zur Hartu in Tunesien. Im Auftrag der Konzernspitze prüfte ich zwei Standorte: die Ukraine und Marokko. In Ersterem waren die Zollämter korrupt, deshalb fiel das weg. Mit dem marokkanischen Tétouan, einer Stadt mit 80'000 Einwohnern und gesundem Abstand zur Automobilindustrie in Tanger, fand ich jedoch einen guten Standort. Die Löhne lagen etwas über dem Niveau von Tunesien, aber das sollte mit einer höheren Produktivität ausgeglichen werden. Ende 2012 stand die Fabrik, aber anfangs versagte die Betriebsleitung. Nachdem ich dann das Management mit Leuten der Hartu aus

Tunesien besetzt hatte, lief alles bestens, sodass wir neben der ISO-Zertifizierung auch die Freigabe von Vaillant erhielten.

RENÉ SCHÄFFELER Die Margen waren im Geschäft mit den Induktivitäten, Spulen und Transformatoren knapp. Als sich die politische Situation in Tunesien stabilisierte, stellte sich die Frage, ob wir uns weiterhin zwei Standorte leisten sollten.

KARL-HEINZ GOOS Wir erhielten in Marokko Besuch von Mitarbeitern der Hartu und der Elcom aus Tunesien. Die schauten sich unser Werk an und liessen grossspurig verlauten: «Das können wir besser und schneller in Tunesien.» Der Keim der Unruhe war gesät. Trotz Berechnungen des Controllings, die zeigten, dass Marokko im Gegensatz zum Hartu-Werk in Tunesien profitabel war, wurde die Säge in Marokko angesetzt.

Karl-Heinz Goos mit marokkanischen Mitarbeiterinnen und Mitarbeitern an einem Betriebsfest der Phoenix Mecano Maroc in Tétouan (2016).

RENÉ SCHÄFFELER Peter Scherer kam mit der Idee, in Tunesien mittelfristig die Hartu und die Elcom zusammenzulegen. Das war das entscheidende Argument für Tunesien.

KARL-HEINZ GOOS Als sich 2017 – gegen meine Überzeugung und meinen Willen – das Ende des Werkes in Marokko abzeichnete, habe ich mich meines Alters erinnert und bin in Frühpension gegangen. Mir kam noch ein Satz von Herrn Dr. Kobler in Erinnerung: «Herr Goos, Sie sind zu sehr Unternehmer!» Dabei wurde von uns Geschäftsführern doch immer Unternehmertum gefordert.

* * *

ROCHUS KOBLER In der Sparte ELCOM/EMS hatten wir 2013 durch den Verlust des Solargeschäfts einen Umsatzrückgang um fast 50 Prozent zu verkraften. Trotzdem wollte ich die Firmen nicht einfach begraben, sondern neu ausrichten und profitabel machen. Es gehört zur DNA von Phoenix Mecano, Probleme unternehmerisch zu lösen. Und es gab auch noch andere Märkte für induktive Komponenten, neben den erneuerbaren Energien zum Beispiel die Bahntechnik oder die immer komplexeren Stromnetze, sogenannte Smart Grids. Auf diese Märkte wollten wir die Subsparte, die wir «Power Quality» und später «Measuring Technology» nannten, ausrichten. Allerdings mussten wir unsere Marktposition partiell durch Zukäufe stärken. 2011 hatten wir bereits die Platthaus gekauft, die grosse Induktivitäten wie Drosseln, Filter und Transformatoren herstellte; 2014 übernahmen wir die niederländische Hitec Special Measuring Systems B. V. sowie die Redur Messwandler GmbH im Bereich der Niederspannung.

RENÉ SCHÄFFELER Die Hitec Special Measuring Systems wurde per Bieterverfahren verkauft. Da war schon vorher klar, dass es teuer würde.

ROCHUS KOBLER Bei der Hitec hatten etwa ein Dutzend Ingenieure hochpräzise Messsysteme für die Hochspannungsgleichstromübertragung entwickelt – die sogenannte Zero-Flux-Technologie. Dafür brauchten sie Messköpfe inklusive Induktivitäten und Ringbandkerne, die wir im Konzern herstellen konnten. Das ergab schon Sinn. Heute ist die Phoenix Mecano Special Measuring Systems nicht nur eine unserer profitabelsten Firmen, sondern auch eine wichtige Kundin unserer Redur.

INES KLJUCAR Im Februar 2016 begann ich bei Phoenix Mecano meine Stelle als Deputy COO. Vorher bin ich, zeitgleich mit Dr. Gross, Beraterin bei Roland Berger und danach Managerin bei Bosch gewesen. Kurz nach meiner Anstellung wurde Rochus Kobler CEO. Meine Rolle blieb, typisch Rochus, hinsichtlich des Tätigkeitenbereichs unbestimmt: Die Aufgaben würden sich schon ergeben, hiess es. Drei Monate nach mir wurde Lothar Schunk eingestellt – ebenfalls als Deputy COO; auch das war typisch Rochus.

ROCHUS KOBLER Wir wollten keine Konkurrenzsituation schaffen, doch das hätte ich klarer kommunizieren sollen. Es war einfach so: Beni und ich fanden Frau Kljucar und Herrn Schunk beide sehr gut, wenn auch unterschiedlich. Wir konnten uns nicht entscheiden. Und noch wichtiger: Wir konnten beide mit ihren jeweiligen Stärken brauchen!

BENEDIKT GOLDKAMP Rochus hatte keine Zeit mehr, sich um jede Firma einzeln zu kümmern. Allerdings hatte er als COO etwas gar viele potenziell wertschöpfende Themen angerissen, die jetzt zu Ende geführt werden mussten. Uns war klar, dass es weder Frau Kljucar noch Herrn Schunk langweilig werden würde.

INES KLJUCAR Ich musste sofort «ran an die Säcke», wie die Schweizer so schön sagen. Meine Aufgabe war es, das Puzzle namens «Power Quality» weiter zu lösen. Denn diese Sparte war hochdefizitär, weshalb Börsenanalysten schon lange auf Devestitionen drängten. Doch Phoenix Mecano tat das Gegenteil und kaufte weitere Firmen hinzu – wie die Ismet GmbH.

RENÉ SCHÄFFELER Im Sommer 2016 kauften wir auch noch die deutsche Ismet mit 140 Mitarbeitenden und einer Fabrik in Tschechien. Das war ein typisches Beispiel für eine Meinungsverschiedenheit zwischen Rochus und mir. Wir hatten bereits eine Firma, die Transformatoren herstellte: Platthaus. Nur fehlte da die kritische Grösse. Anstatt diese zu verkaufen, was dem ursprünglichen Plan entsprach, entschied Rochus das Gegenteil: Wir kauften die Ismet, die viel grösser als Platthaus war. Immer auf Angriff, der Rochus.

OLIVER HUPPERTZ Ich hatte schon als Student meine Diplomarbeit bei Platthaus geschrieben und war nun seit Jahren ihr Geschäftsführer. Anfang 2016 informierte mich Phoenix Mecano, dass sie die Platthaus abstossen wollten. Doch dann kam die Kehrtwende: Wir sollten doch nicht verkauft werden, sondern nur unsere Produktion nach Tschechien verlegen. Dort betrieb die von Phoenix Mecano übernommene Ismet in Villingen-Schwenningen eine Lohnfertigung für Drosseln und Transformatoren, die Ismet Transformátory in Běhařovice. Doch dann kam die dritte Volte: Der Geschäftsführer von Ismet riss das Zepter an sich, sodass unsere Platthaus plötzlich in die Ismet integriert werden sollte. Das war zu viel für mich!

RENÉ SCHÄFFELER Ich war schon im Grundsatz gegen den Kauf der Ismet. Und dann auch noch dieser geschäftsführende Inhaber, bei dem ich kein gutes Gefühl hatte. Ich sollte leider Recht behalten. Das hat dann die Ines zu spüren bekommen. Die wurde ins kalte Wasser geworfen und hat mir richtig leidgetan. Zum Glück ist sie hart im Nehmen.

OLIVER HUPPERTZ Der Geschäftsführer von Ismet setzte die alten Mitarbeiter von Platthaus unter Druck: Sie müssten jetzt unverzüglich nach Villingen-Schwenningen ziehen. Doch zwischen Alsdorf, dem Sitz der Platthaus, und der Ismet lagen 500 Kilometer! Schlussendlich ist fast niemand gegangen – ich auch nicht.

INES KLJUCAR Nach dem Kauf der Ismet schickte mich Rochus nach Běhařovice, um die Geschäftsführung der Ismet Transformátory zu übernehmen. Dort ging es drunter und drüber. Es fehlte einfach das Know-how, um die Platthaus bei laufendem Betrieb zu verlagern. Gleichzeitig verursachte der Geschäftsführer der Ismet im deutschen Mutterhaus viel Unruhe und Panik in den Teams. Dabei war er hauptverantwortlich dafür, dass es bei Platthaus niemanden mehr gab, der sich mit den dortigen Produkten sowie dem Bestell- und

Logistiksystem auskannte. Entsprechend erleichtert war ich, als ich hörte, dass Rochus ihn gefeuert und stattdessen Oliver Huppertz, den früheren Geschäftsführer von Platthaus, wieder in das Projekt geholt hatte.

ROCHUS KOBLER Der ehemalige Inhaber und Geschäftsführer von Ismet entpuppte sich als totaler Kontrollfreak. Der hatte in seinem Büro Monitore hängen, mit denen er die Mitarbeitenden in den Fabriken in Villingen-Schwenningen und Tschechien überwacht hat. Der traute niemandem. Ich musste einsehen, dass ich auf das falsche Pferd gesetzt hatte. Das war mein Fehler, und den musste ich jetzt ausbügeln. Ich griff zum Telefon.

OLIVER HUPPERTZ Im Frühjahr 2017 rief mich Rochus an. Er entschuldigte sich und gestand ein, dass er die Lage falsch eingeschätzt habe. Dann bat er mich, in das Projekt zurückzukehren und seine Mitarbeiterin, Ines Kljucar, bei der Verlagerung zu unterstützen. Als ich im Mai 2017 in Běhařovice ankam, war Ines bereits seit Wochen am Kämpfen. Das Lager war voll mit Fertig- und Halbfertigprodukten, von denen niemand wusste, zu welchen Kunden sie gehörten. Ines und ich mussten uns wochenlang durch Kisten wühlen und versuchen, die Fundstücke mit Bestellungen im EDV-System abzugleichen – alles unter Zeitdruck, einige Kunden waren bereits wegen Lieferschwierigkeiten abgesprungen.

INES KLJUCAR Oliver und ich waren ein Superteam. Gemeinsam haben wir einen Brandherd nach dem anderen gelöscht: die Logistik, die Lagerbewirtschaftung, die Produktion ...

OLIVER HUPPERTZ Nachdem das Gröbste überstanden war, begannen Ines und ich damit, die Ismet Transformátory zu einer eigenständigen Firma weiterzuentwickeln. Als Lohnfertigung hatte diese früher nur Befehle aus Villingen-Schwenningen ausgeführt, jetzt stellten wir Einkäufer ein, einen Qualitätsmanager, einen Fertigungsleiter. Es war schön, diese Firma wachsen zu sehen.

ROCHUS KOBLER Ich habe mich oft gefragt, ob diese Puzzlespiele mit all diesen Firmen Sinn ergeben. Hätten wir doch viel mehr devestieren sollen? Sicher ist, dass ich dieses Sammelsurium in den ersten Jahren vergrössert und nicht verkleinert habe.

***

LOTHAR SCHUNK Ich begann meine Arbeit bei Phoenix Mecano ein paar Wochen nach Ines. Mein Karriereberater hatte mir von der Stelle als Deputy COO abgeraten. Zu diffus sei das Jobprofil. Gleichzeitig hatte ich mich in der Schweizer Investorenszene nach dem Besitzer der Firma, Benedikt Goldkamp, erkundigt. Das Feedback war in etwa: Der feiere gerne Partys, sei aber auch ein sehr integrer und guter Geschäftsmann. Ich hörte auf mein Bauchgefühl und unterschrieb.

Während Ines nach Tschechien geschickt wurde, sollte ich den Geschäftsführer der Redur Messtechnik in Nordrhein-Westfalen unterstützen. Die Firma hatte Schwierigkeiten mit der Liefertreue, sodass einige Grosskunden auf dem Absprung waren. Was ich vorfand, war erschreckend: Chaos in der Kalkulation, in der Logistik und vor allem in der Führung. Der Geschäftsführer hatte eine regelrechte Angstkultur geschaffen, und trotzdem oder gerade deshalb schrieb die Firma hohe Verluste. Deshalb sagte ich zu Herrn Kobler: «Ich kann dem Geschäftsführer nicht helfen, weil er sich nicht helfen lässt. Der hat keine Probleme, sondern ist das Problem.»

ROCHUS KOBLER Lothar ist ein Wadenbeisser, der sich in die Organisationen und Thematiken einfrisst. Der dreht jeden Stein um. Ich musste immer schnell wieder weg, aber Lothar, der ist als Troubleshooter zur Redur gegangen und leitet sie heute noch – übrigens mit Oliver Huppertz als Co-Geschäftsführer.

LOTHAR SCHUNK Nach drei Monaten hat Rochus den Geschäftsführer der Redur entlassen und mich interimistisch eingesetzt. Weil Rochus zu dieser Zeit sehr beschäftigt war, stellte mir René Schäffeler seine «Geheimwaffe» zur Seite: Berto Odink, einen ehemaligen Manager aus Holland. Die Wahl war goldrichtig. Jedenfalls waren die Mitarbeiter der Redur nach dem Rauswurf des alten Geschäftsführers wie befreit und haben sogar Wochenendschichten gemacht, um die Kunden fristgerecht zu beliefern. Ab 2019 schrieb die Redur schwarze Zahlen.

INES KLJUCAR Nach einem langen Tal der Tränen erreichten wir mit der Ismet Transformátory 2019 den Turnaround. Sie war zwar noch keine Profitperle, aber immerhin kostendeckend. Das galt jedoch nicht für das Stammhaus in Villingen-Schwenningen, sodass der Phoenix Mecano langsam der Glaube fehlte, mit dieser Firma den gewünschten «Return on Capital Employed» zu erreichen. Deshalb beschloss die Gruppe einen Verkauf. Zu dieser Zeit war ich bereits auf dem Absprung, weil ich auf Gruppenebene die Verantwortung für unsere europäischen Vertriebsgesellschaften übernommen hatte. Im Zuge dessen habe ich auch die Geschäftsführung an Oliver übergeben.

OLIVER HUPPERTZ Die Gruppe fuhr zweigleisig: Einerseits versuchte sie, die Ismet zu verkaufen, andererseits vollzog sie 2020 die komplette Verlagerung der Produktion von Villingen-Schwenningen nach Běhařovice. Nur Vertrieb und Entwicklung blieben in Deutschland. Allerdings ist es schwierig, während einer Restrukturierung eine Firma zu verkaufen.

RENÉ SCHÄFFELER Da wir keinen Käufer fanden, entschieden wir, die Ismet abzuwickeln. Dafür wurde Lothar aufgeboten.

LOTHAR SCHUNK Ich analysierte Ende Dezember 2020 die Situation, redete mit Kunden und Schlüsselpersonen wie Oliver Huppertz. Oliver und ich waren uns schnell einig, dass die Ismet eine Zukunft hätte, wenn man an den richtigen Schrauben drehte. Also schmiedeten wir einen Plan. Den habe ich Rochus präsentiert und gesagt: «Gib Oliver und mir eine letzte Chance, die Ismet profitabel zu machen!»

ROCHUS KOBLER Der Plan entsprach meiner Philosophie, endgültige Entscheidungen zu vermeiden. Wir liessen uns damit alle Optionen offen, sodass die Praxis zeigen würde, welcher Weg der beste ist. Das ist unsere DNA: nicht mit dem Hochmut der Allwissenden grosse Entscheidungen fällen, sondern auch mal mehrgleisig fahren und schauen, welcher Zug einen zum Ziel bringt.

OLIVER HUPPERTZ Das Gute war: Wir hatten nichts zu verlieren. Denn schlimmer als Abwickeln ging ja nicht. Also konnten wir mit unserem Sanierungsplan «all in» gehen.

LOTHAR SCHUNK Der Plan war: redimensionieren, die Kostenstruktur von 10 auf 5 Millionen Euro Umsatz halbieren und nur den profitablen Teil behalten. In Villingen-Schwenningen mussten wir zehn Mitarbeitende entlassen. Danach bereinigten wir das Sortiment und gingen mit den Preisen hoch, und zwar massiv. Und siehe da: Nur wenige Kunden sprangen ab. Dafür stieg die Profitabilität. 2021 integrierten wir die Ismet in die Redur. Seitdem schreiben wir Gewinne.

ROCHUS KOBLER Heute machen wir mit dem Geschäftsbereich Measuring Technology, den Lothar Schunk leitet, über 30 Millionen Franken Umsatz und sind hochprofitabel. Es scheint, als hätten wir das Puzzle gelöst. Das geschah nicht über Nacht und nicht von Zauberhand, sondern durch den harten Einsatz unserer Mitarbeitenden. Ein bisschen Zauber war aber auch dabei.

LOTHAR SCHUNK 2024 haben wir die Tramag Transformatorenfabrik GmbH in Fürth aus der Insolvenz gekauft, um in den Wachstumsmarkt der Medizintechnik vorzustossen. Da ging das Spiel von vorne los: Wir haben den Vertrieb und die Entwicklung im Stammhaus in Fürth belassen, aber die Produktion zur Ismet nach Běhařovice verlagert. Ausserdem investieren wir derzeit in unser neues Entwicklungszentrum in Niederzier, in den Hauptsitz der Redur. Ich traue unserer Measuring Technology noch viel zu.

BENEDIKT GOLDKAMP Die Entwicklung der Measuring Technology erinnert mich an eine Metapher, die einmal der Strategieprofessor Henry Mintzberg benutzt hat: Eine Töpferin unterscheidet nicht zwischen Strategie und Arbeit. Während ihre Drehscheibe rotiert, manifestiert sich ihre Arbeit in einem Zusammenspiel aus vergangener Erfahrung und einer Idee dessen, was entstehen soll. Ich würde sagen, wir funktionieren ähnlich: nicht zu viel über Strategien und Theorien nachdenken, sondern wie die Drehscheibe ständig in Bewegung bleiben – im Markt, beim Kunden. Und dabei gilt es, kreativ zu sein, dazuzulernen, kleine Entscheidungen zu treffen, einen Schritt zurück, zwei voran. Immer bei laufender Drehscheibe.

Angestellte der Ismet Transformátory in Běhařovice anlässlich der Verabschiedung von Ines Kljucar (vorne Mitte) 2019, links von ihr Co-Geschäftsführer Oliver Huppertz.

Aus dem Prospekt von Platthaus (ca. 2014): «Nebenstehende Abbildung zeigt einen 400kVA-Transformator, der in Batterieladegeräten eingesetzt wird. Diese werden über Thyristorsteller angesteuert. Der Aufbau als Scheibenwicklung wurde zur Reduzierung der kapazitiven Kopplung gewählt. Die Aufteilung der Sekundärkreise in zwei Schaltgruppen mit 300 Phasenverschiebung reduziert die netzseitigen Oberwellen deutlich.»

Kombination aus Transformator und Drosseln für Prüfanlagen für Mittelspannungstransformatoren von der Ismet GmbH, Villingen-Schwenningen (2016).

Rugged Computing: Hoffnung und Betrug

If people who have to work together in an enterprise trust one another because they are all operating according to a common set of ethical norms, doing business costs less. (...) By contrast, people who do not trust one another will end up cooperating only under a system of formal rules and regulations, which have to be negotiated, agreed to, litigated, and enforced, sometimes by coercive means. This legal apparatus, serving as a substitute for trust, entails what economists call «transaction costs». Widespread distrust in a society, in other words, imposes a kind of tax on all forms of economic activity, a tax that high-trust societies do not have to pay. (Francis Fukuyama, Trust: The Social Virtues and the Creation of Prosperity)

PHILIP BROWN Es war für den Verlauf dieser Geschichte unglücklich, dass ich der Akquisition von Orion Technologies von Anfang an kritisch gegenüberstand. Ich habe grösste Ehrfurcht vor mittelständischen deutschen Unternehmen wie Hartmann Electronic und Wiener Power Electronics, aber die wollten jetzt Zulieferer der amerikanischen Rüstungsindustrie werden? Mit Hilfe eines Entwicklers in Florida, der mit Prozessoren 2 Millionen Dollar Umsatz machte? Bei allem Respekt – aber das war eine Nummer zu gross!

LOTHAR SCHUNK In der Subsparte Electronic Manufacturing and Packaging fasste Phoenix Mecano Firmen zusammen, die Hardwarekomponenten wie Netzteile, Backplanes und Gehäuse produzierten. Ähnlich wie bei der Measuring Technology ging es hier darum, das vorhandene Know-how so zu bündeln und zu ergänzen, dass ein sinnvolles Ganzes entstand. Bislang hatten Hartmann Electronic, Phoenix Mecano Digital und Wiener je eigene Kundengruppen wie Forschungslabore oder Medizintechnikunternehmen bedient.

ROCHUS KOBLER Ich hatte unsere Geschäftsführer in der Sparte ELCOM/EMS ermuntert, nach Ergänzungsakquisitionen Ausschau zu halten. 2014 kam Dr. Zahnenbenz von Hartmann Electronic mit der Firma Orion Technologies aus Florida auf uns zu. Orion entwickelte Hauptprozessoren, sogenannte CPUs. Diese waren eine Art fehlendes Puzzleteil,

High Speed Backplane für Industriecomputer von Hartmann Electronic.

denn zusammen mit unserer Hardware aus der Subsparte Electronic Manufacturing and Packaging könnte man mit diesen «Rugged Computers» herstellen, also modular aufgebaute Rechner, die unter Extrembedingungen wie Hitze oder Kälte, Vibrationen, Strahlung oder Ultraschallgeschwindigkeit präzise funktionierten. Orion hatte sogar schon einen Markt im Visier – und was für einen: die amerikanische Rüstungsindustrie mit der US-Army als Endkunden. Dort könnten «Rugged Computers» in Kombination mit der militärischen Software zum Beispiel in der Freund-Feind-Erkennung eingesetzt werden. 2014 stiegen wir bei Orion mit 20 Prozent ein – inklusive Call-Option für weitere 70 Prozent.

Philip Brown, CEO Phoenix Mecano Inc., USA, und «Troubleshooter» im Fall Orion.

LOTHAR SCHUNK Die Frage war, ob wir 2016 die Call-Option ziehen sollten oder nicht. Das Ausübungsrecht war gratis, weil Orion bis dahin nur Verluste geschrieben hatte. Philip Brown, der Geschäftsführer der Phoenix Mecano Inc. in den USA, war gegen eine Übernahme. Er traute weder dem Geschäftsführer noch dem Geschäftsmodell. Allerdings hatte Orion – gemäss Bilanzen – den Umsatz tatsächlich von 2 auf 5 Millionen Dollar hochgeschraubt. Zudem versicherte uns der CEO, mit zahlreichen Kunden aus der Rüstungsindustrie in Kontakt zu stehen. Als er uns schliesslich ein Umsatzziel von 20 Millionen Dollar in Aussicht stellte, zogen wir die Call-Option.

ROCHUS KOBLER Tatsächlich wuchs Orion nach unserer Übernahme – und zwar rasant.

> **Orion Technologies today announced it ranked No. 230 on Deloitte's Technology Fast 500™, a ranking of the 500 fastest growing technology, media, telecommunications, life sciences and energy tech companies in North America. Orion Technologies grew 421 percent during this period. (Pressemitteilung der Orion Technologies, 9. November 2017)**

LOTHAR SCHUNK Das einzige Problem war: Die Kunden zahlten nicht – und damit hatte jetzt natürlich René Schäffeler ein Problem.

RENÉ SCHÄFFELER Der Geschäftsführer von Orion hat uns immer wieder und wieder vertröstet und gesagt, alles sei gut, und das Geld komme später.

ROCHUS KOBLER Das Schwierige für uns war, Nähe zu diesem Geschäft aufzubauen. Das lag an den Regelungen des internationalen Waffenhandels (ITAR): Diese untersagten uns als Nicht-US-Amerikanern, in eine direkte Kommunikation mit

Kunden aus der Rüstungsindustrie zu treten. Und als wäre das nicht genug, kam Anfang 2020 auch noch die Coronapandemie dazu, wodurch Reisen und Treffen in Florida zusätzlich erschwert wurden.

RENÉ SCHÄFFELER 2020 haben wir erneut eine Aussprache verlangt. Wir haben den Geschäftsführer von Orion in einem Online-Meeting direkt mit unseren Fragen konfrontiert, doch er hatte auf alles eine überzeugende Antwort. Er schaute uns direkt in die Augen und log uns an. Ohne Skrupel.

LOTHAR SCHUNK Als Beweis zeigte uns der Geschäftsführer Verträge und Korrespondenzen, in denen zum Beispiel ein Einkäufer auf die in der Rüstungsindustrie üblichen Zahlungskonditionen hinwies: «PWP – Pay when Paid». Zu Deutsch: Erst wenn die US-Army die Rüstungskonzerne bezahlt hat, werden diese auch Orion bezahlen. Ich machte eine Nachrecherche und stellte fest, dass es diese Praxis wirklich gab. Dem weiter nachzugehen, war schwierig, gerade weil alles topsecret war. Deshalb schalteten wir jetzt vermehrt Philip Brown ein, unseren Geschäftsführer in den USA. Der war US-Bürger und kam leichter an Informationen.

PHILIP BROWN Ich bin ein überzeugter Anhänger der vertrauensbasierten Unternehmenskultur bei Phoenix Mecano. Aber natürlich muss man sich das Vertrauen auch verdienen, und zwar immer wieder aufs Neue. Beim Geschäftsführer von Orion fragte ich mich schon länger, womit er dieses Vertrauen verdient hatte – und warum man mich nach 20 Jahren bei Phoenix Mecano als Schwarzmaler hinstellte, wenn ich meine Bedenken äusserte. Ich hielt den Orion-Geschäftsführer jedenfalls von Anfang an für einen Schaumschläger oder Schlimmeres. Doch für Lothar, Rochus und die deutschen Geschäftsführer war es angenehmer, den süssen Versprechungen aus Florida zu glauben.

RENÉ SCHÄFFELER Ich sass zwischen Stuhl und Bank. Einerseits schienen mir die ständigen Zahlungsaufschübe eigenartig und ich hatte diesbezüglich auch einige Auseinandersetzungen mit Rochus. Andererseits fand ich – wie Rochus und Lothar – die Verdächtigungen von Philip Brown übertrieben, zumal wir das Gefühl hatten, dass Philip eine persönliche Abneigung gegen den Geschäftsführer von Orion hegte. Im Nachhinein muss man sagen, dass Philip der einzig Sehende unter uns Blinden war.

LOTHAR SCHUNK Die Situation eskalierte, als der Finanzchef von Orion im Frühjahr 2021 ausschied. Ich hatte mich bei vorherigen Besuchen in Florida immer gewundert, warum er so eine teure Rolex trug. Darauf angesprochen erzählte er mir von seiner Frau, die eine erfolgreiche Ärztin sei. Seltsamerweise fand ich diese Ärztin nirgends im Internet. Nach seiner Kündigung bestanden wir darauf, den Nachfolger zu bestimmen, und stellten eine topseriöse Finanzchefin ein. Drei Wochen nach ihrem ersten Arbeitstag meldete sie sich bei mir. Sie hatte Kontakt zu einem grossen «Kunden» von Orion aufgenommen: Dort wusste niemand etwas von unbezahlten Rechnungen – schon gar nicht in Höhe von 6 Millionen Dollar.

PHILIP BROWN Ich bin dann runtergeflogen. Nur meine Frau und die Konzernleitung wussten, wo ich war. Wir wollten Gerüchten vorbeugen. Zehn Wochen lang durchleuchtete ich mit externen Wirtschaftsprüfern Orion. Der Betrug wurde schnell offensichtlich. Wir entdeckten sogar ein Lager, in dem die angeblich ausgelieferten «Rugged Computers» gebunkert wurden. Nach einer ausserordentlichen Verwaltungsratssitzung wurden der Geschäftsführer und sein Entwicklungsleiter per sofort freigestellt, und wir erstatteten Anzeige.

Kloten/Stein am Rhein (...). Phoenix Mecano hat eine interne Untersuchung wegen möglicher Unregelmässigkeiten im Zusammenhang mit gewissen Kundenaufträgen, Aussenumsätzen und Forderungen aus Lieferungen und Leistungen bei einer US-Tochtergesellschaft eröffnet. Die laufende Untersuchung wird mit Unterstützung von externen Forensikspezialisten und Anwälten durchgeführt. Der Untersuchungszeitraum umfasst Vorgänge der Jahre 2018 bis heute. Nach vorläufiger Einschätzung ist in Summe eine einmalige, nicht wiederkehrende Ergebnisbelastung in der Grössenordnung eines höheren einstelligen Millionenbetrages in Euro zu erwarten. (Phoenix Mecano AG, Ad-hoc-Mitteilung gemäss Art. 53 KR, 4. Juli 2022)

LOTHAR SCHUNK Um noch einige Assets von Orion zu retten, meldeten wir Insolvenz an. So haben wir für die Orion in einem Bieterverfahren noch 1,5 Millionen Dollar erhalten.

ROCHUS KOBLER Nach diesem Debakel entschieden wir uns, die übrigen Firmen der Subsparte Electronic Manufacturing and Packaging zu veräussern. Hartmann Electronic und Wiener Power Electronics hatten sich trotz des ausbleibenden Erfolgs von «Rugged Computing» gut entwickelt und machten über 2 Millionen Euro Gewinn pro Jahr. Die konnten wir gut verkaufen, ebenso die Phoenix Mecano Digital, die wir 2022 mit Gewinn an Cicor abstiessen.

RENÉ SCHÄFFELER Rochus sprach gerne von den «Economies of Trust». Vertrauen ist ein wichtiger Bestandteil der dezentralen Unternehmenskultur von Phoenix Mecano. Vertrauen lohnt sich, weil es Selbstverantwortung fördert und weniger Kosten verursacht als Kontrolle. Das Risiko ist jedoch, den Falschen zu vertrauen. Dann dauert es lange, bis ein Kontrollmechanismus aufgebaut ist und die Konsequenzen gezogen werden.

Wir trauern um

Dr. Hermann Christian Goldkamp

18. April 1933 – 25. Mai 2019

Am 25. Mai 2019 verstarb Herr Dr. Hermann Christian Goldkamp im Alter von 86 Jahren.

Herr Dr. Goldkamp schuf aus bescheidenen Anfängen im Jahre 1975 mit visionärem Gestaltungswillen und unermüdlichem Einsatz unsere Industriegruppe als erster Direktor und Verwaltungsratspräsident. Er führte das Unternehmen 1988 erfolgreich an die Schweizer Börse. Früh erkannte er das Potential der Globalisierung für den spezialisierten Komponentenhersteller und prägte entscheidend das internationale Profil der Gruppe bis zu seinem Ausscheiden als Verwaltungsrat im Jahre 2003.

Herr Dr. Goldkamp war mit seiner gelebten Bescheidenheit, seiner unermüdlichen Neugierde und seiner strategischen Weitsicht stets ein Vorbild für die Mitarbeiter unserer Gruppe. So prägte er die Kultur des Unternehmens auch nach seinem Ausscheiden massgeblich.

Phoenix Mecano würdigt Herrn Dr. Goldkamp als einen Menschen mit einer herausragenden Persönlichkeit, der sich durch seine fachliche Kompetenz und immerwährende Verbundenheit zum Unternehmen auszeichnet.

Wir verneigen uns vor seiner Lebensleistung und werden sein Andenken in Ehren bewahren.

Unser Mitgefühl und unsere Anteilnahme gelten seiner Familie

Die Mitglieder des Verwaltungsrates sowie
die Geschäftsführung und die Mitarbeiter der

Phoenix Mecano AG

8260 Stein am Rhein

Erfolgreiche Konsolidierung: Elektrotechnische Komponenten

JOACHIM METZGER PTR hatte sich in der Produktion verzettelt. Sie besassen Fabriken in Werne, Budapest, Zaghouan, Shanghai ... Jeder Standort gab zu tun und kostete, weil er einen Geschäftsführer benötigte und man das Werk pflegen, kontrollieren, zertifizieren musste. Es war richtig zu konsolidieren. Die Frage war nur – wohin?

MAXIMILIAN KLEINLE Dr. Metzger war der Pate der Auslandsgesellschaften der Phoenix Mecano. Er baute diese mit grossem persönlichen Engagement auf, was wichtig und gut war.

Das galt auch für den Standort in China, wo Kin Wah Phoon in Shanghai unter anderem für PTR und Hartmann Codier produzierte. Ich hatte halt weniger persönliche Beziehungen und habe immer mehr auf die Zahlen geschaut. Shanghai war mir zu teuer. Und mengenmässig war das nichts im Vergleich zu Tunesien. Aber Dr. Metzger stellte sich immer vor seine Leute, in diesem Fall vor Herrn Phoon.

PETER SCHERER Wir hatten mit PTR bereits 2008 im Süden, in Shenzhen eine Einkaufsgesellschaft gegründet. Max und ich entschieden, den Vertrieb und die Produktion vorerst bei Herrn Phoon in Shanghai zu belassen, um das «Reich» von Dr. Metzger nicht anzugreifen. 2012 ergab sich jedoch die Möglichkeit, in Shenzhen eine Schraubenfabrik zu kaufen. Wir trafen den Sohn des Besitzers am Flughafen in Hongkong, um die letzten Details zu besprechen – doch dann platzte der Deal. Also haben wir in der Nähe der Fabrik einen eigenen Standort aufgebaut und anschliessend beim Schraubenhersteller die Mitarbeiter abgeworben – «The Chinese Way», nur mal umgekehrt. Seitdem machte unsere Shenzhen Elcom auch Metallverarbeitung: schrauben, stanzen, räumen und drehen. Der damalige Cheftechniker, Nelson IP, ist heute unser Technischer Leiter in Shaoguan. Kurz danach erwarben wir im benachbarten Dongguan die Bond Tact, die Schalter produzierte. Damit hatten wir jetzt – neben Shanghai – zwei Produktionsstandorte im Süden Chinas.

JOACHIM METZGER Nach dem Kauf der Bond Tact drängte Herr Scherer auf eine Integration der Produktion in Shanghai in die Bond Tact in Dongguan, weil dort die Kosten günstiger seien. Ich schlug eine neutrale Kostenanalyse durch das zentrale Rechnungswesen von Herrn Schäffeler vor, um Fakten zu schaffen.

KIN WAH PHOON Ich hatte 2009 die gesamte Fabrik modernisiert. Wir besassen eine Topproduktion für PTR und Hartmann Codier, treue Kunden, eine erfolgreiche Verkaufsmannschaft. Und jetzt sollte das alles in den Süden ziehen? Das war ein Drittel unseres Geschäfts in Shanghai! Allem voran aber fand ich: Die Daten aus dem Süden waren wenig authentisch. Bei einer Vollkostenrechnung waren sie nicht günstiger als wir.

JOACHIM METZGER Herr Phoon hatte nicht ganz Unrecht, wenn er das Ergebnis dieser Kostenanalyse anzweifelte. Er verfügte über Interna, da er früher in Dongguan als Geschäftsführer gearbeitet hatte und gut vernetzt war. Ich versuchte, Herrn Phoon zu erklären, dass er zwar möglicherweise Recht habe, mittel- und langfristig aber der Süden für ein weiteres Wachstum von PTR und Hartmann Codier günstiger sei. Für ihn war das schwer zu akzeptieren. Tatsache ist, dass jeder Geschäftsführer in der Phoenix Mecano-Gruppe in erster Linie «seinen» eigenen unternehmerischen Vorteil sucht. Dadurch können Konflikte entstehen. Es war ein wesentlicher Teil meiner Arbeit, zu vermitteln und das Miteinander zwischen Stammhäusern, Vertriebs- und Produktionsgesellschaften zu fördern.

RENÉ SCHÄFFELER Die Zusammenarbeit zwischen den chinesischen Standorten und PTR war immer wieder Gegenstand von Diskussionen über die Vertriebs- und Lieferperformance, über Verrechnungspreise und die Aufteilung der Kosten. Wir haben uns schlussendlich für eine Konzentration in Südchina entschieden, um die Lieferketten zu vereinfachen, aber auch, um diese Schnittstellenprobleme zu beheben.

KIN WAH PHOON Noch Jahre nach dem Umzug erhielt ich Anrufe von ehemaligen Kunden, die sich nicht mehr gut betreut fühlten. Denen musste ich sagen: Meldet euch in Dongguan, ich bin nicht mehr zuständig.

PETER SCHERER Wir hatten jetzt zwei Fabriken und einen Vertrieb in Südchina, die den chinesischen Markt bedienten, wobei wir weiter in die Wertschöpfungstiefe investierten. Wir bauten Werkzeuge für Stanzformen und Plastikspritzguss, produzierten Transformatoren und Drosseln und in Grossserien Anschlussklemmen, Steckverbindersysteme, Federkontakte, Reihenklemmen und Codierschalter.

JOACHIM METZGER Vertikale Integration und Wachstum – wer am chinesischen Markt bestehen will, muss nach den chinesischen Spielregeln spielen. Deshalb baute Herr Scherer fortlaufend Fertigungstiefe und Volumen auf, denn ohne Volumen war die Eigenfertigung zu teuer. Ich erinnere mich an eine Direktoriumssitzung Anfang der 1990er-Jahre, da sagte Dr. Goldkamp vor dem Hintergrund der aufkommenden Margenerosion: «Wenn das so weitergeht, sind wir in einigen Jahren pleite.» Er erkannte bereits am Anfang der Globalisierung, dass die Zeiten vorbei waren, in denen die Produktionskosten plus Marge einen gültigen Verkaufspreis ergeben hatten.

PETER SCHERER Neben unserer Produktion in China hatten wir weiter unseren Standort in Tunesien – vor allem für den europäischen Markt. In Zaghouan integrierten wir auch noch die beiden Fabriken der Hartu in Marokko und Ben Arous. So wurde die Hartu, die einstige Tochter von Götz-Udo Hartmann, zu einem Teil der Subsparte Elektrotechnische Komponenten. 2020 stellte der Konzern auch noch Hartmann Codier unter das Dach von PTR. Damit war die Konsolidierung der Subsparte Elektrotechnische Komponenten fast abgeschlossen. Sie bestand nur noch aus einem Mutterhaus, der PTR Hartmann in Werne, mit Niederlassungen in Grävenwiesbach für Induktivitäten und in Baiersdorf für Präzisionsspritzguss sowie einer Fabrik in Tunesien und zwei Fabriken in China, die wir schon bald auch zusammenlegen würden.

BENEDIKT GOLDKAM Der Westen hat China erst als Billiglohnland genutzt, dann als Markt erkannt, anschliessend als Kopiermaschine kritisiert und in jüngerer Zeit als ernstzunehmenden Wettbewerber respektiert. Wir waren früh in China und haben diese Entwicklung mitgemacht. Dabei haben wir viel gelernt – gelernt von den Chinesen. Wie sie es machen, wie beweglich sie sind, wie schnell und günstig sie auf den Markt kommen. Ohne diesen Lernprozess wären wir heute nicht mehr hier.

PETER SCHERER In China gibt es heute alles, was ein erfolgreiches Unternehmen braucht: qualifizierte Mitarbeiter, einen starken Binnen- und Exportmarkt, Zugang zu Rohstoffen, Nähe zu Zulieferern und so weiter. Nur mit den Sozialleistungen muss man aufpassen. Als börsenkotiertes Unternehmen sind wir verpflichtet, soziale Standards einzuhalten. Bei den Wanderarbeitern im Süden, wo wir unsere Werke in Dongguan und in Shenzhen hatten, war das jedoch oft schwierig. Die wollten lieber mehr Lohn als Sozialleistungen. Ausserdem wurde der Süden teurer: Shenzhen ist heute sogar die Stadt mit dem höchsten Pro-Kopf-Einkommen in China. Schlussendlich entschieden wir uns, weg von der Küste Richtung Norden zu ziehen. 2020 ersetzten wir die beiden Werke im Süden durch einen neuen Standort in Lechang, der über Fertigungslinien für Hartu-Induktivitäten, eine teilautomatisierte Montage der PTR-Prüftechnikprodukte sowie über ein Vertriebszentrum für PTR, Hartmann und Hartu verfügte. Hier setzten wir auf lokale Arbeiterinnen und Arbeiter, die vor Ort Familie hatten und verwurzelt waren, die sich nach zehn Stunden Arbeit auf zu Hause freuten und auch in fünf Jahren noch für uns tätig wären. Es geht immer mehr darum, Know-how zu halten und hier vor Ort aufzubauen. Deshalb sind wir eine Kooperation mit der Technischen Hochschule in Lechang eingegangen: Wir bieten Praktika im Werkzeug- und Automatenbau, Spritzen, Drehen, Fräsen, Räumen an und stehen dadurch konstant in Kontakt mit jungen talentierten Fachkräften.

Anlässlich des Neubaus von PTR Hartmann in Baiersdorf treffen sich Benedikt Goldkamp, Verwaltungsratspräsident Phoenix Mecano, und Karl Kilian, von 1968 bis 2005 im Dienst von Hartmann (2024).

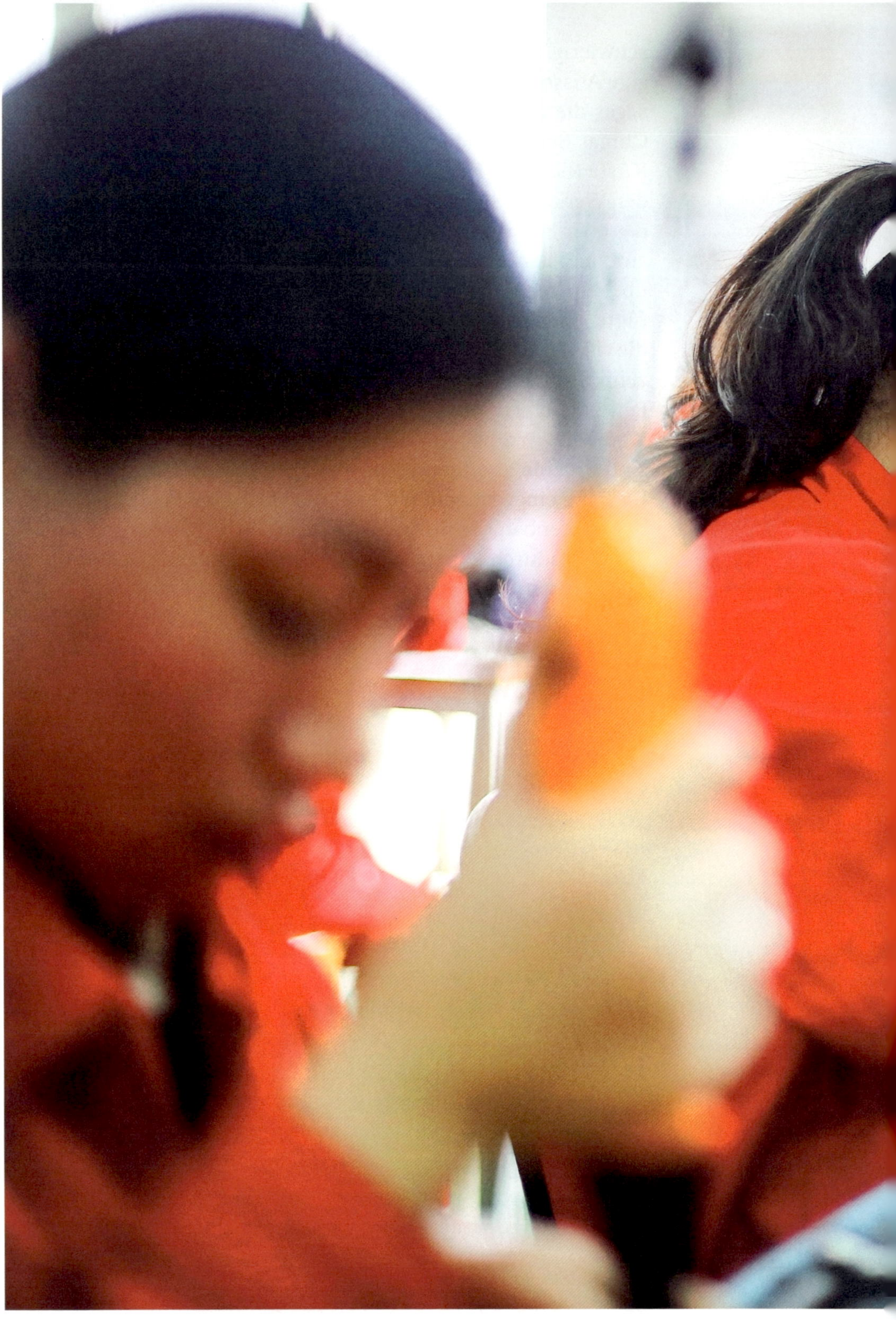

Klemmenproduktion für PTR bei Mecano Components in Shanghai (2012).

Ausstellungsraum für PTR und Hartmann Codier bei Mecano Components in Shanghai (2012).

ROSE
MECANO
Industrial enclosures
Polycarbonate ABS standard PC / A
ECO/PCI standard
RTMANN
MECANO
A Phoenix Mecano Company

Spatenstich zum Fabrikneubau von PTR Hartmann in Lechang im Norden der Provinz Guangdong, China (2019). Im Bild: Peter Scherer, Geschäftsführer PTR Hartmann (3. v. l.), Benedikt Goldkamp (5. v. l.).

PHOENIX MECANO
器件项
天高海阔迎好
昌艾尔康电子元器件项目
PHOENIX MECANO
子元器件项目
仪式
年一月

件项目动工仪式圆满成功
叶绿花红孕金窝
乐昌艾尔康电子元器
动工仪式
2019-1

项目
天高海
安全在于
事故出自
元器件项目
式

Druckverbinder Rose + Krieger (2007).

Die Stammhäuser und der Rest der Welt

CONCHITA ARANDA Ich war lange Zeit die einzige Frau mit Führungsfunktion in der Phoenix Mecano-Gruppe. 1995 hatte ich mit meinem Mann die Sistemas Phoenix Mecano España als Vertriebsgesellschaft gegründet. Mein Sohn Sacha war damals 19 Jahre alt und strich mit zwei Freunden die Wände unseres ersten Lagers. Er war also von Anfang an dabei, wurde 2000 unser Verkaufsleiter für Rose + Krieger und 2012 mein Nachfolger. Wir sind ein Familienunternehmen.

SACHA HUTCHINSON Was gibt es Schöneres für einen Maschinenbaustudenten als Rose + Krieger? Das war wie Lego für Erwachsene! Ich hatte mich augenblicklich in das Modulsystem verliebt, und diese Liebe dauert bis heute fort.

CONCHITA ARANDA Am Anfang verkauften wir nur Rose + Krieger und Dewert, später auch PTR, Hartmann Codier, Bopla und Rose. Wir hatten eine Sonderstellung in der Gruppe, weil wir die einzige eigenständige Vertriebsgesellschaft in Europa waren und nicht von Rose geführt wurden. Wir rapportierten an Herrn Metzger. Die grösste Herausforderung waren die unterschiedlichen Mentalitäten: Unsere spanischen Kunden hatten heute ein Problem – und wollten morgen die Lösung, auch wenn es vielleicht nicht die beste war. Ein bisschen Chaos ist akzeptiert in Spanien. Die Deutschen hingegen nahmen jedes Problem und alles, was von der Norm abwich, sehr ernst; sie analysierten und dokumentierten es, versahen jedes Element mit einer Seriennummer – und wenn wir Glück hatten, hatten wir dann nach zwei, drei Monaten ein Sample für den Kunden. Das mussten wir dringend ändern, und ich weiss nicht, ob wir es ohne Dr. Metzger geschafft hätten.

SACHA HUTCHINSON Dr. Metzger war ein Menschenfreund. Ständig auf Achse – und das in der ganzen Welt. Er war unser Mentor und hat uns beigebracht, wie wir mit den Stammhäusern verhandeln mussten, um zu erreichen, was wir und unsere Kunden wollten.

CONCHITA ARANDA Andere in Deutschland haben uns belächelt. Aber Herr Metzger hat mit Stolz verkündet: Schaut nach Spanien! Da herrscht immer ein bisschen Chaos, und trotzdem wachsen sie. Und profitabel sind sie auch noch!

JOACHIM METZGER Wegen ihrer Sonderstellung in Europa fiel die Vertriebsgesellschaft in Spanien in meinen Verantwortungsbereich – neben Brasilien, Indien, China, Singapur und Australien. All diese Vertriebsgesellschaften befanden sich nicht in der Obhut eines Stammhauses, sondern waren Teil der Matrixorganisation von Phoenix Mecano. Es war also kein Wunder, dass sie von einigen Stammhäusern mit Argwohn betrachtet wurden.

Conchita Aranda am Abend ihrer Verabschiedung (2012).

CONCHITA ARANDA Herr Schaadt von Rose genoss Respekt in der Gruppe. Dennoch fragten wir uns, warum er nicht mit uns zusammenarbeiten wollte. Ich habe ihn mehrmals auf Geschäftsführertagungen darauf angesprochen: «Wir können mit unserem Kundenstamm und unserem Team dreimal mehr verkaufen als Ihr Vertriebler!» Einmal habe ich ihn sogar in Porta Westfalica besucht, da hat er mir die Tür vor der Nase zugeschlagen.

SACHA HUTCHINSON 2012 war ich auf einer Sales-Konferenz von DewertOkin in Deutschland, da rief mich Herr Schaadt an. Der Distributor in Spanien sei Konkurs gegangen. Jetzt endlich war er gesprächsbereit. Ich fragte Herrn Goldkamp, ob ich die Konferenz für einen Abstecher nach Porta Westfalica verlassen könne. «Go for it!», sagte er. Seitdem verkaufen wir auch Rose – übrigens fünfmal mehr als der Vertriebler vor uns.

JOACHIM METZGER 2016 war es an der Zeit, meine Nachfolge als «Aussenminister» der Phoenix Mecano in die Wege zu leiten und Nachfolger einzuarbeiten. So zum Beispiel Ines Kljucar, die fortan Spanien betreuen sollte: Sie war jung und selbstbewusst, aber nie überheblich. Eine charmante Zuhörerin, die – wenn nötig – Krallen zeigen konnte. Sie hatte das Rückgrat, das es brauchte, um unter Alphamännern zu bestehen.

SACHA HUTCHINSON Ich war überrascht – eine Frau in einer Führungsposition bei Phoenix Mecano! Das freute mich; ich war ja selbst mit zwei starken Frauen aufgewachsen: meiner Mutter und meiner Schwester. Ines versprühte von Anfang an positive Energie. Sie hatte etwas Südländisches, vielleicht wegen ihrer kroatischen Wurzeln. Sie war in Deutschland aufgewachsen, lebte jetzt in der Schweiz und konnte sogar Spanisch, weil sie als Studentin ein Jahr in Salamanca gelebt hatte. Vor allem aber war sie eine sehr gute Teamplayerin. Das wurde deutlich, als sie 2019 den gesamteuropäischen Vertrieb unter ihre Fittiche nahm. Sie schulte und vernetzte uns, sie war immer spürbar für uns. Wir nennen uns noch heute manchmal «Team Ines».

INES KLJUCAR Als ich 2016 in Spanien den Vertrieb von der Gruppe aus betreute, gab es im Management der Phoenix Mecano-Gruppe drei Frauen: Frau Aranda, die eigentlich schon pensioniert war, unsere Justiziarin, Frau Sochor, und mich. War das ein Problem für mich? Sicher nicht das grösste. Was sich hingegen als Herausforderung darstellte, war die mangelnde Diversität im Management der deutschen Stammhäuser. Ich traf dort zu viele Ingenieure und zu wenige Verkäufer, zu viele Einzelkämpfer und zu wenige Teamplayer. Möglich, dass die Technikversessenheit auch der Frauenquote unzuträglich war. Aber erstens würde ich behaupten: Frauen können auch Technik, nur wird ihnen zu wenig zugetraut. Und zweitens und viel wichtiger: Wir brauchen nicht mehr technisches Know-how in der Gruppe, sondern mehr Vertriebskompetenzen. Ich meine, come on! Wir sind keine Hightechfirma. Unsere Produkte sind super, ja, aber uns fehlt es an Vertriebsstrategien, Marketing, Zusammenarbeit. Und wenn man diese Themen ernst nimmt – und ich nehme sie ernst –, dann werden auch mehr Frauen in Führungspositionen vorstossen. Nicht weil sie Frauen sind, sondern weil sie mindestens ebenso gute Skills haben wie Männer.

SACHA HUTCHINSON Wir waren mit die Ersten, die erkannt hatten, dass Service und «Added Value» die Schlüssel zum Erfolg sind: «Customer Excellence!» Schon 1996 installierten wir eine Profilschneidemaschine, um die von Rose + Krieger gelieferten Sechs-Meter-Profile auf die gewünschten Kundenlängen zu schneiden. Denn höhere Flexibilität und schnellere Lieferzeiten bedeuteten besseren Service. Kurze Zeit später investierten wir in Extrusionswerkzeuge, um selbst Profile herstellen zu können. Damit sparten wir Zeit und Transportkosten. 2015 eröffneten wir das erste Bearbeitungszentrum für das Customizing von Gehäusen. Bis dahin waren 90 Prozent unserer Verkäufe Katalogware. Jetzt aber verstärkten wir, aber auch die Stammhäuser das Customizing und passten Gehäuse nach Kundenwunsch an. Heute hat sich das Verhältnis umgekehrt: Wir verkaufen 90 Prozent unserer Produkte «customized», 10 Prozent ab Katalog.

DR. HEINZ WERNER RIXEN Rose versteht sich als Lösungsanbieter. Das war auch der Grund dafür, dass ich 2012 von der Automobilindustrie zu Rose gewechselt bin. Ich wollte wieder die Nähe zum Kunden spüren. Und was Rose von anderen unterscheidet, ist diese Kundennähe. Wir sind kein Technologieunternehmen, sodern innovativ für jeden einzelnen Kunden. Heute verkaufen wir 10 Prozent Standardgehäuse, 90 Prozent spezifische Gehäuse – und das Gleiche gilt für Bopla. Die Anpassungen reichen von Bohrungen über die Applikation von Farbe und Logos, den Einbau von Kundensteuerungen oder anderen elektrotechnischen Komponenten bis hin zu eigenen Werkzeugen und Fertigungslinien für Kunden, die massgeschneiderte Gehäuse in Serie bei uns bestellen.

SACHA HUTCHINSON Spanien ist ein spannender Markt für Gehäuse: Wir haben viel Solarenergie, Bahnunternehmen, IT ... 2022 konnte ich einen Grossauftrag für Bopla akquirieren: Gehäuse für Solartracker, die die Paneele über den Tag hinweg zur Sonne ausrichten. Diese Steuergeräte mussten absolut verlässlich sein. Zudem hatte der Kunde Sonderwünsche, wie beispielsweise eine selbst gestaltete Folienbeschichtung und eingebaute Sichtfenster, um die Leuchtdioden kontrollieren zu können. Das war ein Grossauftrag, den wir über das Stammhaus abgewickelt haben. Die Gehäuse wurden bei Phoenix Mecano Plastic in Sibiu gespritzt und montiert. In Spitzenzeiten fuhr da jeden Donnerstag ein Lastwagen mit 6'000 Gehäusen los. 2022 haben wir für fast 7 Millionen Euro Bopla-Gehäuse verkauft.

Sacha Hutchinson, Sohn von Conchita Aranda, an einem Verkaufsseminar bei Rose + Krieger (2008).

RALF BOKÄMPER Bopla war und ist eine Erfolgsgeschichte – für Phoenix Mecano, Kunden, Mitarbeitende, Vertriebsgesellschaften und nicht zuletzt für mich persönlich. Seit ich 2010 hier das Steuer übernommen habe, konnten wir den Umsatz von 43 Millionen auf über 95 Millionen Euro im Jahr 2023 steigern. Bopla war schon erfolgreich, bevor ich anfing. Meine grosse Frage war damals und ist es noch immer: Wie kann ich auf diesem hohen Niveau noch erfolgreicher werden? Die erste Antwort war eine Offensive mit neuen, innovativen Produkten. Die zweite war schwieriger: die Transformation des Unternehmens von einem Komponentenhersteller zu einem Systemanbieter. Dieser Schritt erforderte ein komplettes Umdenken der Mitarbeitenden. Um Systemanbieter zu werden, mussten wir neue Dienstleistungen offerieren, Mitarbeiter schulen, Fachkräfte mit anderen und besseren Qualifikationen einstellen. Um dabei kostenmässig nicht aus dem Rahmen zu fallen, galt es, das Produktionssetup zu verändern. Grössere Lose ab 50 Einheiten gingen fortan an unsere Werke in Ungarn und Rumänien – ein Kulturschock für viele Mitarbeiter in Bünde. Das brachte also die nächste Herausforderung mit sich: die Zusammenarbeit zwischen Stammhaus und der Produktion im Ausland zu verbessern. Um die Verlagerung «auszugleichen», habe ich neue High-End-Technologien in Bünde aufgebaut. So konnte ich auch diesen Konflikt entschärfen.

JOACHIM METZGER In den deutschen Stammhäusern herrschten Ängste vor der Globalisierung, die teilweise berechtigt waren. Auch Phoenix Mecano baute Hunderte von Stellen in Deutschland ab, vor allem in der Produktion. Dabei blieb es jedoch nicht: Wir haben zugleich auch Stellen aufgebaut. Gerade das Customizing lässt sich nur bedingt – bei grösseren Serien – globalisieren. Doch die überwiegende Mehrheit der Gehäusekunden sind KMUs und Start-ups. Aus diesem Grund sind die Standorte Deutschland und Schweiz, wo die Hälfte unserer Gehäusekunden sitzen, kaum gefährdet.

DR. HEINZ WERNER RIXEN Als ich 2012 Geschäftsführer bei Rose wurde, hatten wir 300 Mitarbeitende, davon war die Hälfte in der Produktion tätig. Heute sind wir immer noch 300 Mitarbeitende, aber nur noch 100 in der Produktion. Wir haben Arbeitsplätze mit niedriger Wertschöpfung verloren und Arbeitsplätze mit höherer Wertschöpfung gewonnen.

RALF BOKÄMPER Zum Entsetzen vieler meiner Kolleginnen und Kollegen kam 2019 unser «Schwesterunternehmen» und langjähriger Konkurrent Kundisch unter unser Dach. Die Skepsis war auf beiden Seiten gross. Aber ich war mir sicher: Bopla und Kundisch – das passte. Denn es gab einige Potenziale, die wir gemeinsam ausschöpfen konnten. Tatsächlich schrieben wir nach einem Jahr des Sichfindens und der intensiven Zusammenarbeit schwarze Zahlen. Damit war auch der Kundisch-Hauptsitz in Villingen-Schwenningen gerettet. Die Vertriebsgesellschaften profitierten ebenfalls vom Zusammenschluss, weil sie jetzt Systemlösungen aus einer Hand anbieten konnten: Gehäuse mit Frontfolien, Folientastaturen oder andere kundenspezifische Touchsysteme.

INES KLJUCAR Auf ihrem Heimmarkt kann den deutschen Stammhäusern niemand etwas vormachen. Und Deutschland ist für unsere Sparten Enclosure Systems und Industrial Components der mit Abstand wichtigste Markt. Wahr ist aber auch, dass dieser Markt weitgehend gesättigt ist. Wenn wir also über Wachstum reden, dann über Wachstum im Ausland.

RALF BOKÄMPER Bopla hat sich zwar in Deutschland einen sehr grossen Marktanteil erarbeitet, doch ausserhalb dessen haben wir eine schwache Stellung inne. Das hat teilweise auch historische Gründe: Die Vertriebsgesellschaften der Phoenix Mecano standen lange Zeit unter der Regie von Rose.

Das hat sich mit Ines Kljucar 2019 verändert. Allerdings gab es in den letzten Jahren Zielkonflikte, dabei wäre gerade jetzt entscheidend, gemeinsame Ziele zu formulieren und grenzüberschreitendes Vertrauen aufzubauen. Erste Schritte sind getan. So hat Bopla schon damit begonnen, die Verantwortung für die Produktkalkulation auf die Vertriebsgesellschaften zu übertragen. Ein echter Vertrauensbeweis. Es ist verständlich, dass die Vertriebsgesellschaften mehr Unabhängigkeit wünschen. Allerdings müssten sie dazu auch mehr Know-how entwickeln, denn ohne vertiefte Kenntnisse der Bopla-Technologie kann man unsere Produkte nicht als Systemanbieter verkaufen.

Verabschiedung von Joachim Metzger (rechts) im Jahr 2020 nach 31 Jahren und über 10 Millionen Flugmeilen für Phoenix Mecano, neben ihm CEO Rochus Kobler (links).

SACHA HUTCHINSON Ines hat 2022 mit dem CPQ-Projekt die drängendsten Themen angepackt: «Configure, Pricing, Quote.» Es ging und geht um eine weltweite Vereinheitlichung der Konfiguration, der Preissetzung und der Angebotserstellung in der Gehäusesparte. Das Thema hatten die Stammhäuser verschlafen, und das hat Unruhe in den Vertrieb gebracht. Denn heute kann jeder Kunde und jede Kundin die Artikelnummer eines Produkts in die Suchmaschine eintippen und erhält sofort unterschiedliche Anbieter und Preise. Wenn dann ein Gehäuse in einem osteuropäischen E-Shop 90 Prozent günstiger ist als bei mir in Spanien, dann habe ich ein Problem.

INES KLJUCAR Ich sage immer: Erst kommt die Strategie, dann die Organisation. Die Herausforderung war, dass die bestehende Organisation organisch, aber wenig strategisch gewachsen war. Das hat dazu geführt, dass die Stammhäuser, die die Produkthoheit hatten und haben, nicht wussten, zu welchen Preisen ihre Produkte ausserhalb Deutschlands verkauft werden. Da braucht es Regeln und fixe Preisspannen. Andernfalls müssen wir uns über Parallelimporte nicht wundern.

DR. HEINZ WERNER RIXEN Ines Kljucar hat viel Erfahrung im Vertrieb – und das ist gut so. Denn bei der Automatisierung des CPQ-Prozesses kommen gleich mehrere Themen zusammen, wenn es beispielsweise um einen Konfigurator zur einheitlichen Angebotserstellung geht. Das ist ein Prozess, der Zeit braucht. Und Ines Kljucar ist da mit hohem Tempo unterwegs.

INES KLJUCAR Grundsätzlich habe ich das Gefühl, einige Stammhäuser haben Mühe, Kontrolle abzugeben. Da herrscht noch die deutsche Denke: Wir bestimmen die Regeln! Wir zeigen, wie es geht! Aber diese Zeiten sind vorbei. Wir sollten akzeptieren, dass die Chinesen, Inder, Spanier und alle anderen da draussen genauso schlau sind wie wir und dass wir gegenseitig voneinander lernen müssen. Das Thema der Zukunft ist doch nicht «Deutschland gegen den Rest der Welt», sondern «Deutschland mit dem Rest der Welt». Das ist zusammengefasst die Rolle, die ich in der Phoenix Mecano-Gruppe spiele: eine Brückenbauerin.

DR. HEINZ WERNER RIXEN Wir befinden uns im Wandel. Früher waren die Vertriebsgesellschaften von den Stammhäusern abhängig – vor allem von Rose – und haben direkt an Herrn Schaadt und ab 2012 an mich rapportiert. Seit 2019 erstatten sie Bericht an Ines Kljucar. Das war und ist ein Abnabelungsprozess, und ein solcher verursacht Konflikte und manchmal gar Schmerzen. Es herrschte sogar ein Jahr lang Funkstille. Aber heute funktioniert die Zusammenarbeit gut.

INES KLJUCAR In sechs Jahren habe ich das Ergebnis vor Zinsen und Steuern in den europäischen Vertriebsgesellschaften versechsfacht. Das dürfte auch die Stammhäuser freuen.

Profile von Rose + Krieger.

Rising Tiger

DR. JOSEF GROSS Irgendwann habe ich mich gefragt: Wackelt hier noch der Hund mit dem Schwanz oder der Schwanz mit dem Hund? DewertOkin ist heute jedenfalls faktisch eine chinesische Firma mit 100-mal mehr Mitarbeitenden in China als in Deutschland.

DR. HEINZ WERNER RIXEN Heute ist kaum noch zu sagen, ob Rose eine deutsche oder eine indische Firma ist. Sie ist beides – und das ist gut so.

ROCHUS KOBLER Saurabh Shukla ist ein Energiebündel im Quadrat. Unglaublich, was der alles an sich reisst. Und er ist uns bis heute kein Versprechen schuldig geblieben. Er ist wahnsinnig ehrgeizig und auch ungeduldig, sodass er permanent drei Leute beschäftigt: unseren COO Lothar Schunk, Herrn Dr. Rixen und mich. Doch genau dadurch hat sich die Phoenix Mecano India stetig weiterentwickelt und mit jedem Schritt mehr Vertrauen gewonnen, vor allem im deutschen Stammhaus Rose.

LOTHAR SCHUNK Ich habe 2017 das erste Mal die Phoenix Mecano India besucht und habe selten ein so sauberes und gut organisiertes Werk gesehen. Es ist eine Perle.

SAURABH SHUKLA Wir waren in den letzten Jahren rasant gewachsen, und so sollte es weitergehen. Druckguss und Formpressen machten wir 2012 schon, der nächste Schritt war das Customizing für kundenspezifische Gehäuseserien. Dafür mussten wir mit Unterstützung von Rolf Eissfeller und Frank Dorpmüller von Rose Design- und Produktions-Know-how im computergesteuerten Fräsen mit CNC-Maschinen aufbauen. Heute haben wir 21 CNC-Maschinen, 20 davon aus indischer Fertigung. Wir gehen immer noch den «Indian Way». Zwischen 2012 und 2019 haben wir die Produktion für Rose von 10 auf 20 Millionen Euro verdoppelt. Wir sind «der» Produzent von Rose.

ROLF EISSFELLER Als ich 1999 das erste Mal in Indien war, haben die Aluminiumgehäuse eingekauft und ein bisschen daran rumgeschliffen. Und jetzt machten wir Customizing im grossen Stil: Gehäuse für Schaltelemente eines deutschen Grosskunden komplett in Indien gefertigt – vom Giessen, von der Farbgebung, dem Finishing, der Montage bis zur Konfektionierung. Alles auditiert vom Kunden. Welch eine Entwicklung! Und immer auf die indische Art. Was hatten wir für Auseinandersetzungen! Unsere Leute wollten Druckgussmaschinen mit einer automatischen Befüllung. Herr Shukla sagte: «Das rechnet sich nicht bei unseren Löhnen.» Solche Diskussionen hatten wir andauernd.

DR. HEINZ WERNER RIXEN Natürlich gab es Widerstände gegen den Ausbau des Standorts Indien. Aber Rolf, Frank und ich haben da an einem Strang gezogen und viel für die Akzeptanz getan.

ROLF EISSFELLER Saurabh Shukla war ein Fuchs. Er wusste, dass er nicht das Stammhaus «bedrohen» sollte, sondern unsere Zulieferer. Das war viel einfacher, weil kein Widerstand aus den eigenen Reihen zu erwarten war. Deshalb hat er sich immer sehr für Preise, Liefer- und Zykluszeiten unserer europäischen Lieferanten interessiert. Dann hat er angefangen zu rechnen und ist irgendwann mit einer Kalkulation um die Ecke gekommen, die sagte: «Das können wir schneller, besser, günstiger.» Das war super für uns, gerade im Einkauf. Indien war ein Druckmittel gegenüber unseren Lieferanten. Und das war kein Bluff, sondern Realität. Im Laufe der Zeit ging fast alles nach Indien.

SAURABH SHUKLA Unser inländischer Vertrieb konnte mit dem globalen Wachstum in der Produktion nicht mithalten. Wir brauchten eine neue Strategie, und ich sah, wie erfolgreich TJ Ou in Singapur explosionsgeschützte Ex-Gehäuse von Rose montierte und verkaufte. Mit der wachsenden Öl- und Gasindustrie im Mittleren Osten hatten wir dafür praktisch einen riesigen Markt vor der Haustür – und der wurde bislang nur indirekt von Rose bearbeitet. Die Produktion der schweren Ex-D-Gehäuse lag bei einem italienischen Zulieferer. Da witterte ich gleich zwei Chancen.

TJ OU Das Geschäft mit den Ex-Gehäusen von Rose lief dank unserer Geschwindigkeit und Flexibilität am Markt sehr gut. Wir hatten Grossaufträge über mehrere Millionen Dollar für Total in Südkorea, für BP in Indonesien, für Petronas in Malaysia. Die Liste liesse sich beliebig fortführen und war so lang, dass der italienische Lieferant manchmal Lieferschwierigkeiten bekam. Saurabh hatte einen Plan, dieses Problem zu beheben.

SAURABH SHUKLA Ich besprach mich mit TJ Ou. Er hatte viel mehr Erfahrung als ich, aber unser Mentor war derselbe: Joachim Metzger. Das verbindet. Er gab mir grünes Licht, das Design und die Produktion der Ex-D-Gehäuse nach Indien zu holen und damit eine wichtige Lücke im Rose-Sortiment zu schliessen. Daraufhin wandte ich mich mit diesem Plan an die Geschäftsleitung von Rose und Phoenix Mecano. Die Zustimmung war überwältigend! Jetzt brauchten wir nur noch Maschinen für den Feinguss, grosse CNC-Maschinen und eine neue Fabrik. Und als alles stand, kam die Intertek, um es zu zertifizieren. 2016 verliessen die ersten Ex-D-Gehäuse aus Aluminium unser Werk. Später kamen noch Polyester- und Edelstahlgehäuse hinzu.

ROLF EISSFELLER 2018 sah ich an einer Messe in Deutschland eine Eckenschweissmaschine von Schnelldorfer. Mit der könnten sie in Indien in die Edelstahlfertigung gehen, dachte ich und erzählte Saurabh Shukla davon. Bei seinem nächsten Besuch in Deutschland mieteten wir einen schnellen Mercedes – Herr Shukla liebte die deutschen Autobahnen. Also sind wir mit 250 Stundenkilometern zu Schnelldorfer geheizt, um die Maschine zu begutachten. Sechs Wochen später hatte er das Budget dafür – so gross war das Vertrauen der Phoenix Mecano in uns und Phoenix Mecano India.

DR. HEINZ WERNER RIXEN Herr Shukla hat die Vertrauenskultur der Phoenix Mecano verinnerlicht und ein Team aufgebaut, das wie aus einem Guss ist: Herr Malavankar, der die Entwicklung leitet, Herr Joshi, der Produktionsleiter, Herr Gupta vom Vertrieb – alles Topleute. Manche denken ja, in Indien arbeiten alle in der Fabrik. In Wirklichkeit sind ein Drittel der 900 Angestellten der Phoenix Mecano India in der Entwicklung, im Qualitätsmanagement, im Vertrieb, in der IT, im Kundenservice und in der Buchhaltung tätig.

SAURABH SHUKLA Die Produktion der Ex-Gehäuse lief mittlerweile reibungslos; allerdings wollte ich ja vor allem im Vertrieb vorwärtskommen. Also rief ich Rochus Kobler an.

ROLF EISSFELLER Ich erinnere mich an ein Treffen mit Herrn Metzger und Rochus Kobler, bei dem wir über den Standort Indien und die Initiative «Asia for Asia» sprachen. Diese sollte den Produktionsstandorten in Asien einen Direktvertrieb an asiatische Kunden ermöglichen – ohne Umwege über die Stammhäuser wie uns in Porta Westfalica. Das eröffnete vor allem der Phoenix Mecano India neue Perspektiven.

SAURABH SHUKLA 2019 übernahmen wir eine Tochtergesellschaft in den Vereinigten Arabischen Emiraten, die früher von Porta Westfalica aus gemanagt wurde. 2020 gründeten wir eine Vertriebsgesellschaft in Saudi-Arabien. Trotz der Coronapandemie haben sich diese Standorte gut etabliert und sind profitabel. Als TJ Ou im selben Jahr in Pension ging, übernahm ich auch noch den Vertrieb der Ex-Gehäuse von Rose in Fernost.

DR. HEINZ WERNER RIXEN Das hätte vor ein paar Jahren kaum einer für möglich gehalten: Saurabh Shukla leitet von Indien aus eine der drei Subsparten von Rose: die Ex-Gehäuse. Diese werden in Indien entwickelt, produziert und vertrieben. Gleichzeitig ist Indien über alle unsere Sparten hinweg unser wichtigster Produktionsstandort.

LOTHAR SCHUNK Ende 2024 war ich für eine Auditierung in Pune bei Saurabh Shukla. Der Kunde, ein sehr erfolgreiches deutsches Unternehmen, war begeistert. Bislang hatte er seine Stromsensoren in China produzieren lassen. Doch nach der abermaligen Wahl Donald Trumps zum US-Präsidenten erwog der Kunde eine zweite Produktion ausserhalb Chinas – wegen der zu befürchtenden Ausweitung der Strafzölle. Und da wir mit der Redur diesen Kunden bereits seit Jahren erfolgreich belieferten, empfahl ich ihm Phoenix Mecano India als Ausweichstandort. Der Zeitplan war und ist ambitioniert: Das Werk soll ab April 2025 eine Million Klappwandler pro Jahr produzieren. Damit es dazu kommt, müssen der Maschinenpark und Lieferketten aufgebaut, 60 Mitarbeitende geschult und die UL-Zulassung eingeholt werden, die für den Export in die USA unerlässlich ist. Aber wenn ich einem so einen Sprint zutraue, dann Saurabh Shukla und seinem indischen Team. Ende 2024 kam das «Go» des Kunden, die Werkzeuge sind bestellt, im März 2025 folgte der Volumenvertrag. Wahrscheinlich werden es sogar 1,5 Millionen Klappwandler.

JOACHIM METZGER Am Ende meiner Karriere fragte mich jemand, welche Chance die Phoenix Mecano in ihrer Geschichte verpasst habe. Ich antwortete: das Lernen von den neuen Märkten – insbesondere in Indien und Fernost. Wir und die Stammhäuser sind dort mit einer Art «Herrendenken» hingegangen: Technologieführerschaft, ha! Doch wenn unser Produkt doppelt so gut ist wie das der Konkurrenz, aber dreimal so teuer, dann hat unser Produkt keine Chance. «Over-Engineering» nennt man das. In China und sogar schon in Südeuropa ist «so gut wie nötig» viel wichtiger als «so gut wie möglich». Und hätten wir uns früher und intensiver mit diesen Märkten und Menschen beschäftigt, hätten wir einen noch grösseren Vorsprung gegenüber Wettbewerbern herausgeholt.

The Indian Way. Von links nach rechts im Vordergrund: Saurabh Shukla (Geschäftsführer Phoenix Mecano India), Dr. Heinz Werner Rixen (Geschäftsführer Rose), Frank Dorpmüller (Leiter Qualitätsmanagement Rose), Rolf Eissfeller (Leiter Logistik Rose) bei der Phoenix Mecano India in Pune (2013).

EXIT
J2OX
Our objective is to eliminate every waste
and to be continuously improving to
the never ending search for

«Lean Production» bei Phoenix Mecano India in Pune: Schleifarbeiten an Aluminiumgehäusen von Rose (2013).

Lothar Schunk (links) zu Besuch bei Saurabh Shukla in Indien (2017).

DANGER
HOT

Ein zweiter Börsengang? Die DewertOkin-Story (Teil 2)

DR. JOSEF GROSS 2011 fusionierten wir Dewert in Kirchlengern und Okin in Bergisch Gladbach zu DewertOkin mit Sitz in Kirchlengern. Die Marken Dewert für medizinische Anwendungen und Okin für Komfortmöbel liessen wir bestehen. Max kümmerte sich um den Vertrieb, während ich die operative Führung übernahm. Damals waren wir rund 200 Mitarbeitende in Kirchlengern: Management, Forschung und Entwicklung, Qualitätskontrolle, Engineering und Marketing. Hinzu kamen die Fabriken in Kecskemét, wo wir vor allem für Dewert produzierten, und in Jiaxing für Okin-Linearantriebe. Diese Fabrik war sehr einfach: ein deutscher Betriebsleiter, 150 chinesische Arbeiterinnen und Arbeiter, eine 6'000 Quadratmeter grosse Halle, die im Sommer zu heiss und im Winter zu kalt war. Doch Herr Goldkamp, Max und ich wussten, dass in dieser Halle die Zukunft von DewertOkin lag.

TJ OU 2012 ist mein Verkaufsleiter in Taiwan ohne meine Erlaubnis nach Deutschland geflogen, um in Kirchlengern mit dem Vertriebsleiter von DewertOkin über einen Anstellungsvertrag zu verhandeln. Hinter meinem Rücken! Das war nach dem Vorfall in Südkorea schon das zweite Mal, dass ein Vertriebsmitarbeiter dachte, er könne eine Abkürzung direkt zu den Stammhäusern nehmen. Ich war stinksauer!

MAXIMILIAN KLEINLE Nach der Fusion übte DewertOkin eine ungeheure Anziehungskraft auf Vertriebsmitarbeiter aus. Allen Wang bearbeitete für TJ Ou den taiwanesischen Markt, und zwar mit Produkten von allen Stammhäusern. Aber natürlich behandelten die Verkäufer nicht alle Marken gleich, sondern schauten, was sich am besten verkaufte. Allen Wang merkte rasch, dass wir mit DewertOkin die grösseren Brötchen backten. Also fanden Wang und mein damaliger Vertriebsleiter in Kirchlengern, es sei für beide Seiten lukrativer, wenn Wang direkt und exklusiv für uns arbeite. In die Details dieser «Übernahme» war ich zwar nicht eingeweiht, aber die Idee fand ich grossartig.

TJ OU Ich rief Beni Goldkamp an. «Ich habe den Markt in Taiwan aufgebaut!», stellte ich klar. «Und jetzt, wo es läuft, wollen Sie es selbst machen? Das ist gegen die Abmachung!»

MAXIMILIAN KLEINLE Zum Glück griff Herr Goldkamp in solchen Fällen selbst zum Telefonhörer, um die Gemüter zu beruhigen. Unsere offizielle Argumentation lautete natürlich: «Bevor wir Wang an die Konkurrenz verlieren, übernehmen wir ihn lieber bei DewertOkin.»

TJ OU Ich habe drei Stunden mit Beni Goldkamp telefoniert. Da ich sowieso das Vertrauen ins Stammhaus verloren hatte, einigten wir uns darauf, dass wir DewertOkin aus unserem Vertrieb streichen und ich dafür eine angemessene Abfindung erhielt. Das Geld habe ich in den Ausbau unseres wachstumsstärksten Geschäftsfeldes gesteckt – in die explosionsgeschützten Ex-Gehäuse von Rose, die wir an die Anlagenbauer der Öl- und Gasindustrie verkauften.

MAXIMILIAN KLEINLE Die Geschichte mit Wang war typisch für eine Reihe organisatorischer und personeller Entscheidungen, die in dieser Zeit notwendig wurden. Tatsache war, dass DewertOkin ganz anders als die restlichen Stammhäuser funktionierte. Wir produzierten die teuersten und wichtigsten Komponenten, sogenannte A-Teile, die von den Betten- oder Möbelherstellern eingekauft wurden. Wir hatten also wenige, dafür aber grosse Kunden, und da fanden die Preis- und Technologieverhandlungen auf der Ebene der Geschäftsführer oder Inhaber statt. Du konntest nicht irgendeinen Vertriebler schicken, der nebenbei noch Anschlussklemmen für PTR verkaufte. Verkauf war hier Chefsache. Aus diesem Grund war in der Vergangenheit auch ein Ralf Bokämper viel für Dewert unterwegs gewesen. Wir waren anders. Es war also nur konsequent, dass wir eine schrittweise Abspaltung vom Rest der Phoenix Mecano forcierten.

DR. JOSEF GROSS Wir wuchsen vor allem dank des Geschäfts in China sehr schnell, sodass unsere Fabrik in Jiaxing bald aus allen Nähten platzte und wir weitere Hallen hinzumieten mussten. Das führte zu einer ineffizienten Querlogistik. Ausserdem ist Kaufen in China langfristig günstiger als Mieten. 2015 schlug ich Benedikt Goldkamp einen Neubau vor: «Es ist Zeit, in Steine zu investieren und sesshaft zu werden», sagte ich.

BENEDIKT GOLDKAMP Ich dachte zuerst daran, was wohl René Schäffeler dazu sagen würde, denn irgendjemand musste das ja bezahlen. Allerdings wusste ich auch: Dr. Gross ist kein Träumer. Der hat sich das genau überlegt. Es ist einfach so: Wenn du auf dem chinesischen Markt bestehen willst, musst du ein Stück weit zu einer chinesischen Firma werden.

Und das heisst: Wachstum und vertikale Integration. Deshalb die neue Fabrik.

DR. JOSEF GROSS Das war eine Fabrik, wie sie Phoenix Mecano noch nicht gesehen hatte. 36'000 Quadratmeter verteilt auf vier Stockwerke mit klimatisierten Fertigungslinien, flexiblen Montagezellen, Entwicklungszentrum, Showroom, Schulungsräumen, Büros, Lager und Logistik. 10 Millionen Dollar in Stein gemeisselt. Die Botschaft war: Wir sind gekommen, um zu bleiben! Die Fabrik hiess «Dream Factory».

Am Anfang war das «German Engineering» wichtig, um die Messlatte in puncto Qualität und Präzision hochzulegen. Aber die Chinesen sind wissbegierig und vor allem eines: schnell! Fehler sind akzeptabel. Das Einzige, was nicht akzeptiert ist, ist Nichtstun. Wenn ich einen neuen Handschalter entwickeln wollte, dauerte das in Kirchlengern 18 und in Jiaxing neun Monate. «Time to market!» Das war neben den Kosten entscheidend für den chinesischen Markt. Die Konsequenz daraus war, dass ich in der neuen Fabrik ein eigenes Entwicklungszentrum aufbaute, in dem chinesische Ingenieure aus den Fachbereichen Software, Elektronik, Mechanik und Industriedesign beschäftigt waren. Gleichzeitig haben Max und ich in Kirchlengern Stellen abgebaut – langsam und sozial verträglich. Das war die Macht des Faktischen. Heute arbeiten noch 16 Mitarbeiter in Kirchlengern.

MAXIMILIAN KLEINLE Ein Problem in China war das Kopieren. Da hatten wir zahlreiche Gerichtsfälle. Der grösste führte mich 2015 vor ein Geschworenengericht in Baltimore, USA. Ein Mitbewerber hatte Kopien in den Vereinigten Staaten verkauft und damit unsere Patente verletzt. Wir hatten bereits über 2 Millionen Dollar in diesen Rechtsfall investiert. Die Chinesen hatten die besten Anwälte angeheuert, die jetzt vor den Geschworenen – alles Laien – das grosse Konzert von Freihandel und der Zukunft Amerikas anstimmten. Das war noch vor Trump. Unsere Anwälte hingegen waren rhetorisch unfähig. Null Emotionen! Ich habe denen gesagt, dass sie mich in den Zeugenstand bringen müssten, damit ich ein bisschen Feuer vor den Geschworenen machen könne. Aber aus rechtlichen Gründen ging das nicht. Nach fünf Tagen vor Gericht zogen sich die Geschworenen zurück. Nur für eine halbe Stunde, denn es war schönes Wetter und Freitagnachmittag, und alle freuten sich aufs Barbecue. Dann passierte es: Freispruch für die Chinesen! Mir wurde schwindelig, ich bin raus, habe meine Krawatte aufgeknöpft, bin ein paar Schritte gegangen

Dr. Josef Gross, Geschäftsführer DewertOkin Technology Group.

– und in Ohnmacht gefallen. Das war mir noch nie passiert! Als ich wieder bei Kräften war, habe ich Benedikt Goldkamp angerufen. Seine Reaktion: «Herr Kleinle, das ist gut für Ihren Charakter. Wer nicht weiss, wie sich Verlieren anfühlt, wird überheblich.»

PHILIP BROWN Am 8. November 2016 war ich mit Benedikt Goldkamp unterwegs nach Shannon im US-Bundesstaat Mississippi, um die Okin-Niederlassung zu besuchen. Es liefen die Wahlen, und alle Prognosen sahen Hillary Clinton als nächste Präsidentin der USA. Am Abend hatte ich einen Nachtflug von Chicago nach München. Als ich in Deutschland aufwachte, hatte Donald Trump die Wahlen gewonnen. Er hatte massive Strafzölle gegenüber China angedroht. Ich sah dunkle Wolken am Horizont aufziehen.

DR. JOSEF GROSS 2018 traten die von Donald Trump verhängten Strafzölle für über 1'000 chinesische Produktgruppen in Kraft, darunter auch die Möbelindustrie. Zwar verkauften wir unsere Antriebe und Schalter zum Grossteil nicht direkt in die USA, sondern an chinesische Kunden, aber die Kosten, die bei den amerikanischen Importeuren durch die Strafzölle entstanden, verteilten sich natürlich über die gesamte Wertschöpfungskette.

MAXIMILIAN KLEINLE Ich musste damals viel in die USA, um zu verhandeln. Alle Beteiligten waren sich einig, dass die Zölle nicht oder nur zu einem sehr kleinen Teil an die Konsumenten weitergereicht werden sollten. Ziel war es, trotz Strafzöllen den Absatz zu steigern. Am Ende lief es darauf hinaus, dass alle ihre Margen und Preise senken mussten – wir, die chinesischen Betten- und Möbelhersteller und die amerikanischen Importeure. So musste der amerikanische Endkunde – wenn überhaupt – 3 oder 5 Prozent mehr für das Bett oder den Sessel aus China bezahlen.

Maximilian Kleinle auf Geschäftsreise in Vietnam während der Coronapandemie (2020).

DR. JOSEF GROSS Die Strafzölle drückten die Margen weiter. Umso dringlicher war es für uns, das Volumen stetig zu vergrössern – im Umsatz, aber auch in der Eigenfertigung. Wir mussten mehr selbst produzieren, statt einzukaufen. Damit sparten wir die Marge des Zulieferers und gewannen an Kontrolle, Know-how und Schnelligkeit in der Entwicklung. Ein Beispiel: 2017 haben wir 30 Prozent unserer Plastikbauteile gespritzt, heute sind es 70 Prozent.

MAXIMILIAN KLEINLE Gleichzeitig forderten unsere Kunden eine «China-plus-Strategie». Man wusste ja nicht, wie sich dieser Handelskonflikt weiterentwickeln würde. So führte der

Zwist zwischen den USA und China indirekt zu einem Wirtschaftsförderungsprogramm für Vietnam. Quasi über Nacht verlagerte sich fast die gesamte Wertschöpfungskette für motorisierte Komfortmöbel von China nach Vietnam. Etwas nördlich von Ho-Chi-Minh-Stadt, in Binh Duong, entstand ein Cluster von Möbelproduzenten. Dorthin reiste ich mit einem chinesischen Kollegen, um einen Standort zu suchen und mit den Behörden und Besitzern zu verhandeln. Anfang 2020 lief dort unsere Produktion an.

ROCHUS KOBLER Die Position von DewertOkin innerhalb unserer Gruppe war nicht unproblematisch. Einerseits weil Herr Dr. Gross und Herr Kleinle seit Jahren immer mehr ihr eigenes «Ding» machten und sich DewertOkin dabei stetig von den Phoenix-Mecano-Industriesparten entfernte. Andererseits kostete das enorme Wachstum viel Geld, das aus dem Cashflow der Gruppe stammte. Die anderen Sparten und Firmen erhielten nicht diese Aufmerksamkeit und Finanzierung.

DR. JOSEF GROSS Ich hatte eine Idee: Wir bringen DewertOkin an die Börse! Ein erfolgreicher Börsengang würde uns durch die Kapitalerhöhung finanziell unabhängig von Phoenix Mecano machen. Und wir gehen nicht an die Zürcher oder die Frankfurter Börse, sondern nach Shanghai! Schliesslich entwickelten wir uns faktisch zu einem chinesischen Unternehmen. Zudem würde uns eine Kotierung an der chinesischen Börse zu einem echten chinesischen Unternehmen – und Steuerzahler – machen, was mich wiederum in eine gute Verhandlungsposition gegenüber den städtischen Behörden von Jiaxing brächte. Denn dort plante ich bereits den nächsten Wurf: eine neue Fabrik der Superlative mit einem Investitionsvolumen von 100 Millionen Dollar, verteilt über die nächsten Jahre. All diese Ideen präsentierte ich dann zuerst den chinesischen Behörden. Die waren begeistert, sodass wir uns auf ein schönes Förderprogramm einigen konnten. Und mit diesem Masterplan reiste ich dann nach Kloten und trat vor den Verwaltungsrat: Lasst uns an die Börse gehen! Die Verwaltungsräte fielen aus allen Wolken. Der ist verrückt!

ROCHUS KOBLER Ende 2018 kam Dr. Gross mit der Idee auf uns zu, DewertOkin an die Börse in Shanghai zu bringen. Der Vorschlag schlug voll ein, denn er war folgerichtig. Wir gaben grünes Licht für weitere Abklärungen und Vorbereitungen. Allerdings sah ich René Schäffeler die Stirn runzeln.

RENÉ SCHÄFFELER Meine Aufgabe war es nun, DewertOkin aus unserer Konzernstruktur herauszulösen und in ein eigenständiges Unternehmen umzuwandeln: die DewertOkin Technology Group. Die erste Knacknuss war die Bewertung der immateriellen Werte, die in unzähligen Firmen und Vertriebsgesellschaften lagen. Wir haben zum Beispiel 700 Schutzrechte vom alten Hauptsitz in Kirchlengern nach Jiaxing transferiert. Die deutsche Wegzugsbesteuerung verlangt aber, dass Unternehmen ihre in Deutschland erwirtschafteten Werte und Gewinne versteuern, sobald sie das Land verlassen. Patente sind immaterielle Werte. Das Gleiche galt für Kundenstämme, die Vertriebsgesellschaften aufgebaut hatten. Die besassen einen Steuerwert. Über diese steuerlichen Fragestellungen hinaus mussten wir die Rechnungslegung aller Firmen, die an DewertOkin rapportierten, auf die chinesischen Anforderungen umstellen, da DewertOkin rechtlich eine chinesische Firma werden wollte. Nach einem Jahr – also 2021 – konnten wir die Restrukturierung abschliessen.

Manchmal bieten sich in einzelnen Zielbranchen besondere Chancen, schnell und profitabel zu wachsen. Eine solche Situation erleben wir seit einigen Jahren im Bereich der Antriebssysteme für motorisch verstellbare, ergonomische Komfort-, Pflege- und Büromöbel. Mehr und mehr erweist sich China als das Kompetenz- und Produktionszentrum dieser Branche. Daher werden wir im laufenden Jahr die Möglichkeit einer Wachstumsfinanzierung via Teilkotierung des Bereichs DewertOkin an der Börse Shanghai prüfen (…). (Phoenix Mecano AG, Brief an die Aktionäre, 2019)

DR. JOSEF GROSS 2019 habe ich meine Zelte in Deutschland abgebrochen und bin dauerhaft nach Jiaxing gezogen. Mit DewertOkin verfolgten wir die Strategie, uns zu einem Systemanbieter weiterzuentwickeln. Fehlendes Know-how mussten wir aus Zeitgründen einkaufen. Eine Firma hatte ich schon länger auf dem Radar: MyHome stellte ganz in unserer Nähe Sesselbeschläge her, also die Mechanik, die zusammen mit unseren Antrieben und Steuerungen ein komplettes Einbausystem für Komfortmöbel ergeben würde. Im April 2019 war das Geschäft besiegelt. Auf einen Schlag hatten wir nicht nur 40 Millionen Dollar Umsatz gewonnen, sondern auch einen weiteren Schritt auf dem Weg zum Systemanbieter gemacht.

ROCHUS KOBLER Anfang 2020 brach die Coronapandemie aus. Zunächst konnte DewertOkin vom sogenannten Cocooning-

Effekt profitieren: Die Menschen blieben mehr zu Hause und kauften mehr Komfortmöbel – vor allem in den USA. Deshalb hielten wir zunächst an unserem Plan fest, DewertOkin an die Börse zu bringen. Dafür brauchten wir weitere «Zutaten», die einen «Added Value» darstellten.

DR. JOSEF GROSS Die Idee war, Sensorik und KI in unsere Antriebssysteme zu integrieren und damit Krankenhaus- und Pflegebetten «smarter» zu machen. Denn im chinesischen Gesundheitswesen werden in Zukunft 20 Millionen Pflegefachkräfte fehlen. Umso wichtiger werden dann günstige digitale Lösungen zur Entlastung des Pflegepersonals. Wir entwickelten bereits Sensoren, die – eingebaut im Bett – Vitalzeichen wie Puls oder Atemrhythmus der Patientinnen und Patienten messen konnten. Was uns noch fehlte, war eine Schnittstellentechnologie, über die man diese Daten in das Hospital Information System (HIS) einspeisen konnte. Die deutsche Bewatec Kommunikationstechnik GmbH hatte eine solche Plattform namens ConnectedCare entwickelt.

RENÉ SCHÄFFELER Bewatec war mir zu teuer. Die haben auch Hardware für Patientenzimmer entwickelt, wie Tablets und Displays, das brauchten wir alles gar nicht. Wir wollten nur die Software und die Entwickler, aber bezahlen mussten wir doch für alles. Der Verwaltungsrat segnete die Akquisition ab.

DR. JOSEF GROSS Das Problem war, dass die Weiterentwicklung der Plattform nicht richtig vorankam. Das war mir alles zu langsam, zu wenig fokussiert, zu weit weg vom chinesischen Markt und zu teuer. 2023 habe ich die Reissleine gezogen, die Softwareabteilung der Bewatec in Deutschland aufgelöst und die Technologie nach China geholt, um sie für den dortigen Markt skalierbar zu machen.

RENÉ SCHÄFFELER 2021 machte die DewertOkin Technology Group 393 Millionen Euro Umsatz – vor allem durch den Cocooning-Effekt während der Coronapandemie. Doch dann brach der Umsatz ein – und mit ihm die Euphorie über einen Börsengang. Das war eine Lektion, die wir lernen mussten: Man sollte Vorsicht walten lassen und einen Börsengang nicht zu offensiv kommunizieren. Denn es gibt zu viele Faktoren, die man nicht beeinflussen kann, und damit meine ich nicht nur eine Pandemie, sondern auch die allgemeine Wirtschaftslage, die Stimmung an den Börsen und die chinesische Politik. Denn die bestimmt letztendlich, wie und ob Börsengänge zugelassen werden.

DR. JOSEF GROSS Ende 2023 konnten wir unseren neuen Hauptsitz in Jiaxing, den DewertOkin-Industriepark, eröffnen. Auf 180'000 Quadratmetern finden sich neben unserem administrativen Hauptsitz die Produktions- und Montagehallen für bis zu 20 Millionen Antriebe pro Jahr sowie eine globale Forschungs- und Entwicklungsabteilung. Wir sind im Ursprung eine deutsche Firma, wir gehören (noch) einer Schweizer Firma, doch faktisch sind wir eine chinesische Firma. Wir haben in Jiaxing derzeit rund 2'500 Mitarbeitende, davon sind drei – inklusive meiner Person – keine Chinesen.

OKIN 9013 ist ein Mechanismus für den Einbau in Sessel. Heute produziert Okin rund 4 Millionen Sesselbeschläge pro Jahr.

Baustelle der Okin Vietnam Company in Binh Duong, Vietnam (2019).

DewertOkin-Industriepark in Jiaxing, China (2023).

DEWERT OKIN

Kunststoffspritzerei im DewertOkin-Industriepark. Das Werk hat Produktionskapazitäten für bis zu 20 Millionen Antriebe pro Jahr.

JS-260
JSK

Hubsäulenmontage im DewertOkin-Industriepark (2023).

Herkunft und Zukunft

> **Like potters at the wheel, organizations must make sense of the past if they hope to manage the future. Only by coming to understand the patterns that form in their own behavior do they get to know their capabilities and their potential. Thus crafting strategy, like managing craft, requires a natural synthesis of the future, present, and past. (Prof. Henry Mintzberg, Crafting Strategy, 1987)**

INES KLJUCAR Es ist vor allem das Verdienst der älteren Generationen, dass Phoenix Mecano innert 50 Jahren zu einem erfolgreichen globalen Unternehmen herangewachsen ist. Die Firmengruppe hat in der Vergangenheit zahlreiche Krisen gemeistert – und dass sie jeweils gestärkt aus ihnen hervorgegangen ist, lag auch daran, dass Phoenix Mecano auf Kontinuität gesetzt hat. Doch Kontinuität hat auch ihre Schattenseiten. In Zeiten beschleunigten Wandels verändern wir uns zu langsam. Wir brauchen mehr Diversität, mehr Digitalisierung, mehr Marktperspektive. Wir müssen lernen, statt in Produkten aus Kundensicht zu denken, also in Lösungen und Anwendungsbereichen. In einzelnen Märkten gelingt uns das gut, doch es braucht mehr global gedachte Vertriebsstrategien und weniger von unserem Einzelkämpfertum, um wirklich skalieren zu können. Vielleicht müssen wir uns auch von unserer dualen Identität – Phoenix Mecano und die Stammhäuser – wegbewegen und eine einheitliche Gruppenidentität aufbauen. International ist Phoenix Mecano schon heute eine viel stärkere Marke als in Deutschland, und unsere Vertriebsorganisationen nutzen das in vielen Anwendungsbereichen für Cross-Selling. Ich denke, dass diese Auseinandersetzung zwischen Phoenix Mecano und den Stammhausmarken im Sinne eines kundenorientierten und produktübergreifenden Angebotsportfolios neu geführt werden muss.

RENÉ SCHÄFFELER Unsere Gruppe ist immer noch sehr breit aufgestellt. Das macht sie einerseits widerstandsfähig, andererseits fehlt uns in einigen Bereichen die kritische Grösse. Um diese zu erreichen, braucht es einen Fixpunkt. Denn wir sind schlichtweg nicht gross genug, um überall gleichzeitig und gleichermassen in Wachstum zu investieren.

Wir benötigen also einen Anker, müssen uns aber gleichzeitig öffnen und weiterbewegen. Es sind deshalb Offenheit und Mut für länder- und gesellschaftsübergreifendes Denken gefordert. Gerade mit Blick auf unseren wichtigsten Markt und Standort – Deutschland – müssen wir mehr über den Tellerrand hinausschauen. Denn in Deutschland sind wir mit grossen strukturellen Herausforderungen und einer zunehmend lähmenden Bürokratie konfrontiert.

Es geht bei diesen strategischen Fragen wie immer in unserer 50-jährigen Geschichte um die richtige Balance zwischen zentraler und dezentraler Steuerung. In den Bereichen Finanzen und IT sind diesbezüglich zentrale Lösungen zu priorisieren. Die Gruppe braucht beispielsweise kurz- oder mittelfristig eine integrierte ERP-Landschaft als Basis für eine stärkere Automatisierung und effizientere Koordination interner Prozesse und Warenströme. Ferner werden zentrale oder regionale «Shared Services» weiter an Bedeutung gewinnen.

SAURABH SHUKLA Die Unternehmenskultur von Phoenix Mecano wird auch in Zukunft der Schlüssel zum Erfolg sein: dezentrale Führung, Vertrauen, schnelle Entscheidungen, Kundennähe, Kollaboration, Selbstverantwortung und Unternehmertum. Allerdings müssen wir unsere Ziele neu ausrichten. Wir sind zwar sehr gut diversifiziert – und das hat uns durch so manche Krisen geholfen –, doch die Diversifizierung hat ein Ausmass erreicht, das nur noch schwer zu managen ist. Wir müssen uns auf Themen und Megatrends konzentrieren, von denen wir glauben, dass wir mit unseren Produkten und unserem Fachwissen die weltweit besten Lösungen anbieten können. Wir müssen unsere Verkaufsgesellschaften, die europäischen Entwicklungs- und Vertriebszentren und den kostengünstigsten Standort für Produktentwicklung und -herstellung aufeinander abstimmen. Die Zukunft gehört den Unternehmen, die den globalen Unternehmenswert wirklich nutzen können. Für diese Zukunftsthemen brauchen wir mehr junge Mitarbeitende, nicht zuletzt deshalb, weil auch unsere Kunden immer jünger werden.

BENEDIKT GOLDKAMP Phoenix Mecano ist kein grosses Schlachtschiff, sondern ein Flottenverbund aus agilen Schnellbooten. Manchmal geraten diese Boote in einen Sturm, dann kommen andere zu Hilfe. Aber jedes Boot trägt Eigenverantwortung. Dieser Ansatz hat uns zu einer mittelständischen Gruppe mit globalem Fussabdruck gemacht, so, wie das kaum ein anderes Industrieunternehmen unserer Grössenordnung erreicht hat. Dafür mussten wir dem Kontrollwahn entsagen – und das hat über die Jahre hin und wieder auch zu Enttäuschungen und gescheiterten Projekten geführt. Aber wenn es um Resilienz geht, die heute immer wichtiger wird, dann sind wir mit unserer global verteilten Kompetenz gut aufgestellt.

Was bringt uns die Zukunft? Das Zurückdrehen der Globalisierung durch die Behinderung des Technologietransfers und durch neue Zollregimes stellt uns vor enorme Herausforderungen. Die Digitalisierung verändert die Art, wie unsere Produkte verkauft werden. Wir müssen unsere Markenbekanntheit steigern und unser Know-how sowie unsere Lösungskompetenzen vermarkten. Wir können nicht mehr zu unseren Kunden gehen, sondern müssen schnell und einfach gefunden werden – und zwar im Netz. Wir müssen unsere Hausaufgaben für den US-Markt machen, dabei aber auch die Risiken nicht aus den Augen verlieren. Wir müssen den anstehenden Generationenwechsel im Management der Phoenix Mecano und ihrer Tochtergesellschaften als Chance begreifen.

Das sind viele und viele grosse Aufgaben, und trotzdem sind die Zukunftschancen unserer Gruppe besser denn je. Unsere Produkte und Dienstleistungen an den Schnittstellen zwischen Sensorik, Steuerung und Aktuatoren werden in vielfältigen Zukunftsbranchen gebraucht. Sie kommen in vielen Anwendungen rund um die Megatrends der Digitalisierung, der Überalterung der Bevölkerung und der Dekarbonisierung zum Einsatz. Dabei sind die Technologierisiken klein und die Chancen gross. Ich freue mich auf diese Zukunft mit unserer bunt gemischten, kreativen und motivierten Truppe!

RALF BOKÄMPER Wir haben in Deutschland starke Unternehmen mit starken Produkten aufgebaut. Mit unseren Gehäusen haben wir Massstäbe gesetzt – in Deutschland, auch noch in Europa, aber leider noch nicht in der Welt. Wie also könnten wir unsere Stärken in die Welt hinaustragen? Die Antwort auf diese Frage liegt in einer konsistenten Vertriebs- und Markenstrategie. Dabei könnte man sich an Volkswagen orientieren. Hier ist die Marke der Holding, Volkswagen, ebenso präsent wie die einzelnen Marken – von Škoda über Volkswagen bis hin zu Audi und Porsche. Diese Marken werden mit sehr unterschiedlichen Strategien beworben, um auf diese Weise auch unterschiedliche Nutzergruppen zu erreichen. So wie Volkswagen könnte Phoenix Mecano ihre Marken steuern und Synergien schaffen. Doch die Inhalte der Marken, ihre Leistungsmerkmale, sollten die Stammhäuser in die Welt tragen – bis hin zu dezentral organisierten Engineering Teams, um den unterschiedlichsten Marktbedürfnissen in allen Teilen der Welt begegnen und Rechnung tragen zu können. So würden wir weltweit zu dem werden, was wir in Deutschland schon sind: Berater und Partner unserer Kunden. Die Umsetzung einer solchen Mehrmarkenstrategie wäre freilich Aufgabe der nächsten Generation.

CLAUDINE HATEBUR DE CALDERÓN Ich bin erst seit 2023 Verwaltungsrätin der Phoenix Mecano AG. Doch ich bringe reichlich Erfahrung durch die Führung eines global tätigen Schweizer Familienunternehmens mit, das ich vor 16 Jahren in dritter Generation übernommen habe. Die zunehmende Regulierung, die Globalisierung, die internationalen Handelsbeschränkungen, der Fachkräftemangel und der Standort Schweiz – das sind Themen, die mich als Unternehmerin, aber auch als Vorstandsmitglied von Swissmem beschäftigen. Für mich ist klar, dass der Erfolg eines Unternehmens nicht nur von strategischen Entscheidungen abhängt, sondern vor allem von engagierten Mitarbeitenden, die tagtäglich mit ihrem Wissen, ihrer Kreativität und ihrem Einsatz zum Wachstum und zur Stabilität der Phoenix Mecano beitragen. Sind sie doch der Schlüssel, um Herausforderungen zu meistern und den langfristigen Erfolg zu sichern.

LOTHAR SCHUNK Welche wirtschaftliche Zukunft hat Europa? Wie fit ist Deutschland? Phoenix Mecano erwirtschaftet – wenn wir DewertOkin aussen vor lassen – ihren Umsatz fast zur Hälfte in Deutschland und zu weiteren 25 Prozent in Europa. Wenn also unsere Kunden in Deutschland und Europa in Zukunft erfolgreich sind, werden auch wir es bleiben. Und falls nicht? Das ist ein Risiko. Unsere Gruppe ist diesem früh dadurch begegnet, dass sie in Produktions- und Vertriebsstandorte in den «Emerging Markets», also in die Schwellenmärkte investiert hat, die hohe Wachstumsraten verzeichnen – vor allem in China und Indien. Doch vielleicht sollten wir die gesättigten und mitunter stagnierenden Märkte Europas ebenfalls als Chance, als Ansporn begreifen. Denn natürlich können wir auch wachsen, wenn unsere Kunden es nicht tun – indem wir bestehenden Kunden einen deutlicheren Mehrwert verkaufen oder neue Kunden beziehungsweise Branchen hinzugewinnen. Doch im Gegensatz zum gemeinsamen Wachsen mit den Kunden ist das kein Selbstläufer.

Dafür braucht es Exzellenz und «Uniqueness». Ob in der Technologie, bei den Kosten oder im Service – wir müssen an unserer Einzigartigkeit feilen. Da sehe ich noch Luft nach oben. Doch wenn wir das schaffen, werden wir wachsen, selbst dann, wenn alle anderen es nicht tun.

CHRISTOPH PORDE Phoenix Mecano ist ein Unternehmen, dass durch die Globalisierung gewachsen ist. Unser Produktionsstandort bei Kecskemét in Ungarn war der Anfang dieser Bewegung. Allerdings leben wir heute in einer Zeit, in der diese Globalisierung stark im Gegenwind steht: in den USA, in Teilen Europas, hier in Ungarn. Was, wenn Letzteres aus der EU geschmissen wird? Was, wenn die USA noch höhere Strafzölle verhängen? Eine Deglobalisierung würde bedeuten, dass wieder jeder für sich rumklüngelt. Das wäre schlecht für Phoenix Mecano, auch hier in Kecskemét.

ULRICH HOCKER Ich wage jetzt mal einen Blick in die Glaskugel, aber da ich die Firma so gut kenne, brauche ich gar keine Wahrsagetricks. Denn ich bin überzeugt von der Wachstumsgeschichte von Phoenix Mecano. Wir werden in wenigen Jahren eine Marktkapitalisierung von über 1 Milliarde Euro haben. Und in zehn Jahren von über 5 Milliarden. Aber für eine solch langfristige Prognose braucht es dann vielleicht doch einen Hellseher.

ANNA HOCKER Ich bin mit Abstand die jüngste Verwaltungsrätin bei Phoenix Mecano. Man könnte auch sagen: Ich habe mehr Zukunft vor mir als meine Kolleginnen und Kollegen. Jedenfalls bringe ich eigene und neue Perspektiven in den Verwaltungsrat ein, Sichtweisen, die hier bislang vielleicht zu wenig repräsentiert waren. Zum Beispiel bin ich Mitgründerin und Geschäftsführerin eines erfolgreichen Start-ups im Bereich Digitalisierung. Auch als Beraterin bei McKinsey lagen meine Schwerpunkte auf Digital-Media- und E-Commerce-Themen. Und abgesehen von meiner beruflichen Expertise bin ich seit kurzem auch noch glückliche Mutter.

DR. JOSEF GROSS Der Protektionismus ist natürlich ein Thema, das uns bewegt. Das gilt insbesondere für das Verhältnis zwischen China und Amerika. Doch immerhin ist die Gefahr erkennbar. Man kann also darauf reagieren und sich vorbereiten, und das haben wir getan. Unseren Standort in Vietnam werden wir weiter ausbauen, weil auch unsere Kunden inzwischen eine «China-plus-Strategie» verlangen. Zu diesem Plus muss man weiterhin auch unseren europäischen Standort zählen: Kecskemét in Ungarn, wo wir vor allem für den europäischen Markt produzieren. Protektionismus ist schlecht für die Weltwirtschaft, keine Frage. Doch immerhin haben wir inzwischen Wege gefunden, angemessen und rechtzeitig auf das Erheben von Strafzöllen zu antworten.

JOACHIM METZGER Wenn ich zehn Jahre vorausschaue, sehe ich eine Phoenix Mecano, die noch stärker in der Welt verankert ist – durch starke Gesellschaften vor Ort. Dass diese Entwicklung zulasten der europäischen und der deutschen Gesellschaften gehen kann, ist klar. Aber für mich war immer die Phoenix Mecano-Gruppe sinnstiftend, denn diese schafft die Struktur, in der unsere Geschichte weiterexistieren wird – eine belastbare und anpassungsfähige Struktur. Und diese lebt in den jungen und sehr fähigen Menschen unserer Organisation weiter.

ROCHUS KOBLER Die USA! Wenn ich an unsere grösste mittelfristige Zukunftschance für die Industrieaktivitäten denke, dann denke ich an die USA. Da stehen wir im Vergleich zu unserer Marktposition in Europa noch ganz am Anfang. Bislang fehlte uns die richtige Strategie, um diesen Markt zu erobern. Wir sind viele kleine Schritte gegangen, aber vielleicht erfordern die grossen USA einmal einen richtigen Sprung. Dazu fehlten uns allerdings in der Vergangenheit der Wille und der Fokus. Aber das könnte sich in Zukunft ändern.

Eine weitere, eher grundsätzliche Herausforderung sind die herrschenden Fliehkräfte in unserer globalen Organisation. Wir bewegen uns permanent in Spannungsfeldern. Zentrale versus dezentrale Führung, deutsche Stammhäuser versus internationale Vertriebsgesellschaften, analog versus digital, alt versus jung ... Da steckt viel Energie drin, die uns zerreissen kann oder die wir nutzen können, indem wir immer wieder die Balance zwischen diesen Polen suchen. Denn viele dieser Spannungen sind das erwünschte Resultat unserer dezentralen Führungskultur. Wir wollen Pluralität, Spannung, Konflikte, weil das zu schlauen, ausgewogenen und nachhaltigen Entscheidungen führt. Dabei können wir auf unsere über 50 Jahre gewachsenen Bindungskräfte vertrauen: auf unsere DNA, Kultur und Werte.

Menschen bei Phoenix Mecano

Rund 7'000 Menschen arbeiten weltweit für Phoenix Mecano. Stellvertretend für sie finden sich auf den nächsten Seiten 18 Selbstporträts von Mitarbeitenden aus verschiedenen Bereichen und Tochtergesellschaften – in Form eines Selfies und eines Fotos von ihrem Arbeitsort.

TOP

Color
120W

CITROËN
AIRBAG

社会主义
核心价值观
富强、民主、文
自由、平等、公正、
爱国、敬业、诚信、友善、
新
青
msi

50/01
UAP 2
HC1550/02
HC1550/03
UAP 4
HC370
UAP 1
HC360
HC350

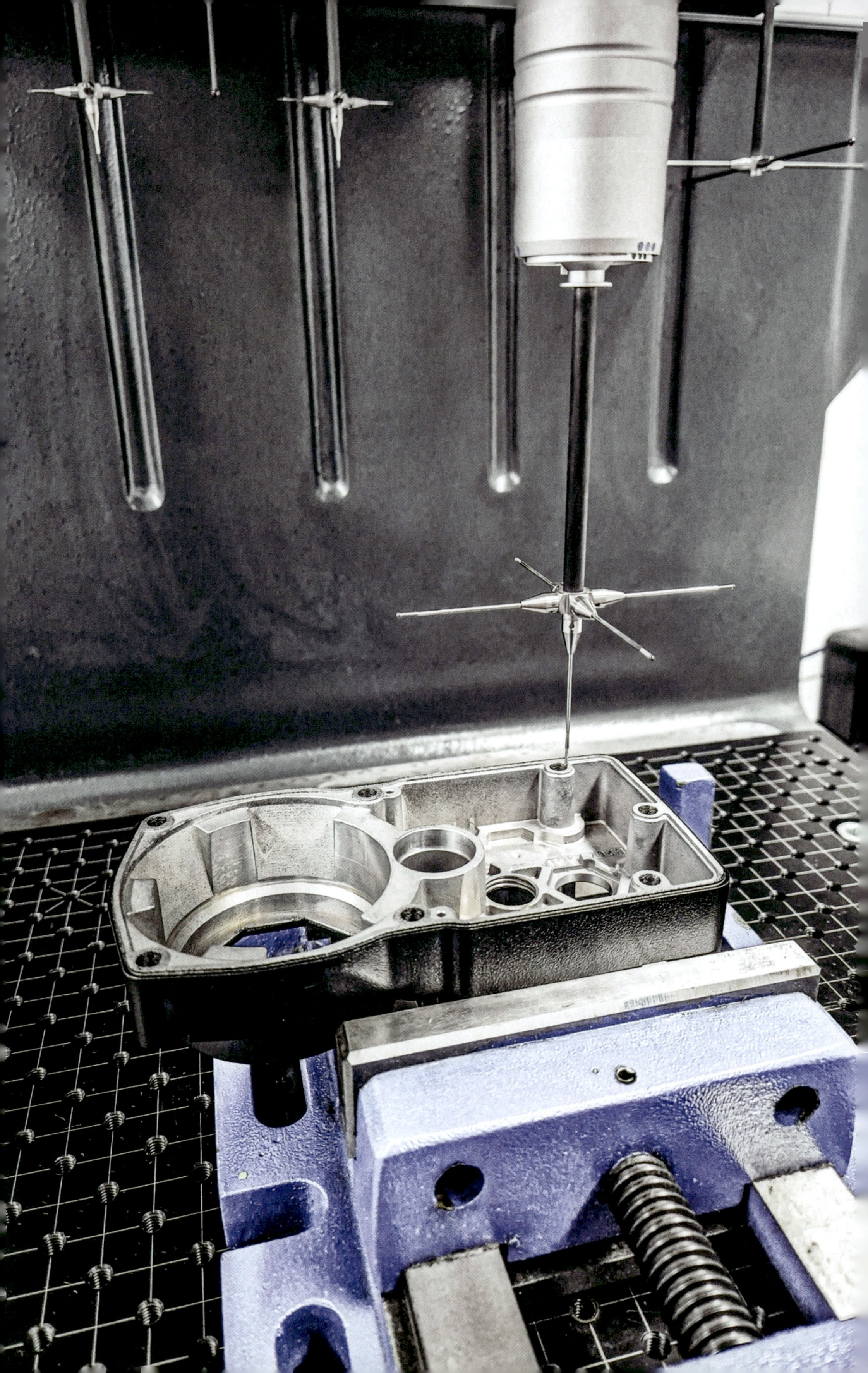

MECANO
S.E.A

ROSE

F1
F2
www.laserpoint.pl
laserpoint

PHOENIX MECANO

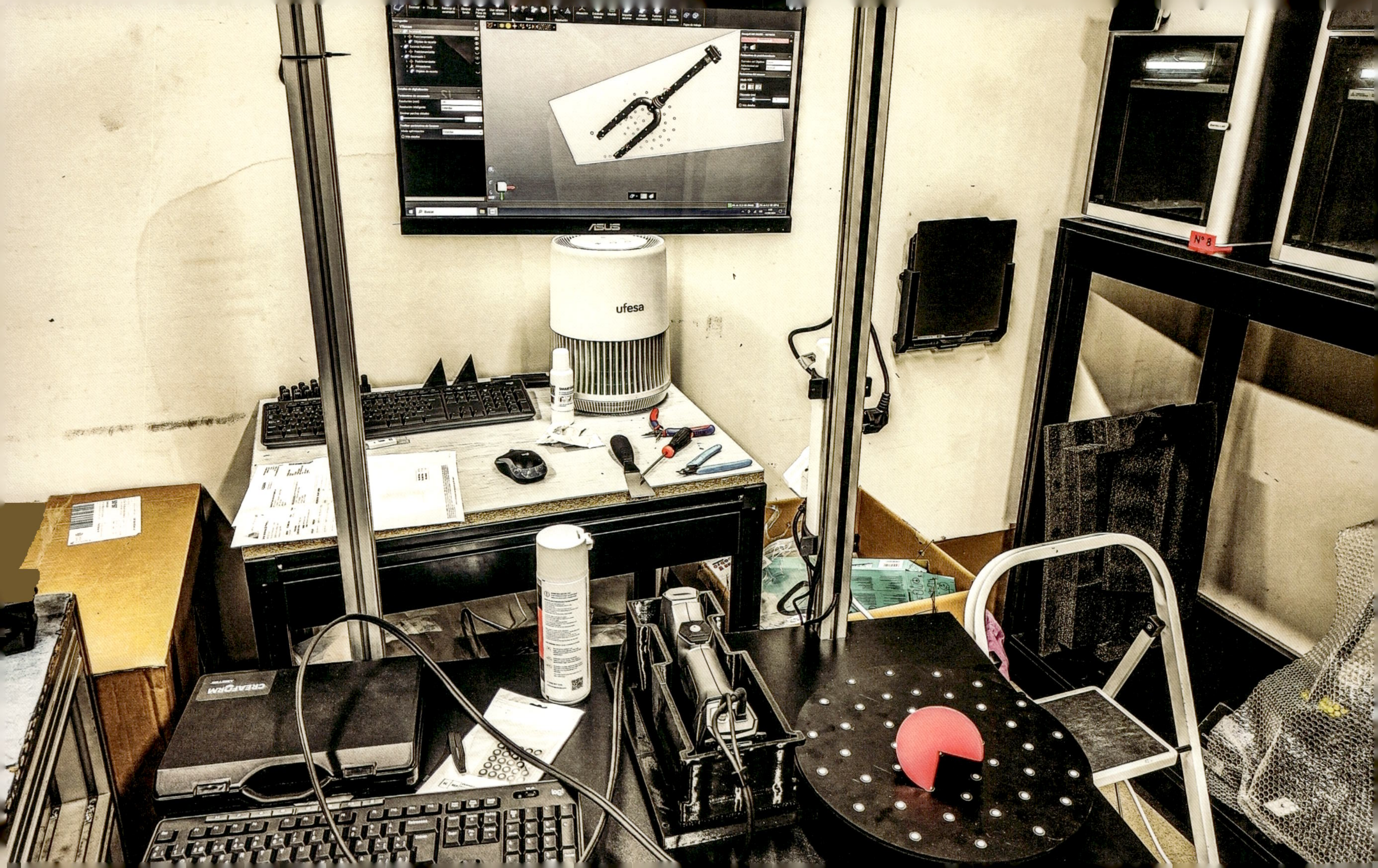
ASUS
ufesa
CREAFORM
N° 8

LR Mate 200iD

PHILIPS
PTR.HARTMANN

Hinges holes
Ground pad

A3

MYHOME

Anja Wölk, Deutschland

Ich bin seit August 2018 im Marketing der RK Rose+Krieger GmbH in Minden beschäftigt. Bereits in meiner Jugend hatte ich Interesse an den psychologischen Aspekten von Werbung. Heute peppe ich unsere Websites auf, versende Direct Mailings oder mache kleine Produktfilmchen. Zudem unterstütze ich das Marketing unserer Vertriebsgesellschaften im Ausland. Ich bin also immer vernetzt mit der Welt. Superspannend! — Bild: Lineareinheit in der Produktion in Minden.

Gu Yun aka «Gary», China

Ich habe im Juli 2017 als Softwareingenieur bei der DewertOkin Technology Group in Jiaxing angefangen. Zuerst war ich in der Elektronik im Geschäftsbereich Seating, dann wechselte ich in den Bereich Bedding. Hierdurch habe ich ein tieferes Verständnis für unsere Forschungs- und Entwicklungsprozesse gewonnen. Phoenix Mecano bietet nicht nur technische Herausforderungen, sondern auch ein lebendiges Arbeitsumfeld mit modernen Büros und ergonomischen Schreibtischen, und dies umso mehr, seit wir 2023 an den neuen Standort umgezogen sind. — Bild: Programmieren von Handbedienungen für unsere verstellbaren Sessel und Sofas.

Claudiu Serban, Rumänien

Ich arbeite seit 2002 in der Produktionsabteilung von Phoenix Mecano Plastic, Sibiu, Rumänien – also fast seit den Anfängen dieses Unternehmens. Ich habe hier im zweiten Jahr meines Studiums als einfacher Angestellter begonnen, jetzt bin ich Produktionsingenieur. Ich mache die Wartungen und biete technische Unterstützung bei der Programmierung und Einstellung von Spritzgussmaschinen, Schäumungsmaschinen, auch für Siebdruck und Tampondruck. Hier habe ich immer die Möglichkeit, neue Ideen für Verbesserungen einzubringen. — Bild: Werkstatt für Kunststoffspritzguss.

Pedersen, Schweden

Wie viele Mädchen träumte ich einst davon, Tierärztin zu werden. Dann habe ich gemerkt, dass mich Zahlen doch mehr interessieren. Also begann ich 2011 bei Phoenix Mecano AB in Schweden zu arbeiten, und 2021 wurde ich zum CFO ernannt. Hier in Schweden stellen wir hauptsächlich kundenspezifische Hubsäulen für hochwertige medizinische und industrielle Anwendungen her. Ich bin sowohl für die Finanzen als auch für das Personalwesen zuständig. Da es in meinem Job viele Vorschriften zu beachten gilt, ist strukturiertes, ordentliches Arbeiten entscheidend. — Bild: Hubsäule X2 mit ihren sie einzigartig machenden bis zu sechs Profilabschnitten.

Patrice Bourgoin, Frankreich

Ich bin verantwortlich für das Rose+Krieger-Sortiment in Frankreich. Seit 1997 arbeite ich bei Phoenix Mecano France. Als Kind war mein Held der Fussballspieler Michel Platini. Seine eindrückliche Karriere war das Ergebnis von harter Arbeit, Hingabe und Beharrlichkeit. Von klein auf wusste ich also, dass sich diese Einstellung auszahlt. Deshalb wollte ich für ein Unternehmen arbeiten, das mir Möglichkeiten zur persönlichen und professionellen Entwicklung bietet. Das habe ich gefunden. — Bild: Mein Citroën, mein Arbeitsplatz.

Deborah Bracci, Brasilien

Ich bin Marketingkoordinatorin für DewertOkin Latin America in Brasilien. Wir sind immer auf der Suche nach kreativen Wegen, um unsere Marke und unsere Produkte hervorzuheben. Mir persönlich macht es Spass, für Veranstaltungen, Messen und Workshops zu arbeiten und mit Menschen in Kontakt zu kommen. Wir nehmen an Messen in ganz Lateinamerika teil, was unsere berufliche Entwicklung ständig fördert. — Bild: Pause auf dem Balkon in São Paulo.

Mango Zhu, Vietnam

Mein Arbeitsplatz befindet sich in einer kleinen Ecke, sodass ich mich ohne Ablenkung auf meine Arbeit konzentrieren kann. Ich bin seit 2019 bei DewertOkin Technology tätig. Im November 2020 wurde ich Okin Vietnam zugewiesen, um mich hier um die Finanzen zu kümmern. Neben der täglichen Buchhaltungsarbeit lade ich jeden Monat die Finanzdaten in das System der Gruppe hoch. Des Weiteren überwache ich die Arbeit des gesamten ERP-Systems des Unternehmens, um die Genauigkeit der Material- und Produktdaten zu gewährleisten. – Bild: Einzelbüro für volle Konzentration.

Moujib Ismaili, Tunesien

Mein Weg bei Phoenix Mecano Elcom begann 2008 als Supply Chain Manager, wodurch ich die Gelegenheit erhielt, das Wachstum des Unternehmens mitzuerleben. Dieses Umfeld ermöglichte mir eine persönliche Weiterentwicklung, die schliesslich in meiner Rolle als Operational Manager gipfelte. Ich beaufsichtige alle operativen Aktivitäten innerhalb des Unternehmens. Mein Hauptziel ist es, operative Spitzenleistungen zu erzielen, und zwar dank einer Kultur der kontinuierlichen Verbesserung, der Nachhaltigkeit und der sozialen Entwicklung. – Bild: Montagelinie in Zaghouan.

Andreas Cwik, Schweiz

Grüezi! Ich leite das Qualitätsmanagement der Phoenix Mecano Solutions AG in Stein am Rhein. Ich mache mir zum Beispiel Gedanken, wie wir Normanforderungen bei unseren Produkten umsetzen können. Oder ich begleite externe Audits. Und ständig messe ich unsere Produkte auf Mikrometer genau aus, um sie in allen Details zu dokumentieren und deren Qualität sicherzustellen. Sie merken schon: Ich nehme meine Arbeit sehr genau, manche sagen sogar peinlich genau. Aber das ist es ja, was unsere Kundinnen und Kunden an der Phoenix Mecano schätzen: Qualität, Präzision, Schnelligkeit. – Bild: Zeiss DuraMax 3D-Koordinatenmessmaschine mit taktilem Sensor VAST XXT TL3 und einer Messgenauigkeit von 0.0024 Millimetern.

Ingrid Kamm, Deutschland

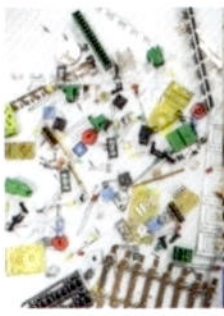

Ich bin Einkäuferin aus Leidenschaft! Meine Aufgaben sind so vielfältig wie die Bauteile, die ich für unsere Produkte einkaufe. Heute suche ich neue Lieferanten für Kontaktfedern, morgen verhandle ich die Preise für Granulate, das nächste Mal analysiere ich Entwicklungen und Trends der Rohstoffpreise. Diese Vielseitigkeit ist das, was meinen Job als Strategische Einkäuferin bei der PTR Hartmann GmbH so besonders macht. – Bild: Zugfedern, Codierscheiben, Kunststoffgehäuse und Kontaktstifte für die Herstellung von elektrotechnischen Komponenten.

Cindy Teo, Singapur

Während meiner 25-jährigen Tätigkeit bei Phoenix Mecano South East Asia hatte ich stets die Möglichkeit, mit Menschen aus verschiedenen Kulturen und Ethnien zu interagieren, zum Beispiel mit unseren Kollegen in Südkorea und Taiwan. Welche Anforderungen stellt das an mich? Eine offene Einstellung, um Unterschiede zu akzeptieren, und die Förderung der Integration, damit die Dinge funktionieren. – Bild: Zusammenbau, Prüfung und Logistik von Abzweigdosen im Werk in Singapur.

Julia Katherin Sendrowski, Deutschland

Wahrscheinlich habe ich als Kind zu viel «Top Gun» geschaut – jedenfalls wollte ich Jetpilotin werden. Daraus ist nichts geworden, aber meinen Traumberuf habe ich trotzdem gefunden: Ich bin Assistentin Betriebsleitung im Werk Finow der Rose Systemtechnik GmbH. Ich halte unsere Maschinen und Anlagen instand und kümmere mich um die Qualitätskontrolle. Wir haben hier ein «ziehendes» Produktionssystem: Wir werden dort eingesetzt, wo es uns gerade braucht. Das ist effizient, flexibel und vor allem immer abwechslungsreich. – Bild: Montage der für den Standort in der Sparte HMI typischen Bediengehäuse.

Tamás Endrész, Ungarn

Ich habe meine Karriere bei Phoenix Mecano Kecskemét vor zehn Jahren als Feinmechaniker begonnen. Ich habe alles gemacht: von der Schichtleitung bis zum Werkzeugbau. Heute bin ich Werkzeugtechnologe und beschäftige mich mit der Einführung neuer Technologien, der Optimierung von Produktionsprozessen und der Reparatur, Anpassung und Wartung von Werkzeugen. An meiner Arbeit schätze ich vor allem die kontinuierlichen Lernmöglichkeiten und die offenen Ohren für kreative Lösungen. – Bild: Sumaris LaserPoint HTS Mobile Laserschweissmaschine mit 100 Mikrometern Schweisspositionsgenauigkeit.

Prashant Malavankar, Indien

Ich lerne jeden Tag etwas Neues, und das ist einer der Gründe, warum ich seit 26 Jahren bei Phoenix Mecano India arbeite. Heute bin ich Leiter Central Engineering. Ich bin verantwortlich für die Entwicklung neuer Produkte und die Produktrealisierung für lokale und internationale Kunden. Eine weitere Aufgabe ist die Akquisition neuer Technologien. Ich schätze den unternehmerischen Freiraum, den ich bei Phoenix Mecano habe: Wenn man eine exzellente Idee hat, scheut die Gruppenführung keine Investitionen. – Bild: Rose-Ex-Produktion in Pune.

Rubén Narbón, Spanien

Ich arbeite seit Juli 2010 bei Phoenix Mecano España. Meine Aufgabe ist es, das Personal und die Prozesse zu organisieren. Wir haben im Laufe der Jahre mehrere Maschinen angeschafft. Die letzten Ergänzungen waren 3D-Drucker und ein 3D-Scanner mit einer Genauigkeit von 20 Mikrometern. All dies und ein ausgezeichnetes Team ermöglichen es uns, den Standardprodukten maximalen Mehrwert zu verleihen, um dem Kunden den besten Service und die beste Qualität zu bieten. – Bild: Neueste 3D-Scanner-Technologie.

John Zhong, China

Ich bin seit neun Jahren bei PTR Hartmann und fühle mich wie in einer grossen Familie. Ich bin für die Entwicklung von nicht standardgemässen Automatisierungsmaschinen und Prüfsystemen verantwortlich. Mit anderen Worten: Ich helfe den Arbeitern, sich auf komplexe Aufgaben zu konzentrieren, indem ich sie von repetitiven und langweiligen Arbeiten befreie. Ich wollte schon immer in der wissenschaftlichen Forschung und Entwicklung tätig sein, und mit der Zeit begann mich die Automatisierungstechnik zu faszinieren. Ich bin genau da, wo ich sein will. – Bild: Prozessautomatisierung mit einem Sechs-Achsen-Roboter mit der ungefähren Länge und Reichweite eines menschlichen Arms.

Camila Deyton, USA

Als Kind wollte ich Ingenieur werden – wie mein Vater. Aus Brasilien zog ich in die USA, um zu studieren. Heute arbeite ich als Manufacturing Systems Engineer bei Phoenix Mecano North America. Ich bringe neue Technologien in die Fertigung, indem ich Systeme integriere, Daten analysiere und multidisziplinäre Projekte vorantreibe. Was mich hier inspiriert, sind starke Vorbilder – etwa unsere Vizepräsidentin, die zuvor als Engineering Director tätig war. Eine Frau in einer solchen Führungsposition ist selten in unserer Industrie – und ermutigend. – Bild: Anleitungsvideo zur Gehäusemontage auf dem Tablet sowie zur Tabletgestützten Datenerfassung.

Yanghang Li, China

Ich bin Teamleiter Nietprozess bei MyHome Mechanism von Phoenix Mecano. Seit über sieben Jahren widme ich mich diesem Team und konzentriere mich auf das Produktionsmanagement und die Koordination im Nietprozess, um höchste Qualitäts- und Sicherheitsstandards zu gewährleisten. In letzter Zeit haben unsere Bemühungen zu erheblichen Verbesserungen der Produktionseffizienz und der Produktqualität geführt, was ein Beweis für die Stärke und das Engagement unseres Teams ist. – Bild: Nietlinie in Jiaxing.

Zeitzeuginnen und Zeitzeugen

Conchita Aranda (*1952): Internationale Sekretärin; 1995 bis 2012 Vertriebsleiterin und Geschäftsführerin Sistemas Phoenix Mecano España S. A. in Saragossa, Spanien; Mutter von Sacha Hutchinson.

Rita Bauer (*1939): Steuerfachkraft und Sekretärin; 1982 bis 2003 Chefsekretärin und ab 1993 Prokuristin Industrie-Beteiligungs-Gesellschaft (IBG) in Köln sowie Geschäftsführerin der deutschen Holdinggesellschaften der Phoenix Mecano AG.

Ralf Bokämper (*1960): Maschinenschlosser und Dipl.-Ing. Elektrotechnik (FH); 1998 bis 2010 Geschäftsführer Dewert in Kirchlengern; 2001 interimistisch Geschäftsführer Phoenix Mecano Electronic in Buttlar; seit 2010 Geschäftsführer Bopla in Bünde; seit 2013 zusätzlich Geschäftsführer Phoenix Mecano Ltd. in Aylesbury, UK; seit 2019 zudem Geschäftsführer Kundisch in Villingen-Schwenningen.

Dr. Philip Brown (*1961): Ingenieur (IEng), MBA, DBA; 1997 bis 2005 Geschäftsführer Phoenix Mecano Ltd. in Aylesbury, UK; 2009 bis 2020 Geschäftsführer Okin America Inc. in Shannon, USA; seit 2005 Geschäftsführer Phoenix Mecano Inc., Frederick, Maryland, USA

Hugo Deschoolmeester (*1944): Maschinenbauingenieur; 1980 bis 2010 Geschäftsführer Indústria de Produtos e Equipamentos de Solda Ltda. (IPES) in Manaus, Brasilien; 1995 bis 2010 Geschäftsführer Phoenix Mecano Comercial e Técnica Ltda. in São Paolo, Brasilien.

Rolf Eissfeller (*1958): Kaufmann und Elektrotechniker (FH); 1994 bis 2024 Leiter Logistik Rose in Porta Westfalica.

Marco Foglia (*1940): Mechaniker und Dipl.-Ing. Maschinenbau (FH); 1981 bis 2000 Geschäftsführer Phoenix Mecano Komponenten AG in Stein am Rhein; 1995 bis 2005 Direktionsmitglied Phoenix Mecano AG.

Günter Frankowski (*1939): Industriekaufmann und höhere Handelsschule; 1970 bis 1976 Gründer und Inhaber der Bündoplast (ab 1974 Bopla) in Bünde; 1976 bis 1995 Geschäftsführer Bopla sowie Direktionsmitglied Phoenix Mecano AG.

Benedikt Goldkamp (*1969): Diplom-Finanzwirt mit MBA Duke University; 1998 bis 2001 Geschäftsführer Phoenix Mecano Kecskemét, Ungarn, sowie PTR Messtechnik in Werne; 2001 bis 2016 CEO Phoenix Mecano AG; seit 2000 Mitglied und ab 2001 Delegierter beziehungsweise seit 2016 Präsident Verwaltungsrat Phoenix Mecano AG; Sohn von Dr. Hermann Christian Goldkamp.

Gisela Goldkamp (*1942): Bibliothekarin; ab 1966 Ehefrau von Dr. Hermann Christian Goldkamp, verwitwet; Mutter von Christopher und Benedikt Goldkamp.

Karl-Heinz Goos (*1954): Feinmechaniker, Diplom-Betriebswirt; 2005 bis 2012 Geschäftsführer Datatel in Langenhagen; 2012 bis 2018 Geschäftsführer Hartu in Grävenwiesbach sowie Head of Business Unit Power Quality.

Dr. Josef Gross (*1956): Dr.-Ing. Elektrotechnik; 2008 bis 2009 Geschäftsführer Okin GmbH in Gummersbach; seit 2009 Geschäftsführer DewertOkin in Kirchlengern; seit 2020 CEO, Legal Representative and Chairman of the Board of Directors DewertOkin Technology Group in Jiaxing, China.

Claudine Hatebur de Calderón (*1973): Executive MBA Universität St. Gallen; Inhaberin und Verwaltungsratspräsidentin Cofinanz Hatebur AG und Hatebur Umformmaschinen AG in Reinach; seit 2017 Vorstandsmitglied Swissmem; seit 2023 Verwaltungsrätin Phoenix Mecano AG.

Dr. Anna Hocker (*1991): M.Sc. Management und Technologie, Dr. rer. pol. Entrepreneurship; 2017 bis 2023 Strategieberaterin McKinsey; seit 2023 Geschäftsführerin Crafthunt GmbH in München; seit 2023 Verwaltungsrätin Phoenix Mecano AG; Tochter von Ulrich Hocker.

Ulrich Hocker (*1950): Bankkaufmann und Rechtsanwalt; 1985 bis 2011 Geschäftsführer Deutsche Schutzvereinigung für Wertpapierbesitz e. V. (DSW); 1988 bis 2024 Mitglied, 2003 bis 2016 Präsident Verwaltungsrat Phoenix Mecano AG; Vater von Anna Hocker.

Oliver Huppertz (*1969): Dipl.-Ing. (FH); 2012 bis 2017 Geschäftsführer Platthaus in Alsdorf; seit 2017 Manager und ab 2019 Geschäftsführer Ismet Transformátory in Běhařovice, Tschechien, sowie Business Development Manager Redur in Düren; seit 2023 Geschäftsführer Redur.

Sacha Hutchinson (*1975): Dipl.-Ing. Maschinenbau; 1996 bis 2000 Werkstudent bei Sistemas Phoenix Mecano España S. A. in Saragossa, Spanien; 2000 bis 2012 Technischer Mitarbeiter und Manager sowie seit 2012 Geschäftsführer Sistemas Phoenix Mecano España S. A.; Sohn von Conchita Aranda.

Karl Kilian (*1940): Feinmechaniker; 1980 bis 2005 Geschäftsführer Hartmann beziehungsweise Hartmann Codier in Baiersdorf; 1992 bis 2005 Direktionsmitglied Phoenix Mecano AG.

Maximilian Kleinle (*1961): Dipl.-Ing. Elektrotechnik (FH), MBA; 2003 bis 2008 Spartenleiter Elektrotechnische Komponenten (ELCOM/EMS) und 2003 bis 2005 Geschäftsführer PTR Messtechnik in Werne; 2009 bis 2021 Spartenleiter Mechanische Komponenten und Co-Geschäftsführer DewertOkin in Kirchlengern.

Ines Kljucar (*1980): Executive MBA INSEAD, Dipl.-Kffr. Internationales Management und Finanzen; 2016 bis 2019 Deputy COO Phoenix Mecano AG; 2016 bis 2019 Geschäftsführerin Ismet Transformátory in Běhařovice, Tschechien; 2019 bis 2023 Head of International Sales & Marketing, seit 2023 Chief Commercial & Digital Officer, seit 2024 Head of Business Unit Automation Modules Phoenix Mecano AG.

Rolf Knell (*1958): M.Sc., Ingenieur HTL; 1989 bis 1992 Controller Phoenix Mecano AG; 1993 bis 1996 Geschäftsführer Phoenix Mecano Kecskemét, Ungarn.

Dr. Rochus Kobler (*1969): Dr. oec. HSG, Dipl. Ing. ETH/ M.Sc.; 2010 bis 2016 COO und seit 2016 CEO Phoenix Mecano AG.

Constantin Marinescu (*1959): Dipl.-Ing. Maschinenbau, MBA; 1998 bis 2005 Geschäftsführer Phoenix Mecano Mould; seit 2000 Geschäftsführer Phoenix Mecano Plastic in Sibiu, Rumänien.

Dr. Joachim Metzger (*1951): Maschinenschlosser, Dipl.-Ing. Maschinenbau, Dr. rer. pol; 1989 bis 1992 Geschäftsführer Rose + Krieger in Minden; 1992 bis 1993 Geschäftsführer Dewert in Kirchlengern; 1993 bis 2020 Direktionsmitglied und Leiter Business Development Phoenix Mecano AG.

Dr. Zoltan Nagy (*1966): Dipl. oec. und Dr. rer. pol., TU Dresden; 1997 bis 2023 Geschäftsführer Phoenix Mecano Kecskemét, Ungarn; seit 2023 Präsident John Von Neumann University in Kecskemét, Ungarn.

TJ Ou (*1952): Dipl.-Ing. Maschinenbau; 1995 bis 2020 Geschäftsführer Phoenix Mecano South East Asia in Singapur.

Kin Wah Phoon (*1969): Dipl.-Ing. Maschinenbau, MBA; seit 2004 Geschäftsführer Mecano Components Shanghai, China.

Christoph Porde (*1961): Dipl.-Ing. Maschinenbau (FH); 1988 bis 1996 Konstrukteur und Projektleiter Rose in Porta Westfalica; seit 1996 Geschäftsführer und Produktionsleiter Phoenix Mecano Kecskemét, Ungarn; seit 2020 Geschäftsführer DewertOkin in Kecskemét, Ungarn.

Dr. Heinz Werner Rixen (*1961): Dr.-Ing. Maschinenbau; seit 2013 Geschäftsführer Rose in Porta Westfalica und Spartenleiter Enclosure Systems.

Markus Ruoss (*1955): lic. phil. I Universität Zürich; als Mitarbeiter von Farner PR seit 1987 PR-Berater Phoenix Mecano AG, seit 1996 im selbstständigen Mandat.

René Schäffeler (*1966): Bankkaufmann und Dipl.-Experte in Rechnungslegung und Controlling; 1989 bis 1992 Controller; 1992 bis 2000 Leiter Konzernrechnungswesen; seit 2000 CFO Phoenix Mecano AG in Stein am Rhein.

Peter Scherer (*1963): Dipl.-Ing. Elektrotechnik (FH) und Dipl.-Wirt.-Ing. (FH); ab 2005 Geschäftsführer PTR Messtechnik in Werne; ab 2008 Geschäftsführer Hartmann Codier und seit 2018 Geschäftsführer PTR Hartmann in Werne; seit 2020 Chairman PTR Hartmann in Shaoguan, China, und Head of Business Unit Electrotechnical Components Phoenix Mecano AG; seit 2022 Geschäftsführer PTR Hartmann Mexiko.

Dr. Lothar Schunk (*1978): M.Sc. Maschinenbau, B.Sc. Wirtschaftswissenschaft, PHD; 2016 bis 2019 Deputy COO Phoenix Mecano AG; seit 2017 Geschäftsführer Redur in Niederzier; 2019 Head of Operations & Technology Phoenix Mecano AG, seit 2019 Head of Business Units Rugged Computing (bis zum Verkauf Ende 2023) und Measuring Technology; seit 2023 COO Phoenix Mecano AG.

Saurabh Shukla (*1977): Dipl.-Ing. Maschinenbau; 1999 bis 2006 Management Trainee und Sales Manager Phoenix Mecano India in Pune; seit 2006 Geschäftsführer Phoenix Mecano India; seit 2018 Geschäftsführer Phoenix Mecano Saudi Arabia und Rose Systemtechnik Middle East, seit 2022 Leiter Rose Ex & Energy sowie Geschäftsführer Phoenix Mecano South Asia in Singapur.

Jörg Viereck (*1940): Industriekaufmann; 1977 bis 1986 Mitgründer, Miteigentümer und Geschäftsführer Gas & Welding in Lagos, Nigeria.

Deodoro Weber (*1965): B.Sc.; 1996 bis 2009 Sales Manager und seit 2010 Geschäftsführer Phoenix Mecano Comercial e Técnica Ltda. und DewertOkin do Brasil in São Paolo, Brasilien; seit 2015 Geschäftsführer DewertOkin Latin America in Montevideo, Uruguay.

Elisabeth Weckerle (*1939): Diplomkauffrau; 1978 bis 1979 Assistentin Dr. Goldkamp und erste Angestellte Phoenix Maschinentechnik AG; 1979 bis 1988 Geschäftsführerin der Phoenix Inter Guinée in Conacry, Guinea.

Gabriele Willharms (*1956): Kaufmännische Angestellte mit PR-Ausbildung und Fremdsprachenkorrespondentin; 1978 bis 1982 Assistentin Geschäftsleitung Rose in Porta Westfalica; 1982 bis 2005 Assistentin Geschäftsleitung und Prokuristin; 2006 bis 2020 Vice President Phoenix Mecano AG.

Heinz Winzeler (*1951): lic.oec. HSG; 1986 bis 1995 Leiter Corporate Finance Bank Vontobel in Zürich.

Film ab!

Sie wollen einige Zeitzeuginnen und Zeitzeugen in bewegten Bildern sehen? Und ihren Stimmen lauschen? Auf der Jubiläumswebsite von Phoenix Mecano finden Sie Interviewfilme mit Geschichten aus 50 Jahren Phoenix Mecano. Unverblümt, geistreich und humorvoll.

Benedikt Goldkamp

Anna Hocker

Lothar Schunk

Elisabeth Weckerle

Gisela Goldkamp

Günter Frankowski

Karl Kilian

Marco Foglia

Rochus Kobler

Ralf Bokämper

Saurabh Shukla

Josef Gross

Joachim Metzger

Claudine Hatebur de Calderón

Ines Kljucar

René Schäffeler

Jörg Viereck

Ulrich Hocker

Zeittafel

1967	Dr. Hermann Christian Goldkamp wird Geschäftsführer Industriegas (IGA), aus der später die Industrie-Beteiligungs-Gesellschaft (IBG) in Köln hervorgeht
21.10.1969	Willy Brandt (SPD) wird zum deutschen Bundeskanzler gewählt; Beginn der ersten sozialliberalen Koalition
13.9.1972	Inkrafttreten des deutschen Aussensteuergesetzes; dieses sieht vor, dass Deutsche ihr Vermögen und Einkommen auch dann noch zeitweise in Deutschland versteuern müssen, wenn sie ins Ausland gezogen sind
19.12.1975	Gründung der Phoenix Maschinentechnik AG in Zürich durch Dr. Hermann Christian Goldkamp
1976	Übernahme Rose Systemtechnik GmbH in Porta Westfalica (Aluminiumgehäuse) und der Bopla Gehäuse Systeme GmbH in Bünde (Plastikgehäuse); Gründung der Sparte Gehäusetechnik
1977	Gründung der Gas & Welding (Nigeria) Ltd. in Lagos, Nigeria; Gründung der Sparte Industriegase
1979	Gründung der Indústria de Produtos e Equipamentos de Solda Ltda. (IPES) in Manaus, Brasilien; Herstellung und Handel mit Industriegasen
1979	Gründung der Phoenix Inter Guinee in Conakry; Autohandel nach Guinea
1981	Fabrikbau in Stein am Rhein, Schweiz; Gründung der Phoenix Mecano Komponenten AG (heute: Phoenix Mecano Solutions AG); Verlegung des Firmensitzes der Phoenix Mecano AG nach Stein am Rhein
1985	Übernahme Hartmann Gerätebau in Baiersdorf; Gründung der Sparte Elektrotechnische Komponenten (heute: Industrial Components)
1987	Übernahme Rose + Krieger in Minden, Hersteller von Lineareinheiten und Rohrspannsystemen für Automatisierungslösungen (heute: Industrial Components)
19.10.1987	Erster Börsencrash der Nachkriegszeit
14.9.1988	Börsengang der Phoenix Mecano AG in Zürich
1989	Übernahme PTR Messtechnik in Werne (Leiterplattenklemmen, Steckverbinder, Federkontakte); Stärkung der Sparte Elektrotechnische Komponenten
9.11.1989	Mauerfall in Berlin
1991	Übernahme Kundisch in Villingen-Schwenningen (Folientastaturen), Sparte Elektrotechnische Komponenten

1991 Erste Produktionsstandorte im ehemaligen «Osten»: Eberswalde-Finow (Rose) und Budapest, Ungarn (PTR)

1992 Übernahme Dewert Antriebstechnik (elektrische Antriebe für medizinische Betten und Liegen); Gründung der Sparte Mechanische Komponenten (gemeinsam mit Rose + Krieger)

1992 Dr. Hermann Christian Goldkamp übergibt die operative Führung von Phoenix Mecano an Peter Rüd

6.12.1992 Das Schweizer Stimmvolk entscheidet sich mit 50,3 Prozent gegen einen Beitritt der Schweiz zum Europäischen Wirtschaftsraum (EWR)

1993 Phoenix Mecano schafft eine eigene Direktionsstelle für Global Sourcing & Business Development, die Joachim Metzger bis 2020 bekleidet

1993 Gründung des Produktionsstandorts Phoenix Mecano Kecskemét in Ungarn

1995 Erschliessung neuer Märkte durch neue Gesellschaften in Shanghai, China (Mecano Components), Singapur (Phoenix Mecano South East Asia), Mumbai (Phoenix Mecano India), Saragossa, Spanien (Sistemas Phoenix Mecano España S. A.), und São Paulo, Brasilien (Phoenix Mecano Comercial e Técnica Ltda.)

1997 Übernahme Götz-Udo Hartmann in Grävenwiesbach (induktive Komponenten) inklusive Fabrik in Tunesien (Hartu); Stärkung der Sparte Elektrotechnische Komponenten

1999 Übernahme des rumänischen Staatsunternehmens Flaro (Werkzeug- und Formenbau) in Sibiu, Rumänien und Umfirmierung in Phoenix Mecano Mould

2000 Gründung Phoenix Mecano Plastic in Sibiu, Rumänien

2000 Übernahme der italienischen OMP-Gruppe (Schalterschränke); Einstieg ins Telekomgeschäft und Gründung der Sparte Electronics Contract Manufacturing (ECM). Die Phoenix-Mecano-Aktie erreicht ein Allzeithoch von 1’300 Franken

2001 Platzen der Dotcom-Blase; die Aktie von Phoenix Mecano verliert in 14 Monaten 1’000 Franken und erreicht am 4.10.2001 ihren historischen Tiefststand (298 Franken)

2001 Benedikt Goldkamp übernimmt die operative Führung von Phoenix Mecano

2002 Übernahme Hartmann Electronic (Backplanes und Electronic Packaging) in Stuttgart; Stärkung der Sparte Electronics Contract Manufacturing

2003	Dr. Hermann Christian Goldkamp zieht sich aus dem Verwaltungsrat zurück und übergibt das Präsidium an Ulrich Hocker
2005	Verkauf der OMP-Gruppe und Rückzug aus dem Telekom-Geschäft. Die verbliebenen Firmen der Sparte Electronics Contract Manufacturing bilden gemeinsam mit den Elektrotechnischen Komponenten die neue Sparte ELCOM/EMS
2008	Übernahme Datatel in Langenhagen; Einstieg in den Photovoltaikmarkt, Sparte ELCOM/EMS
2008	Übernahme Wiener-Gruppe (strahlenresistente Netzteile) in Stuttgart; Sparte ELCOM/EMS
2008	Gründung der Shenzhen Elcom in Shenzhen, China, als Vertriebsgesellschaft für PTR und Hartmann Codier
15.9.2008	Insolvenz der US-amerikanischen Investmentbank Lehman Brothers; Höhepunkt der Finanzkrise
2009	Übernahme Okin Antriebstechnik GmbH aus Insolvenz
2010	Übernahme Okin Refined Electric Technology in Jiaxing, China; hier produziert Okin Antriebe für den chinesischen Markt
2010	Rochus Kobler wird COO von Phoenix Mecano. Die Geschäftsleitung besteht nun aus Benedikt Goldkamp (CEO), René Schäffeler (CFO) und Rochus Kobler (COO)
2010/2011	Arabischer Frühling in Tunesien; Streiks und zeitweilige Schliessung der Fabriken der Phoenix Mecano in Ben Arous (Hartu) und Zaghouan (Elcom)
2011	Übernahme Platthaus GmbH (Transformatoren) in Alsdorf zur Stärkung des Photovoltaikgeschäfts; Sparte ELCOM/EMS
30.6.2011	Deutscher Bundestag beschliesst Kürzung der Einspeisevergütung für Solarstrom; Ende des Solarbooms
2012	Gründung der DewertOkin GmbH in Kirchlengern, Deutschland (ehemaliger Hauptsitz von Dewert)
2012	Kauf der Bond Tact in Dongguan; Produktionsverlagerung von PTR und Hartmann Codier von Shanghai nach Shenzhen und Dongguan
2014	Übernahme Hitec Special Measuring Systems (Messsysteme zur Hochspannungsgleichstromübertragung) in Almelo, Niederlande; Übernahme Redur Messwandler GmbH in Niederzier; Stärkung der Subsparte Power Quality (heute: Measuring Technology)

2016 Rochus Kobler wird CEO von Phoenix Mecano; Benedikt Goldkamp tritt aus der Geschäftsleitung zurück und wird Verwaltungsratspräsident von Phoenix Mecano

2016 Übernahme der Ismet GmbH (Transformatoren und Drosseln) in Villingen-Schwenningen und von Ismet Transformátory in Běhařovice, Tschechien; Integration der Platthaus GmbH in die Ismet GmbH

2016 Übernahme Orion Technologies (CPU-Chips) in Orlando, USA; Gründung der Subsparte Rugged Computing

19.12.2016 Donald Trump wird zum 45. Präsidenten der USA gewählt

2017 DewertOkin eröffnet in Jiaxing, China, den mit Abstand grössten Produktionsstandort der Phoenix Mecano-Gruppe

2019 Die von den USA verhängten Strafzölle gegenüber China zwingen DewertOkin zum Aufbau eines neuen Standorts in Binh Duong, Vietnam

2020 Ausbruch der COVID-19-Pandemie

2020 Fusion von Hartmann Codier und PTR Hartmann zu PTR Hartmann

2020 Übernahme der Bewatec Kommunikationstechnik GmbH und Bewatec Connected.Care GmbH

2021 Neuorganisation der Phoenix Mecano-Gruppe in drei Sparten: DewertOkin Technology Group, Enclosure Systems und Industrial Components mit den Subsparten Electrotechnical Components, Measuring Technology, Rugged Computing und Automation Modules (Rose + Krieger)

2021 Eröffnung des neuen Produktions- und Vertriebszentrums von PTR Hartmann in Lechang, China; Aufgabe der Standorte Shenzhen und Dongguan

2022 Ein Betrugsfall bei Orion Technologies in den USA führt zur Aufgabe der Subsparte Rugged Computing und zum Verkauf der Firmen Orion, Wiener, Hartmann Electronic und Phoenix Mecano Digital

2023 Erweiterung der Geschäftsleitung um Lothar Schunk (Chief Operating Officer) und Ines Kljucar (Chief Commercial & Digital Officer)

2023 Eröffnung des DewertOkin-Industrieparks in Jiaxing, China; auf 180’000 Quadratmetern arbeiten hier 2’500 Mitarbeitende der DewertOkin Technology Group

2024 Redur übernimmt im Rahmen eines «Asset Deals» die Tramag Transformatorenfabrik in Fürth

Geschäftsleitung der Phoenix Mecano AG

V. l. n. r.: René Schäffeler, Ines Kljucar, Dr. Rochus Kobler, Dr. Lothar Schunk.

Verwaltungsrat der Phoenix Mecano AG

V. l. n. r.: Dr. Martin Furrer, Claudine Hatebur de Calderón, Dr. Florian Ernst, Benedikt Goldkamp, Dr. Anna Hocker, Beat Siegrist.

Herausgeberin:
Phoenix Mecano Management AG, Lindenstrasse 23, CH-8302 Kloten,
www.phoenix-mecano.com

Projektleitung:
Philipp Eberhard, Phoenix Mecano Management AG

Konzept, Recherche und Redaktion:
Widmer Kohler AG, Dr. Christoph Kohler

Gestaltung:
Jiří Chmelik, Tina Leimbacher, Noir Associates GmbH

Korrektorat:
Die Korrekturstube – Kirstin de Boer und Jasmin Krafft

Druck:
Gutenberg Beuys Feindruckerei

Herstellerinformation:
Schwabe Verlagsgruppe AG, NZZ Libro, Grellingerstrasse 21, CH-4052 Basel,
info@schwabeverlag.ch

Verantwortliche Person gem. Art. 16 GPSR:
Schwabe Verlag GmbH, Marienstrasse 28, D-10117 Berlin, info@schwabeverlag.de

Hinweis:
Um beim lebendigen O-Ton der Zeitzeuginnen und Zeitzeugen zu bleiben, wurde auf einen gendergerechten Sprachgebrauch verzichtet.

Bildnachweise:
Sämtliche Abbildungen entstammen den Archiven der Phoenix Mecano AG (alle Rechte vorbehalten) oder den Privatarchiven der Zeitzeuginnen und Zeitzeugen. Ausnahmen: S. 96 (Keystone/AP NY/Marty Lederhandler), S. 138 (Keystone/AP/Votava), S. 232 (Keystone/FR77522 AP/Louis Lanzano), S. 264-265 (Habib Mhenni, Wikimedia Commons).

Die Deutsche Nationalbibliothek verzeichnet diese Publikation in der Deutschen Nationalbibliografie; detaillierte bibliografische Daten sind im Internet über http://dnb.d-nb.de abrufbar.

ISBN Print
978-3-03980-029-2

www.nzz-libro.ch

NZZ Libro ist ein Imprint der Schwabe Verlagsgruppe AG.